《四川名人读本》作者名单

主　编

向宝云　四川省社会科学院院长、研究员

副主编

李后卿　四川省社会科学院哲学与文化研究所所长、研究员

任利荣　四川省社会科学院哲学与文化研究所助理研究员

刘媛媛　四川省社会科学院哲学与文化研究所助理研究员

四川名人
读本

SICHUAN MINGREN DUBEN

主　编　向宝云

副主编　李后卿　任利荣　刘媛媛

四川大学出版社

项目策划：邱小平
责任编辑：陈克坚
责任校对：周　颖
封面设计：墨创文化
责任印制：王　炜

图书在版编目（CIP）数据

四川名人读本 / 向宝云主编 . — 成都 : 四川大学
出版社 , 2019.1
　（四川系列读本）
　ISBN 978-7-5690-2775-4

Ⅰ . ①四… Ⅱ . ①向… Ⅲ . ①名人 – 生平事迹 – 四川
Ⅳ . ① K820.871

中国版本图书馆 CIP 数据核字 (2019) 第 024650 号

书　名	四川名人读本
主　　编	向宝云
副 主 编	李后卿　任利荣　刘媛媛
出　　版	四川大学出版社
地　　址	成都市一环路南一段 24 号（610065）
发　　行	四川大学出版社
书　　号	ISBN 978-7-5690-2775-4
印前制作	四川胜翔数码印务设计有限公司
印　　刷	四川盛图彩色印刷有限公司
成品尺寸	170mm×240mm
插　　页	2
印　　张	23
字　　数	366 千字
版　　次	2019 年 6 月第 1 版
印　　次	2019 年 6 月第 1 次印刷
定　　价	184.00 元

版权所有 ◈ 侵权必究

◆ 读者邮购本书，请与本社发行科联系。
　电话: (028)85408408/(028)85401670/
　(028)86408023　邮政编码: 610065
◆ 本社图书如有印装质量问题，请寄回出版社调换。
◆ 网址: http://press.scu.edu.cn

四川大学出版社
微信公众号

前　言

　　四川是中华文明的起源地之一，历史悠久，人杰地灵，自古以来，涌现出一大批卓越的政治家、军事家、思想家、科学家、艺术家、文学家、史学家……群星灿烂，辉耀千秋。他们不仅为四川的发展做出了不可磨灭的贡献，有些杰出人物，在世界文化史上也占有重要地位。

　　为了贯彻落实习近平总书记关于"传承和弘扬中华优秀传统文化"系列重要讲话精神和中央、省委有关决策部署，深入挖掘、保护和利用四川历史名人这一独特优势资源，四川省委宣传部启动了四川系列读本项目。

　　《四川名人读本》一书作为四川省委宣传部重大委托项目"四川系列读本"之一，汇辑四川历代历史名人，从九大板块生动形象地展现了这些历史名人为华夏民族做出的重大贡献。内容包括：第一章惠政爱民，泽润百代——蜀主廉吏；第二章"文宗在蜀"流光千载——文学名人；第三章"天数在蜀"精研覃思惠万世——科学教育名人；第四章学究天人，思想巨匠传天下——名儒名师；第五章"史学在蜀"考史辨疑留巨著——史学名人；第六章杏林圣手传遗篇——医学名人；第七章仙道在蜀、禅宗在蜀——名僧名道；第八章"才女在蜀"响余音——名媛才女；第九章术艺精湛，巴蜀才俊

天下闻——艺术名人。这些名人不仅在物质文明和精神文明领域取得了辉煌的成就，而且在不少领域走在了我国乃至世界的前列，为巴蜀大地谱写了一曲曲文化赞歌，为中华文明和世界文明做出了重大贡献。

《四川名人读本》由四川省社会科学院院长向宝云研究员担任主编，四川省社会科学院哲学与文化研究所所长李后卿研究员、助理研究员任利荣、刘媛媛为副主编，在广泛搜集史料、轶闻的基础上，参考已有的丰富研究成果编写而成，其中第一章、第二章、第七章、第八章、第九章主要由刘媛媛编写，第三章到第六章主要由任利荣编写。由于编写者水平所限，书中难免有疏漏之处，敬请同道指正。

目　录

第九章 术艺精湛，巴蜀才俊天下闻——艺术名人

惠政爱民，泽润百代——蜀主廉吏

四川名人读本

一、蜀汉之主——刘备经略巴蜀

　　三国在中国历史上是一个群雄虎争，英豪踊跃①的时代，风云激荡、人才辈出。这个时期涌现出许多名垂千古的风流人物，而刘备，正是其中的佼佼者。刘备的劲敌曹操评价说："夫刘备，人杰也，今不击，必为后患！"②"今天下英雄，惟使君与操耳！"③鲁肃认为刘备是"天下枭雄"，诸葛亮奉刘备为主，认为其"雄姿杰出"。《三国志》中评论刘备"先主之弘毅宽厚，知人待士，盖有高祖之风，英雄之器焉！及其举国托孤于诸葛亮，而心神无二，诚君臣之至公，古今之盛轨也"。④

---

① 〔晋〕陈寿撰：《三国志·吴书·陆逊传》卷58，北京：中华书局，1971年版，第1350页。

② 〔晋〕陈寿撰：《三国志·魏书·武帝纪》卷1，北京：中华书局，1971年版，第18页。

③ 〔晋〕陈寿撰：《三国志·蜀书·先主传》卷32，北京：中华书局，1971年版，第875页。

④ 〔晋〕陈寿撰：《三国志·蜀书·先主传》卷32，北京：中华书局，1971年版，第892页。

图1-1　蜀汉之主刘备

刘备（公元161—223），字玄德，东汉末年幽州涿郡涿县（今河北省保定涿州市）人，三国时期蜀汉开国皇帝。《三国志·蜀书·先主传》中记载，他是汉景帝之子中山靖王刘胜的后人。①

刘备的祖父叫刘雄，父亲叫刘弘。刘弘很早就去世了，刘备少年时与母亲以织席贩履为业，生活于社会底层，饱尝艰辛。刘备家房屋东南角篱上有一棵桑树，高耸入云，据说有五丈多高。远远望见，"童童如小车盖"②。来往的人都觉得此非人间凡品，有人说这家可能要出贵人。据传刘备小时候与同宗族的小孩子们一起在树下玩耍，曾指着桑树说："我将来一定会乘坐这样的羽葆盖车！"③刘备的叔父刘子敬大惊失色道："你不要胡乱说话，这样会招来灭门之灾！"④

熹平四年（公元175），刘备十五岁时，母亲让他与同宗刘德然、辽西公孙瓒一起去游学。刘德然的父亲刘元起常常资助刘备，将他和刘德然同等对待。这让刘元起的妻子非常不满。刘元起看出刘备有非凡之姿，告诫妻子，刘备并非常人，要好生对待。刘备不怎么喜欢读书，而是喜欢狗马、音乐以及华美的衣服。刘备身长七尺五寸，两手下垂能到膝盖，耳朵特别长

---

① 〔晋〕陈寿撰：《三国志·蜀书·先主传》卷32，北京：中华书局，1971年版，第871页，"汉景帝子中山靖王胜之后也"。

② 〔晋〕陈寿撰：《三国志·蜀书·先主传》卷32，北京：中华书局，1971年版，第871页。

③ 〔晋〕陈寿撰：《三国志·蜀书·先主传》卷32，北京：中华书局，1971年版，第871页，"吾必当乘此羽葆盖车！"

④ 〔晋〕陈寿撰：《三国志·蜀书·先主传》卷32，北京：中华书局，1971年版，第871页，"汝勿妄语，灭吾门也！"

大，有资料说其大耳垂肩。刘备天性深沉，不太爱说话，喜怒不形于色。他还喜欢结交各路英雄豪杰，当地少年豪侠都争着依附刘备。后来，中山大商人张世平、苏双贩马来到涿郡，"见而异之"，刘备得到第一笔资助，开始招兵买马。也是在这个阶段，刘备与关羽、张飞桃园结义，留下千古美谈。

中平元年（公元184），黄巾起义爆发，刘备开始了与黄巾军对战的军旅生涯。其间屡立战功，又屡次罢官辞官。后来，他往奔公孙瓒，被表为别部司马。初平二年（公元191），公孙瓒让他与青州刺史田楷一起对抗袁绍，累建功勋，因而被升为试守平原县县令，后来至平原国相。郡民刘平一直看不起刘备，很不屑于居于其下。便唆使刺客前去暗杀。但刺客看到刘备乐善好施、礼贤下士，于是不忍心杀害刘备，便坦露实情离去。史书评价："其得人心如此。"①

《三国演义》中记载，黄巾军率众军攻打北海，情势危急，名士北海相孔融向刘备求救。刘备十分惊讶："孔融居然知道世上有刘备！"便立即派三千精兵前去驰援。兴平元年（公元194），曹操攻打徐州，徐州牧陶谦向青州刺史田楷求救。刘备再次显示了自己的大义风格，与田楷一起前往救援。陶谦十分感激。陶谦表刘备为豫州刺史，驻军在小沛。兴平二年（公元195），陶谦病重，对别驾麋竺说："非刘备不能安此州也！"②陶谦死后，麋竺率徐州人民迎接刘备做太守，刘备不敢接受。在陈登、孔融等人的再三劝说下，刘备领徐州牧。

后来袁术攻打刘备，刘备拒之于盱眙、淮阳。在刘备与袁术相抗衡的期间，吕布乘虚攻袭下邳。几番争斗，刘备不敌，败走，归降曹操。刚开始，曹操对他非常器重，升为豫州牧。因此，也有人称刘备为"刘豫州"。后

---

① 〔晋〕陈寿撰：《三国志·蜀书·先主传》卷32，北京：中华书局，1971年版，第872页，"郡民刘平素轻先主，耻为之下，使客刺之。客不忍刺，语之而去。其得人心如此"。
② 〔晋〕陈寿撰：《三国志·蜀书·先主传》卷32，北京：中华书局，1971年版，第873页。

来，曹操联合刘备进攻吕布，吕布投降被杀。其后刘备与曹操回到许都，被封为左将军。建安四年（公元199），发生了一件震惊朝野的事情，车骑将军董承受汉献帝衣带诏。刘备开始并没有加入，直到有一天曹操与刘备"煮酒论英雄"，曹操对刘备说："今天下英雄，惟使君与操耳！"①刘备大惊，吓得筷子都掉到了地上，便知道曹操难容自己，就答应了与董承等人同谋，并想办法逃走。后来，刘备北连袁绍抗击曹操。

曹操与刘备之间有过几次交锋，不分伯仲。建安五年（公元200）春季，衣带诏事件爆发，曹操亲自东征刘备，刘备战败，关羽被擒。刘备逃往青州，后又归投袁绍。刘备在袁绍麾下慢慢积蓄自己被打散的武装力量。同年七月，关羽不忘旧主，从曹操处逃出，重新投奔刘备。刘备其实并不是很看好袁绍，内心深处想去投奔刘表。建安六年（公元201），曹操再次亲自讨伐刘备，刘备便去投刘表。荆州的豪杰之士仰慕刘备威名，都前往归附。这引起刘表的猜疑，并暗中提防。念念不忘"兴复汉室"，而且颇有争霸诸侯、统一中国雄心的刘备，一直未能实现抱负，因此，颇为感叹自己的处境。

建安十二年（公元207），刘备听闻了诸葛亮的名声，前往隆中拜访诸葛亮，便有了著名的三顾茅庐的千古美谈，诸葛亮向刘备献上了著名的"隆中对"。建安十三年（公元208），曹操亲率大军南下，此时刘表病死，刘表次子刘琮投降曹操。刘琮的部下和很多荆州士人投靠了刘备，到当阳时，刘备竟然有了数十万的跟随者，辎重数千辆，日行十余里。有人对刘备说，这些人虽然多，但大都是无用之人，没有可用的有战斗力的士兵，劝他放弃这些人。刘备说："夫济大事必以人为本，今人归吾，吾何忍弃去！"②

---

① 〔晋〕陈寿撰：《三国志·蜀书·先主传》卷32，北京：中华书局，1971年版，第875页，"'今天下英雄，惟使君与操耳！本初之徒，不足数也。'先主方食，失匕箸。"
② 〔晋〕陈寿撰：《三国志·蜀书·先主传》卷32，北京：中华书局，1971年版，第877页。

建安十三年（公元208），刘备派遣诸葛亮联合孙权，进行了历史上著名的"赤壁之战"①，大败曹操于赤壁。后来，又南征荆州四郡，四郡太守皆降。自此，刘备站稳了脚跟。荆州刺史刘琦病死后，群雄推举刘备为荆州牧，治公安。孙权开始有些畏惧刘备的势力，让自己的妹妹嫁给刘备以巩固联盟。

建安十六年（公元211），曹操派遣大将钟繇等向汉中讨伐张鲁，益州牧刘璋非常害怕。张松建议让刘备进入四川，帮助对付张鲁。刘备见机会来了，让诸葛亮、关羽等守住荆州，自己率领数万步兵进入四川，与刘璋会于涪城（今绵阳）。在这期间，张松、法正、庞统等人都劝刘备袭杀刘璋。刘备以初来到蜀地，人心尚未信服，不宜轻举妄动为由拒绝。刘备在攻伐张鲁的过程中，也逐步壮大了自己的力量。第二年，曹操征伐孙权，孙权请刘备往救。刘备请求刘璋支援，刘璋只给了他四千兵马。张松给刘备书信，再次劝刘备行大事，事情败露，刘璋斩了张松。刘备于是大怒，派兵征讨刘璋。刘备进军围雒城（广汉市雒城镇），刘璋的儿子守城，围攻了整整一年。建安十九年（公元214）夏，雒城破。而后刘备大军围攻成都数十天，刘璋投降。②

刘备至此正式进入蜀中。蜀为天府之国，殷盛丰乐，刘备豪侠，好酒好肉大飨士卒，并将城中的金银分赐给将士们。刘备还领了益州牧，以诸葛亮为股肱之臣，法正为谋主，关羽、张飞、马超为悍将，许靖、糜竺、简雍等人为宾友幕僚，建立起蜀中政权的雏形，并起用了很多蜀中人才，史书称尽其器能，有才华有志气的人，都争相归附。

① 〔晋〕陈寿撰：《三国志·蜀书·先主传》卷32，北京：中华书局，1971年版，第878页，"先主遣诸葛亮自结于孙权，权遣周瑜、程普等水军数万，与先主并力，与曹公战于赤壁，大破之，焚其船"。
② 事见〔晋〕陈寿撰：《三国志·蜀书·先主传》卷32，北京：中华书局，1971年版，第881~882页。

公元220年，魏王曹丕取代汉献帝，以禅让的名义自立称帝，建立了曹魏政权，改元为黄初。魏黄初二年（公元221），刘备看时机成熟，在许靖、麋竺、诸葛亮等人的极力劝谏下，以汉室宗亲的身份重新建立政权，国号仍然称为"汉"，年号"章武"①，后世称其为蜀汉政权，疆土包括今四川、重庆及云南、贵州北部，陕西旧汉中府一带。刘备起于微末，凭借自己的勇气、智慧与豪情，使自己在群雄逐鹿的时代中，建立起一个相对稳固的政权，成为三国鼎立时期的一国。

四川经过常年战事，百废待兴。刘备建立政权后，在诸葛亮等人的辅佐下，开始发展蜀中政治、经济等各方面。他任用对当时典制、旧法熟悉的人来草创制度。在平定益州之后，便着手制定典律蜀科。蜀科的具体内容已经丢失，但是据《诸葛亮传》记载，蜀汉虽然执法严峻，但公正公平，百姓毫无怨言。

章武三年（公元223）三月，一代雄主刘备在白帝城托孤于诸葛亮，四月病逝，享年六十三岁，谥号为昭烈帝，庙号烈祖，葬于惠陵。②

现在，在成都武侯祠内正殿西侧即是刘备的墓地——惠陵。墓拔地而起，呈圆锥形，形若小丘。茔上树木参差，绿草茵茵，墓边古柏森森。四周围墙环绕，万竿修竹，寂静清幽。陵墓建筑由照壁、栅栏门、神道、寝殿等组成。墓碑身正中阴刻楷体"汉昭烈皇帝之陵"七个大字，为清乾隆五十三年（公元1788）重建。刘备建立的蜀中政权，施行惠政，造福百姓，加之自身的礼贤下士、高风义节，还有刘关张三人桃园结义的故事，世代激励着蜀中人民，充满豪情的生活着！

---

① 事见〔晋〕陈寿撰：《三国志·蜀书·先主传》卷32，北京：中华书局，1971年版，第887页。

② 事见〔晋〕陈寿撰：《三国志·蜀书·先主传》卷32，北京：中华书局，1971年版，第890页。

图1-2 刘备墓：汉昭烈皇帝之陵

二、后蜀之主——孟知祥

　　美丽的成都又被称为蓉城，这和历史上一位曾在蜀中做过皇帝的人——孟知祥有着极大的关系。成都天气多阴雨连绵，古代有些建筑材料不坚固，一到雨季，城墙就很容易坍塌，而种植芙蓉花（因芙蓉花根系深）可以使城墙免受破坏。孟知祥于是号召百姓广种芙蓉，既加固了城墙，也美化了整个城市。因此，成都芙蓉常年花开，芙蓉花遍布，故被人称为蓉城。①

　　孟知祥（公元874—934），字保胤，邢州龙冈（今河北邢台西南）人。咸通十五年（公元874）生，据说生时有火光照室，邻里都感到十分惊异。孟知祥的父亲、叔父在当时的朝廷中，都担任一定的官职。因此，孟知祥的成长环境十分优越。年轻时他就被唐末著名的将领、晋王李克用看中，任命他做了左

---

① 事迹主要参见〔宋〕欧阳修：《新五代史》卷64，北京：中华书局，1974年版，第797~803页。

图1-3　后蜀之主孟知祥

教练使，还把自己弟弟李克让的女儿嫁给他，[①]孟知祥从此有了良好的政治基础。

后梁开平二年（公元908），李克用病逝，李存勖继位，任命孟知祥为中门使。中门使是一个很重要的职位，位高权重，也正因此很容易被人猜忌，是个比较危险的职位。孟知祥请求更换职务，李存勖便任命孟知祥为马步军都虞候，又让他推荐可以担任中门使的人选，孟知祥推荐了郭崇韬，郭崇韬因此很感激他。[②]后唐同光元年（公元923），晋王李存勖称帝，建立后唐，年号同光，任命孟知祥为太原尹、北京留守。后唐庄宗李存勖在孟知祥等人的辅助下，安抚境内，整饬军纪，军事力量得到加强。

同光三年（公元925），李存勖让他的儿子与郭崇韬讨伐前蜀王衍政权。郭崇韬为了报答孟知祥，临行前对李存勖说："我们平定蜀以后，陛下如果要选择驻守西川的大帅，孟知祥最为合适！"[③]前蜀王衍政权十分腐败，荒淫无度，整日游山玩水，大军压境也全然不知。两个月左右，前蜀便被消灭。前蜀被灭以后，李存勖就任命孟知祥为成都尹、剑南西川节度副大使。从此，孟知祥便开始了入蜀之行。

临行前，李存勖对孟知祥说："我知道蜀国很富裕，与京师可以相比，

---

① 〔宋〕欧阳修撰：《新五代史》卷64，北京：中华书局，1974年版，第797页，"及知祥壮，晋王以其弟克让女妻之，以为左教练使"。

② 〔宋〕欧阳修撰：《新五代史》卷64，北京：中华书局，1974年版，《后蜀世家》第四，第797页，"庄宗为晋王，以知祥为中门使。前此为中门使者多以罪诛，知祥惧，求他职，庄宗命知祥荐可代己者，知祥因荐郭崇韬自代，崇韬德之，知祥迁马步军都虞候"。

③ 〔宋〕欧阳修撰：《新五代史》卷64，北京：中华书局，1974年版，第797页，"魏王继岌伐蜀，郭崇韬为招讨使，崇韬临诀，白曰：'即臣等平蜀，陛下择帅以守西川，无如孟知祥者'"。

因为你的贤德，所以派你去。"①在孟知祥出发前，郭崇韬与朝堂大臣及庄宗李存勖之间已经发生了很大的矛盾，同光四年（公元926），孟知祥到达成都，郭崇韬已经被杀，家族也遭到了灭门。孟知祥听到这个不幸的消息后，叹息说："国家即将要大乱了！"果然，不久先锋康延孝造反，攻破汉州（今四川广汉），其他地方也相继有人造反。孟知祥派大将李仁罕等前去镇压，俘杀康延孝，收降其部将李肇、侯弘实以及数千名士兵。同年四月，庄宗李存勖在兵变中遇害，儿子李继岌也被杀了，大将李嗣源顺利地篡夺了政权，当上了皇帝，即后唐明宗。

　　李存勖的其他几个儿子纷纷逃跑到四川，投奔孟知祥。孟知祥把他们保护了起来。孟知祥也清楚，李嗣源不会放过自己，一定会讨伐四川。于是，他积极地训练兵甲、扩充力量，增设了很多军队，有七万余人。随着军事力量的加强，孟知祥也渐渐有了据蜀称王的念头。

　　后唐明宗与孟知祥本为故人，但现在孟知祥镇守一方，兵力强大，因此，后唐明宗对他颇为忌惮，一直想设法剥夺他的权力。但孟知祥也非常强硬，经常不奉召。后唐明宗在枢密使安重海的唆使下，任命客省使李严为西川监军，意欲加强对西川的控制。孟知祥对这一举措非常生气，因为当时各地藩镇都已经废除了监军，唯独西川仍然设置监军，这明显是想要剥夺军权。开始，孟知祥让军队列队边境，希望李严能够知难而退。没想到李严却不识好歹，仍旧进入了蜀中。孟知祥便不再客气，毫不犹豫地把李严斩杀于大帐之中。②后唐明宗得知后，暂时没有其他办法，只好采取怀柔政策，派

① 〔宋〕欧阳修撰：《新五代史》卷64，北京：中华书局，1974年版，第798页，"吾闻蜀土之富，无异于此，以卿亲贤，故以相付"。

② 〔宋〕欧阳修撰：《新五代史》卷64，北京：中华书局，1974年版，第799页，"（李）严至境上，遣人持书候知祥，知祥盛兵见之，冀严惧而不来，严闻之自若。天成二年正月，严至成都，知祥置酒召严。是时，焦彦宾虽罢，犹在蜀，严于怀中出诏示知祥以诛彦宾。知祥不听，因责严曰：'今诸方镇已罢监军，公何得来此？'目客将王彦铢执严下，斩之。明宗不能诘"。

人把扣留在陕西凤翔的孟知祥家属送到成都，以示恩德。

虽然如此，后唐明宗从来没有放弃过剥夺孟知祥军权的打算，经常与孟知祥发生矛盾。天成四年（公元929），一直不满孟知祥的重臣安重海开始大规模任命自己的亲信以及与东川节度使不和的人，这让东川节度使董璋与孟知祥非常恐惧，知道朝廷要开始对他们动手了。孟知祥虽与董璋不和，但还是在这样的时刻与董璋结为同盟，共同对抗朝廷。同年九月，董璋造反，攻破阆州（今四川阆中），不久，孟知祥也举兵反后唐。

后唐明宗命天雄军节度使石敬瑭等出兵讨伐，但石敬瑭缺少谋略，出师不利，竟然兵败。后唐军粮草不济，只好撤军而回，各地守将大都弃城而逃。这次战争，让后唐政府消耗了大量的军队和粮食，经济损失巨大，这对刚建立的李嗣源政权来说，是一个沉重的打击。后唐明宗这才开始感到恐慌，以责问安重海的名义对孟知祥等人进行安抚，安重海被以离间孟知祥、董璋等人的罪名处决。①

孟知祥并没有真正想取代后唐明宗，因此，得知安重海被杀，便想邀请董璋一起向朝廷谢罪，董璋却不肯听从。孟知祥三次遣使劝说，董璋都不肯听从，并且开始怀疑孟知祥，于是两个割据的藩镇重臣反目。②董璋先对孟知祥动兵，攻破了汉州。孟知祥率赵廷隐等人出击，两军刚刚交战，东川偏将张守进便前来投降，孟知祥趁此机会大败董璋，董璋逃到梓州（今四川三台县）后被杀，孟知祥于是占领了东川，自此占据整个四川。

朝廷得知孟知祥吞并东川后，更加不敢对其用兵，采取了怀柔政策，派孟知祥的外甥李存瑰前去安抚。长兴四年（公元933），后唐明宗承认孟

---

① 事见〔宋〕欧阳修撰：《新五代史》卷64，北京：中华书局，1974年版，第801页。
② 〔宋〕欧阳修撰：《新五代史》卷64，北京：中华书局，1974年版，第801页，"知祥闻重海诛死，而唐厚待其家属，乃邀璋欲同谢罪。璋曰：'孟公家属皆存，而我子孙独见杀，我何谢为！'知祥三遣使往见璋，璋不听。"

知祥为剑南东西两川节度、蜀王。孟知祥自此安定下来，发展生产，免除徭役，使百姓生活逐渐好转。同年十一月，后唐明宗驾崩，儿子李从厚即位。孟知祥看到李从厚的幼稚与软弱，敏锐地洞察到北方必将大乱。果然，众人纷纷想争做皇帝，北方陷入混乱之中。

于是，孟知祥于后唐应顺元年（公元934），在成都即位称帝，国号蜀，史称后蜀。孟知祥虽然当了皇帝，在位时间很短，同年六月，孟知祥在迎接张虔钊等人的酒宴上突然发病。七月，孟知祥病逝，谥号文武圣德英烈明孝皇帝，庙号高祖。

后蜀孟知祥墓位于四川省成都市北郊的磨盘山南麓，史称"和陵"，是一座在南方罕见的带北方草原建筑风格的陵墓。1980年7月公布为省级文物保护单位。孟知祥墓全用青石砌成，大量采用石灰作黏合剂，是一座工程浩大、结构独特的大墓。一千多年以来，经历了多次地震，砌体和地面均未变形，充分显示了我国古代劳动人民尤其是四川人民精湛的建筑艺术和技巧。

图1-4　后蜀孟知祥墓——和陵

三、都江堰润天府——李冰父子

都江堰是闻名世界的水利工程，它设计巧妙、规划完美，布局合理、取材简便，在世界水利史上堪称奇迹，同时也是中华民族的骄傲！它是镶嵌在成都平原上的一颗璀璨靓丽的明珠，两千多年来一直造福于天府之国。而修建这个伟大工程的，就是李冰父子。四川人民将李冰尊称为"川主"，在四川各地建立"川主寺""川主庙"祭祀。1955年，郭沫若到灌县时曾题词："李冰掘离堆，凿盐井，不仅嘉惠蜀人，实为中国二千数百年前卓越之工程技术专家。"①

李冰（约公元前302—前235），战国时代秦国蜀郡太守，著名的水利工程专家。关于李冰的身世，史料记载较少。他进入蜀中的背景是，秦国在商鞅变法以后，国势日强，秦惠文王时期，想进一步扩充自己的疆土，在攻韩还是伐蜀的问题上举棋不定。恰巧巴蜀进行战争，巴国向秦国求援，秦国于是出兵讨伐蜀国，统一整个巴蜀地区为秦国疆土。②秦国为了统一管理，设立了蜀郡，相继派出几任郡守来治理巴蜀之

图1-5　李冰父子治水

---

① 1955年4月，郭沫若在灌县二王庙的题词。
② 〔晋〕常璩撰，任乃强校注：《华阳国志校补图注》，上海：上海古籍出版社，1987年版，第126页，"周慎王五年秋，秦大夫张仪、司马错、都尉墨等从石牛道伐蜀。蜀王自于葭萌拒之，败绩。王遁走至武阳，为秦军所害。其傅相及太子退至逢乡，死于白鹿山。开明氏遂亡。凡王蜀十二世。冬十月，蜀平"。

地。这几任郡守中尤其是张若^①治理得非常好，对蜀中政治、经济、文化的发展有很大的贡献。但是，蜀中最重要的一个隐患——对成都平原造成巨大危害的岷江水患一直没有得到有效的治理。

秦昭襄王（一说为秦孝文王）末年，朝廷派遣李冰为蜀中郡守。李冰学识渊博，据说"知天文地理"^②。他到蜀中以后，面临的首要任务就是治理水患。他与儿子以及其他有治水经验的人，跋山涉水，沿着岷江逆流而上，对沿途数百里的水势和地形进行调查和勘验，实地测量、搜集岷江水情的数据，进行详细的记录。经过精密的勘察、调研、分析，李冰发现了岷江洪水泛滥的原因。

岷江是长江上游的一个重要支流，发源于四川松潘县岷山南麓。岷江上游为高山峡谷，岷江从此流出，山谷高俊，水流湍急，奔涌而下，对沿江的堤岸造成巨大的压力和冲击。而流到成都平原灌县一带，又变为开阔的平原，水流的速度突然变缓，于是造成江水中的泥沙淤积，堵塞河床。位于灌县的玉垒山又挡住了东流的江水，这样的结构使得玉垒山东部经常干旱，而玉垒山西部则水患频生。尤其雨季来临，江水暴涨，后果不堪设想。沃野千里变成一片泽国水乡，房屋良田大面积被淹，人畜死伤十分惨烈，当地百姓苦不堪言。

李冰与儿子勘探情况以后，开始着手制订治理水患的计划。首先要解决的就是玉垒山的问题。正是由于玉垒山的阻挡，才使得西水不能东进，一边是水患，一边是干旱。于是，李冰发动当地民众，开始了轰轰烈烈的凿山引水工程。李冰与他的儿子亲到现场参加劳动，民众的热情也非常高，然而工

---

① 〔晋〕常璩撰，任乃强校注：《华阳国志校补图注》，上海：上海古籍出版社，1987年版，第128页，"周赧王元年，秦惠王封子通国为蜀侯，以陈壮为相。置巴、蜀郡，以张若为蜀守"。

② 〔晋〕常璩撰，任乃强校注：《华阳国志校补图注》，上海：上海古籍出版社，1987年版，第132页，"周灭后，秦孝文王以李冰为蜀守。冰能知天文地理"。

程进展却非常缓慢。这是因为玉垒山山体非常坚硬，尽管在当时铁器已经开始使用，但开凿岩石依然是一项极为艰巨的工程。民众逐渐开始对人力开凿的方法产生怀疑，对工程是否能够成功信心动摇。李冰坚持工程继续进行，并号召大家积极建言进策。一位有经验的工匠提出了先在坚硬的岩石上挖出沟槽，然后在沟槽内填满草木等易燃物，用火烧石体直至通红，再用冰冷的江水浇在岩石上，利用热胀冷缩的原理，山体自行炸裂。这个方法被证明可行之后，工程速度大大加快。经过艰苦卓绝的开山工程，玉垒山终于被凿开一道二十多米宽的缺口。这道缺口因形似瓶口，也被人们称为"宝瓶口"，开凿后与玉垒山分离的山堆叫作"离堆"。

虽然玉垒山已经凿开，但每到洪期，水量还是太大。因此，要解决的第二个问题是将洪水引流分离，对进入岷江的水量进行有效的控制。李冰的第二个计划是在岷江制造分水堰，引水灌田、分洪灭灾。岷江水流湍急，在其中制造分水堤堰，难度非常大。刚开始，人们将石头投入水中，但是累积的石块很快就被激流冲走。李冰冥思苦想，终于想出解决问题的办法。岷江流域出产竹子，可以用大的竹笼来装很多的石头，以增加一次性投入水中石头的重量。于是，人们编出巨大的竹笼，装满石头投入江中。这样，石头就能抵挡住湍急的水流，很快就筑成了一道坚固的分水堤堰。这种方法成为中国水利史上的重大发明，一直沿用至今。这道分水堤堰前端形似鱼头，因此被人们称为"鱼嘴"。

从此，滚滚洪水流到灌县便一分为二，东边一股流入宝瓶口，称为"内江"，西边一股称为"外江"。分水堰是都江堰的主体工程，它建成以后，基本控制了岷江的水害。为了进一步控制流入宝瓶口的水量，在鱼嘴分水堤的尾部，李冰又修建了分洪用的平水槽和"飞沙堰"溢洪道，这样，宏伟的

图1-6　都江堰鱼嘴

都江堰工程全部完工①。都江堰灌溉工程渠道总长约1165公里，2200多道分堰，520多条支流，灌溉面积300多万亩。都江堰的建成，从根本上改变了蜀地的地貌，灌溉几百万亩的良田。从此，成都平原沃野千里，农业迅猛发展，成了著名的天府之国，创造的财富不可数计！②之后，四川农业、经济发展稳定，为中华民族的稳定发展、抵御外侮发挥了不可替代的作用！

都江堰造福千秋万代，李冰为蜀地的发展做出了不可磨灭的贡献，因此，蜀中人民永远怀念他！1974年，在都江堰枢纽工程中，发现了李冰的石像，其上题记："故蜀郡李府郡讳冰。"这说明早在1800年前，李冰的业绩已为人民所传颂。南北朝时首建、清代重建的二王庙，庙内有李冰和他的儿子二郎的塑像，永远供后人追慕、瞻仰！

---

① 详见〔晋〕常璩撰，任乃强校注：《华阳国志校补图注》，上海：上海古籍出版社，1987年版，第132~134页。

② 〔汉〕司马迁撰：《史记》卷29，北京：中华书局，1959年版，第1407页，"于蜀，蜀守冰，凿离堆，辟沫水之害，穿二江成都之中。此渠皆可行舟，有余则用溉浸，百姓享其利。至于所过，往往引其水益用溉田畴之渠，以万亿计，然莫足数也"。

四、以儒化蜀——文翁建石室开郡国之学

"百年大计，教育为本"，教育是民族振兴、社会发展、国家富强的基础，一个不重视教育的国家是不可能强大和发展的。中华民族历来都是重视教育的民族。早在先秦时期，就有孔子、孟子等杰出的教育家。西汉时期，蜀中出现了一位极为重视教育的官吏，他就是被称为"公学始祖""一代兴教宗师"的文翁。他创办了中国历史上第一所公办学校——文翁石室。后世多有文学作品称赞文翁的兴教之功，诗圣杜甫在《将赴荆南寄别李剑州》中说："但见文翁能化俗，焉知李广未封侯。"①北宋名相范仲淹在《和并州郑宣徽见寄》中说："向此行春无限乐，却惭何道继文翁。"②班固在《汉书》中评论说："至今巴蜀好文雅，文翁之化也！"③古有"文翁化俗"的典故，就是专门用来指代与称颂杰出教育家的。

文翁（公元前187—前110），名党，字仲翁。西汉庐江郡舒（今安徽舒城县）人，《汉书》中称他"少好学，通《春秋》"④。汉景帝末，文翁到蜀中任郡守。文翁为人仁爱，喜欢通过教化改造世道人心。⑤当时的蜀中，与中原地区的经济、文化、教育等各方面都有一定的差距，因此被称为"有蛮夷风"⑥。文翁上任后，着重开始进行蜀中的文明教育与人才培养工作。他首先选拔了一批相对比较开明且有一定才学的郡县小吏十余人到京师学

---

① 俞平伯等撰写：《唐诗鉴赏辞典》，上海：上海辞书出版社，2004年版，第547页。

② 〔宋〕范仲淹撰：《范文正公集》卷4，上海：商务印书馆，1937年版，第58页。

③ 〔汉〕班固撰：《汉书》卷89，北京：中华书局，1962年版，第3627页。

④ 〔汉〕班固撰：《汉书》卷89，北京：中华书局，1962年版，第3625页。

⑤ 〔汉〕班固撰：《汉书》卷89，北京：中华书局，1962年版，第3625页，"景帝末，为蜀郡守，仁爱好教化"。

⑥ 〔汉〕班固撰：《汉书》卷89，北京：中华书局，1962年版，第3625页，"景帝末，为蜀郡守，仁爱好教化。见蜀地辟陋，有蛮夷风"。

习。其中的张叔，天资极高，过目成诵，后来跟随司马相如学习经学，回成都后传授给蜀中学子"明天文灾异，始作《春秋章句》"①。这批学子到京师后，受教于京师太学博士，学习各种文化知识，也学习中央政府的各种律令。文翁减少郡守府中的开支，购买了蜀刀、蜀布等蜀地特产物品，委托考使赠送给太学中的博士。几年后，这批学子学成回蜀，文翁一一对他们进行考察，根据不同的成绩派以官职，对出类拔萃者委以重任，"官有至郡守刺史者"②。

图1-7　文翁塑像

　　文翁兴办教育的第二个举措是在成都市"修起学官"③，招募各市县的子弟入学官学习。他免除入学官学子的徭役，学成后，成绩优秀者补缺郡县官吏，差一些的则为孝悌，回乡种田。文翁为了继续扩大学校的影响，又想出了其他的激励机制。他经常选拔一些学子到官府旁听实习，参与官府内部事务。每次到各县巡查时，他从学官中选一些通晓经书、品行端正的学生一起去，让他们传达官府教令，在官府中出出入入，非常惹人注目。各县的官民见到学官子弟如此受重视，都感觉非常荣

---

① 〔晋〕常璩撰，任乃强校注：《华阳国志校补图注》，上海：上海古籍出版社，1987年版，第141页。

② 事见〔汉〕班固撰：《汉书》卷89，北京：中华书局，1962年版，第3625页，"文翁欲诱进之，乃选郡县小吏开敏有材者张叔等十余人亲自饬厉，遣诣京师，受业博士，或学律令。减省少府用度，买刀布蜀物，赍计吏以遗博士。数岁，蜀生皆成就还归，文翁以为右职，用次察举，官有至郡守刺史者"。官至刺史者如张叔，官至侍中，扬州刺史。见《华阳国志校补图注》第141页。

③ 〔汉〕班固撰：《汉书》卷89，北京：中华书局，1962年版，第3626页，"又修起学官于成都中，招下县子弟以为学官弟子，为除更徭，高者以补郡县吏，次为孝悌力田"。

耀，于是抢着成为学官弟子，一些富人甚至花钱以求能够进入学官。文翁的这一激励策略大见成效，蜀人学习文化知识的热情得到了极大的激发。①《汉书》中记载，自此后"蜀地学于京师者比齐鲁焉"②。文翁的这些举措，对中原地区的经济、文化、教育、法律等在蜀地的传播起到了巨大的推动作用。从此以后，四川文风大盛。

除了兴办教育，文翁对四川人民的另外一大贡献是进一步完善了都江堰工程，他带领人民"穿湔江口，溉灌郫繁田千七百顷"③，大力兴修水利，发展农业，使蜀郡出现了"世平道治，民物阜康"④的局面。文翁在蜀地去世后，官民为他建盖祠堂，每年祭祀不断。

文翁对于教育的贡献，不仅仅局限于四川，他所创办的"官学"成效卓著，汉武帝时，中央政府开始向全国推广文翁的"官学"经验，"乃令天下郡国皆立学校官，自文翁为之始云"⑤。这是整个中国教育史上值得大书特书的一笔。

现在的成都石室中学前身就是文翁石室，这是全世界唯一的一所连续办学两千多年未有中断、未曾迁址的学校。学校内有郭沫若题的匾额——"求实务虚"，有对联："爱祖国，爱人民，为建设社会主义而学习；求真理，求技艺，愿增进文翁石室之光荣。"校园宽敞明净，底蕴深厚，继续为祖国培养着各方面优秀的人才！

---

① 〔汉〕班固撰：《汉书》卷89，北京：中华书局，1962年版，第3626页，"常选学官僮子，使在便坐受事。每出行县，益从学官诸生明经饬行者与俱，使传教令，出入闺阁。郡邑吏民见而荣之，数年，争欲为学官弟子，富人至出钱以求之"。
② 〔汉〕班固撰：《汉书》卷89，北京：中华书局，1962年版，第3626页。
③ 〔晋〕常璩撰，任乃强校注：《华阳国志校补图注》，上海：上海古籍出版社，1987年版，第141页。
④ 〔晋〕常璩撰，任乃强校注：《华阳国志校补图注》，上海：上海古籍出版社，1987年版，第141页。
⑤ 〔汉〕班固撰：《汉书》卷89，北京：中华书局，1962年版，第3626页。

图1-8　成都石室中学

五、四大治蜀廉吏——诸葛亮、范成大、张咏、赵抃

（一）四大治蜀廉吏之蜀相诸葛亮

在中国的传统文化中，有一位忠诚与智慧的代表。他为了自己的国家鞠躬尽瘁，死而后已；他的智慧鬼泣神惊，是一位出色的军事天才；身为蜀相，他又克己奉公、恭谨廉洁。他的事迹千古流传，永为后人怀念，此人就是诸葛亮！他的主公刘备说："孤之有孔明，犹鱼之有水也！"①他的对手司马懿说他："天下奇才也！"②隋末大儒王通感叹如果诸葛亮能够长命百岁，则蜀国会礼乐大兴。苏轼说他："密如神鬼，疾如风雷。……人也？神也？仙也？吾不知之，真卧龙也！"③诗圣杜甫在流寓巴蜀期间，专门为诸

---

① 〔晋〕陈寿撰：《三国志·蜀书·诸葛亮传》卷35，北京：中华书局，1971年版，第913页。
② 〔晋〕陈寿撰：《三国志·蜀书·诸葛亮传》卷35，北京：中华书局，1971年版，第925页。
③ 〔宋〕苏轼撰，李之亮笺注：《苏轼文集编年笺注》，成都：巴蜀书社，2011年版，第711页。

图1-9　蜀相诸葛亮画像

葛亮写了近十首诗歌，并给予了极高的评价，表达了对诸葛亮的无限崇敬和惋惜之情："诸葛大名垂宇宙，宗臣遗像肃清高。"①"三顾频烦天下计，两朝开济老臣心。出师未捷身先死，长使英雄泪满襟。"②

诸葛亮（公元181—234），字孔明，号卧龙（也作伏龙），于汉灵帝光和四年（公元181）出生在琅琊郡阳都县的一个官吏之家，是汉司隶校尉诸葛丰的后人。诸葛亮少年早孤，与弟弟一起跟着叔父诸葛玄生活。诸葛玄死了以后，诸葛亮便躬耕于陇亩之中，好为《梁父吟》。诸葛亮生得非常魁梧，据说身高八尺，每每自比于管仲、乐毅，当时的人都对他这种比附不屑一顾，只有崔州平、徐庶等好友相信他，认为他的才干绝不亚于管仲等人。

后来，刘备屯兵于新野，广纳贤才。徐庶见到刘备，刘备非常器重他。徐庶却对刘备说："诸葛孔明者，卧龙也，将军愿意相见吗？"刘备说："你们可以一起来。"徐庶说道："将军，这个人您只能亲自去见，不能让他自己来。"刘备礼贤下士，于是，便亲自去请诸葛亮，三次才见到，这就是著名的"三顾茅庐"。③

---

①　〔明〕罗贯中撰：《三国演义》，济南：山东文艺出版社，2016年版，第562页。

②　〔明〕罗贯中撰：《三国演义》，济南：山东文艺出版社，2016年版，第562页。

③　事见〔晋〕陈寿撰：《三国志·蜀书·诸葛亮传》卷35，北京：中华书局，1971年版，第912页。

两人相见以后，促膝长谈。刘备向诸葛亮请教当今天下形势，并讲述了自己郁郁不得志的困境。诸葛亮遂向他陈说了三分天下之计："自董卓以来，豪杰并起……今操已拥百万之众，挟天子而令诸侯，此诚不可与争锋。"①主张要联合孙权以拒曹操。而荆州和益州，沃野千里、民殷国富，智能之士思得明君，是刘备有能力得到的最好的据点，可以"西和诸戎，南抚夷越，外结好孙权，内修政理"②。更向刘备讲述了攻打中原的战略，"诚如是，则霸业可成，汉室可兴矣！"③这就是备受后世推崇的《隆中对》。《隆中对》成为此后数十年蜀汉的基本国策。刘备听后十分激动，大加赞赏，力邀诸葛亮出山，成为自己的幕僚。

诸葛亮跟随刘备以后，军事上最辉煌的战绩就是"赤壁之战"。诸葛亮面见孙权，以三寸不烂之舌，分析了当时的形势，并说曹军远来疲惫，"强弩之末，势不能穿鲁缟"④，而且北方人不习水战，肯定地说曹操必败。并且指出，曹操兵败以后，荆、吴两地的势力增强，如此，则不再曹操一家独大，三足鼎立之势就会形成。孙权受到鼓舞，又受到鲁肃、周瑜的游说，决定联刘抗曹。最终正如诸葛亮预料的一样，曹操大败而归。

赤壁之战以后，刘备的实力大大增强，他任命诸葛亮为军师中郎将，负责调整赋税，充实军资。建安十六年（公元211），刘备与刘璋决裂，诸葛亮便与张飞、赵云等入蜀，与刘备一起围攻成都。建安十九年（公元214），刘璋投降，刘备入主益州，诸葛亮受任为军师将军，署左将军府事。每当刘备出兵征伐，诸葛亮便负责镇守成都，为刘备准备粮食和兵将。魏黄初二年（公元221），诸葛亮力劝刘备登基，刘备登基后，任命诸葛亮

① 〔晋〕陈寿撰：《三国志·蜀书·诸葛亮传》卷35，北京：中华书局，1971年版，第912页。
② 〔晋〕陈寿撰：《三国志·蜀书·诸葛亮传》卷35，北京：中华书局，1971年版，第913页。
③ 〔晋〕陈寿撰：《三国志·蜀书·诸葛亮传》卷35，北京：中华书局，1971年版，第913页。
④ 〔晋〕陈寿撰：《三国志·蜀书·诸葛亮传》卷35，北京：中华书局，1971年版，第915页。

为丞相。

章武三年（公元223）二月，刘备病重，召诸葛亮托付后事，这就是著名的"白帝城托孤"。刘备对诸葛亮说："你的才能是曹丕的十倍，必定能够安邦定国，成就大事。如果刘禅可以辅助，便辅助他；如果他没有才干，你可取而代之。"诸葛亮流泪涕泣道："臣必定竭股肱之力，以忠贞的节气报效新王，直到死为止！"①刘备又让刘禅要事事听从诸葛亮的建议，视诸葛亮为父。刘禅继位以后，封诸葛亮为武乡侯，开府治事。不久，再领益州牧。大大小小的政事，全部依赖于诸葛亮。从此，诸葛亮开始实施一边治理蜀中，一边谋求北伐的策略。建兴三年（公元225）春天，诸葛亮率军南征，深入不毛之地讨伐雍闿、孟获，七擒七纵孟获，安定南中并获得了一支非常有战斗力的队伍。

经过长期的政治、经济、军事等方面的积累，诸葛亮认为北伐的时机已经成熟，便上表陈情，请求北伐，这就是流传千古的《出师表》。《出师表》以恳切的言辞，劝说蜀后主要继承先帝遗志，广开言路，赏罚分明，亲贤远佞，完成兴复汉室的大业，表达了诸葛亮报效先帝知遇之恩的真挚感情和北定中原的决心。同时也表达自己以身许国，忠贞不贰的理想。陈情表文辞情真意切、感人肺腑。后来，诸葛亮又写了著名的《后出师表》。可叹的是，由于种种原因，诸葛亮的几次北伐都没有成功。建兴十二年（公元234），诸葛亮病故于五丈原（今宝鸡境内），享年五十四岁。大军返回成都后，刘禅追谥诸葛亮为忠武侯。诸葛亮一生清廉，尽心竭力只为蜀国，没有一点多余财产。他立下遗嘱要求将自己葬在汉中定军山，依山势修建坟

---

① 事见〔晋〕陈寿撰：《三国志·蜀书·诸葛亮传》卷35，北京：中华书局，1971年版，第918页，"先主于永安病笃，召亮于成都，属以后事，谓亮曰：'君才十倍曹丕，必能安国，终定大事。若嗣子可辅，辅之；如其不才，君可自取。'亮涕泣曰：'臣敢竭股肱之力，效忠贞之节，继之以死！'"

墓，墓穴仅能容纳下棺材，穿平时的衣服入殓，不必用其他器物殉葬。

当时三分天下，经常发生战争，因此，诸葛亮一生的政绩，以军事最为令人瞩目。其实在他治理蜀地时，也显示出了卓越的政治、经济才能。诸葛亮身为蜀相，当然首先要安抚百姓，约束百官的行为，建立一整套规章制度。"科教严明，赏罚必信"①，凡事以法律为准绳，善无微而不赏，恶无纤而不贬，公平公正。最终，蜀中人民均遵守法律制度，畏法守法，没有一点怨言。所以，《三国志》中认为诸葛亮："管、萧之亚匹也"②。经济方面，他利用了汉中的经济条件，因地制宜地采取了一系列措施发展生产，诸葛亮死后，蜀汉军撤退时，魏军还在蜀营中获得了很多的图书和粮草。诸葛亮也兴修水利，他开拓农田、兴修水利、发展生产的功绩也是值得人们永久铭记的。

图1-10　成都武侯祠

① 〔晋〕陈寿撰：《三国志·蜀书·诸葛亮传》卷35，北京：中华书局，1971年版，第930页。
② 〔晋〕陈寿撰：《三国志·蜀书·诸葛亮传》卷35，北京：中华书局，1971年版，第931页。

成都武侯祠位于四川省成都市南门武侯祠大街，是纪念蜀汉丞相诸葛亮的祠堂，也是中国唯一的君臣合祀祠庙。成都武侯祠为首批全国重点文物保护单位，也是首批一级博物馆，每年吸引上百万游客参观游览，享有三国圣地的美誉。

（二）四大治蜀廉吏之成都知府范成大

范成大是南宋著名的政治家、文学家、诗人。其政治功绩显赫，诗文被广为传颂，流传千古。虽然后人记得他主要是因为他的诗文，但他其实是个出色的政治家，可谓治世之能臣。宋孝宗非常倚重他，称赞他："卿南至桂广，北使幽燕，西入巴蜀，东薄郧海，可谓贤劳。"[①]范成大主政一方，施行惠政，得到各地民众的肯定："所至礼贤下士，仁民爱物……去思遗爱，所在歌舞之。"[②]他的至交好友陆游说他："及公之至（成都）也，定规模，信命令，施利惠农，选将治兵，未数月，声震四境……公素以诗名一代，故落纸墨未及燥，士女万人，已更传诵……盖自蜀置帅守以来未有也！"[③]"公天资俊明，辅以博学，文章赡丽清逸，自成一家。尤工诗……"。[④]他的诗文在南宋末年就有巨大影响，到清初影响更大，有"家剑南而户石湖"[⑤]的说法。

范成大（公元1126—1193），字至能，一字幼元，晚年号石湖居士，平江吴县（今江苏苏州）人。他幼年时便聪慧过人，十二岁时遍读经史，

① 〔宋〕范成大撰，胡起望、覃光广校注：《桂海虞衡志辑佚校注》，成都：四川民族出版社，1986年版，第309页。
② 〔宋〕范成大撰，胡起望、覃光广校注：《桂海虞衡志辑佚校注》，成都：四川民族出版社，1986年版，第310页。
③ 〔宋〕陆游撰：《陆游集》，北京：中华书局，1976年版，第2098页。
④ 〔宋〕范成大撰，胡起望、覃光广校注：《桂海虞衡志辑佚校注》，成都：四川民族出版社，1986年版，第310页。
⑤ 许总著：《宋诗史》，重庆：重庆出版社，1992年版，第703页。

十四岁时开始创作诗文。绍兴十四年（公
元1144），范成大在昆山荐严资福禅寺隐居
读书，十年未曾出来。唐人有"只在此山
中"的诗句，因此自号"此山居士"。绍兴
二十四年（公元1154），范成大考取进士。

范成大后来官任吏部郎官，曾因故罢
官。乾道三年（公元1167），他又被朝廷起
用为处州知州。赴任前，他入宫参加宋孝宗
的殿问，提出的关于日力、国力、人力的意
见都非常中肯，宋孝宗非常高兴地采纳了。
范成大到达处州赴任以后，为处州创立义役
之法。这个方法非常实在、便利，赢得当地
官民的称颂。范成大还在当地兴修水利，灌

图1-11 成都知府范成大画像

溉良田，人民得到很大的利益。乾道五年（公元1169）五月，朝廷召范成大
为礼部员外郎兼崇政殿说书，又一次对宋孝宗谏言减轻刑罚，使民得利。

宋朝和金朝签订"隆兴和议"，两朝由君臣关系变为"叔侄关系"。但
是，之前签订的不平等的"受书之礼"条约（宋朝皇帝要站立迎接金国使者
所递交的国书）并没有改变，宋孝宗非常后悔。在宋孝宗统治的整个时期，
都在为改变这个不平等条约而不懈努力，这也是宋孝宗外交的重点。南宋
乾道六年（公元1170），范成大成为代理资政殿大学士，并充任金祈请国信
使。宋孝宗让范成大去金国索要宋历代皇帝的陵寝之地，也请他同时更定受
书的礼仪。但宋孝宗仅仅是个试探的态度，不敢将这件事直接写在国书中。
因此，在出使中如果由使者贸然提出的话，是严重违反外交礼仪的。这样出
使的结果，要么被扣押要么被杀。所以，其他人都害怕不敢出使，只有范成

大不惧艰险，将生死置之度外，"提携汉节同生死"①，慨然出发。果然，范成大提出更改"受书之礼"后，在金朝朝廷引起轩然大波，金朝群臣用手板击他要他起来，范成大跪立不动，一定要把国书送上。太子想杀死范成大，经越王阻止才作罢。范成大竟然得以保全气节，全身而归。九月，范成大返回宋朝，回国后写成使金日记《揽辔录》。

范成大回国后，被任命为中书舍人。后来被调往广西桂林。范成大到广西后，颇有政绩，就盐的问题为人民争取利益。淳熙二年（公元1175），范成大被任命为四川制置使、知成都府。四川在南宋时期是具有特殊战略地位的地区，四川制置使为统兵大员，四川地区各都统制所率领的屯驻大军及其他正规军均受其节制。因此，友人祝贺他能够节制全蜀，认为范成大这次的上任是甚为荣宠的。范成大也很高兴，感叹道："锦城以名都乐国闻天下，予幸得至焉。"②宋孝宗一再告诫他，蜀为西南屏障，一定要好生治理。范成大在上任前就已经胸有沟壑，上任途中他向皇帝上奏折奏明了清肃四川边境的方略。

范成大主政四川，虽然只有短短的两年，但政绩颇为卓著。治理四川，范成大首先要取得当地士人的支持，他在这个方面做得很成功。蜀中名士孙松寿、樊汉广都不想出来做官，范成大"表其节，诏召之"③，虽然他们不出来做官，但"蜀士由是归心"④。从此他大力网罗人才，不以自己个人喜怒来任命，唯才是举。众多人才都被范成大网罗到幕下，他也为朝廷举荐了不少蜀中人才。

四川当时是个负担特别沉重的地区。作为对金作战的前线，开始驻扎军

---

① 〔宋〕范成大撰：《范成大集》，太原：三晋出版社，2008年版，第40页。
② 〔宋〕范成大撰，胡起望、覃光广校注：《桂海虞衡志辑佚校注》，成都：四川民族出版社，1986年版，第1页。
③ 〔元〕脱脱撰：《宋史》，郑州：中州古籍出版社，1998年版，第1781页。
④ 〔元〕脱脱撰：《宋史》，郑州：中州古籍出版社，1998年版，第1781页。

队以后"始竭民力，公私俱困"①。朝廷为此也非常忧虑。范成大关心民生疾苦，写诗道："锦城乐事知多少，忧旱忧霖蹙尽眉。"②他治蜀期间，很想减轻四川民众的负担。范成大认为："蜀自失陕，竭其力养关外军，而折估最病民。"③为此，他三番五次的上奏折，请求朝廷减折估："去四川数十年之害，培其本根，徐用其力，国家长计也。"④并提出了具体建议，宋孝宗予以批准。这一惠民之举受到四川民众的大力欢迎。范成大奏称："令下之日，百万生灵，鼓舞欢呼，如脱沟壑……"⑤范成大的另外一个政绩是免科籴，民得其惠。

范成大在军事方面也非常有建树。为防止吐蕃入侵，他在由吐蕃入蜀的十八条路线全部修筑栅栏，分别派兵戍守。蜀北边境过去有三万义士作为民兵，但监司、郡守私自役使他们，都统司又让他们与正规军轮番驻守边关。范成大极力阻止，减轻这些义士民兵的负担，稳定了边关军心。

范成大的这些政绩，得到了蜀中人民的认可。他与著名的诗人陆游结为至交，经常写诗唱和。后来，范成大调离四川，即将离川之际，他仍念念不忘巴蜀，上书言明有利于蜀中人民的"十五事"。宋孝宗赞扬他，并转告范成大："蜀人思卿如慈亲。"⑥范成大离开成都时，很多人恋恋不舍地送别。范成大诗云："明朝真是送人行，从此关山隔故情。道义不磨双鲤在，

---

① 〔宋〕范成大撰，胡起望、覃光广校注：《桂海虞衡志辑佚校注》，成都：四川民族出版社，1986年版，第307页。

② 〔宋〕范成大撰，富寿荪标校：《范石湖集》，上海：上海古籍出版社，2006年版，第237页。

③ 段渝主编：《治蜀要览》，成都：巴蜀书社，2007年版，第44页。

④ 段渝主编：《治蜀要览》，成都：巴蜀书社，2007年版，第44页。

⑤ 段渝主编：《治蜀要览》，成都：巴蜀书社，2007年版，第44页。

⑥ 〔宋〕范成大撰，胡起望、覃光广校注：《桂海虞衡志辑佚校注》，成都：四川民族出版社，1986年版，第308页。

图1-12　范成大塑像

蜀江流水贯吴城。"①他晚年留恋巴蜀的山水："老来万事总萧然，犹忆西州暑雪边"②，他也怀念巴蜀的故旧友人，也曾写下多情的诗句来怀念。

范成大后来在石湖度过了长达十年较为闲适而优裕的晚年生活，于淳熙十三年（公元1186）写下了最后的名作《四时田园杂兴六十首》。绍熙四年（公元1193），范成大在病中自编的诗文全集完成。同年10月范成大逝世，归葬于吴县。后来，又累赠少师、崇国公，谥号文穆。

范成大不仅是一个杰出的政治家，也是一个著名的诗人，他与杨万里、陆游、尤袤合称南宋"中兴四大诗人"。著有《石湖集》《揽辔录》《吴船录》《吴郡志》《桂海虞衡志》等。范成大进入四川以后，入乡随俗，经常和吏民一起游览名胜古迹，每到一处，都会即兴赋诗。范成大把成都与扬州相提："十里珠帘都卷上，少城风物似扬州。"③范成大正月到安福寺礼塔作诗云："岭梅蜀柳笑人忙，岁岁椒盘各异方。耳畔逢人无鲁语，鬓边随我

---

① 〔宋〕范成大撰，富寿荪标校：《范石湖集》，上海：上海古籍出版社，2006年版，第253页。

② 〔宋〕范成大撰，富寿荪标校：《范石湖集》，上海：上海古籍出版社，2006年版，第280页。

③ 〔宋〕范成大撰，富寿荪标校：《范石湖集》，上海：上海古籍出版社，2006年版，第233页。

是吴霜。"①端午节到浣花溪观赏龙舟，作诗云："凌波一剧便捐生，得失何尝较重轻。蜗角虚名人尚爱，锦标安得笑渠争。"②范成大还夜看锦城海棠花，写下了《锦亭然烛观海棠》的诗句……这些诗文为蜀中留下了不朽的文化遗产！范成大还有散文《吴船录》，详细记录了四川的名胜古迹、风土人情，呈现了一幅南宋时期巴蜀地区色彩斑斓的民众生活画卷。

（三）四大治蜀廉吏之治蜀楷模张咏

张咏是北宋政绩卓著的名臣，尤以治蜀著称。他为官清正、两袖清风，北宋仁宗时期的士大夫们将他与赵晋、寇准并列，称为北宋以来功业最大的三位名臣。他自称乖崖："乖则违众，崖不利物。"③名相韩琦撰《张咏神道碑》云："公以魁奇豪杰之才，逢时自奋，智略神出，勋业赫赫，震暴当世，诚一世伟人！"④王安石说他："岂不以刚毅正直有劳于世，若公者少欤！"⑤一副刚正儒者，又有些侠义精神的人格形象跃然纸上。

张咏（公元946—1015），字复之，自号乖崖，宋代濮州鄄城（今山东鄄城）人。张咏年轻时，"少任气，不拘小节"⑥，具有侠义气概。他学习剑术，颇为精妙，据说无敌于两河

图1-13 张咏画像

---

① 〔宋〕范成大撰，富寿荪标校：《范石湖集》，上海：上海古籍出版社，2006年版，第232页。

② 〔宋〕范成大撰，富寿荪标校：《范石湖集》，上海：上海古籍出版社，2006年版，第245页。

③ 〔元〕脱脱撰：《宋史》，郑州：中州古籍出版社，1998年版，第1360页。

④ 〔宋〕洪迈撰：《容斋随笔》，北京：中华书局，2005年版，第480页。

⑤ 〔宋〕洪迈撰：《容斋随笔》，北京：中华书局，2005年版，第480页。

⑥ 〔元〕脱脱撰：《宋史》，郑州：中州古籍出版社，1998年版，第1359页。

间。他也写了很多关于剑的诗文："狂来拔剑舞，踏破青苔地。"①"我欲
为君舞长剑，剑歌苦悲人苦厌。"②同时他又学习了围棋、射箭等，无不精
通。此外他酒量很大，能喝数斗不醉。这些经历造就了张咏的豪侠之气，史
称他"任侠自喜，破产以奉宾客"③，颇有孟尝君之风。

张咏不仅习武好侠，同时也十分喜欢读书。他出身于贫寒之家，自称是
寒素起家的"河朔穷生"，父亲张景以儒行为乡里称道。由于出身贫寒，张
咏读书十分刻苦，家贫无书，就趴在别人家的门口看书；或者借书手抄下来
苦读，文章读不完，决不进屋歇息。他曾对朋友说："我张咏幸好生在太平
盛世，能够读书自律，如果生在乱世的话，真不知道会成为什么人了。"④
本就具备文韬武略的张咏，也曾到处游历，这极大地丰富了他的阅历。读万
卷书，行万里路后，学而优则仕，是中国古代读书人的志向，张咏也选择了
这条道路。

太平兴国五年（公元980），三十多岁的张咏通过科举考试走上了人生
的巅峰。他先登进士乙科，授崇阳县令，开始了他的仕宦生涯。张咏起自贫
寒，因此十分关心民生问题。他担任崇阳县令时，百姓不肯耕田织布，只以
种植茶树为业。张咏意识到茶利过厚，官府会征收重税，便命令当地民众砍
掉茶园，引导他们改种桑麻。这使得崇阳县成了北方绢绸的主要供应地，百
姓收入有了大幅度的提高，生活大为改善。后来，官府实行茶叶专卖，对茶
农征收重税，各地茶户贫困不堪，只有崇阳百姓得以免难。因此，崇阳人民

---

① 王云五主编，吴之振、吕留良、吴自牧选编：《万有文库第二集七百种宋诗钞》，
上海：商务印书馆，1935年版，第155页。

② 王云五主编，吴之振、吕留良、吴自牧选编：《万有文库第二集七百种宋诗钞》，
上海：商务印书馆，1935年版，第154页。

③ 王云五主编，吴之振、吕留良、吴自牧选编：《万有文库第二集七百种宋诗钞》，
上海：商务印书馆，1935年版，第1803页。

④ 事见〔元〕脱脱撰：《宋史》，郑州：中州古籍出版社，1998年版，第1360页，"尝谓其
友人曰：'张咏幸生明时，读典坟以自律，不尔，则为何人邪？'"

对张咏特别感激，甚至为他盖了座庙。

咸平二年（公元999），张咏出任杭州知州，当时遭逢饥荒，百姓多贩卖私盐以活命。官兵捉拿数百人，张咏只是将这些百姓教训了几句，便都释放了。部属们都认为，如果对私盐贩子不加重罚，恐怕不能禁止贩卖私盐。张咏说："钱塘十万家，饥寒者十之八九，如果不贩盐求生，一旦作乱为盗，就成大患了。等到秋收后，百姓有了粮食，再以旧法禁贩私盐。"①

张咏的政绩很多，传奇也很多，坊间也流传了很多他断案的故事。但他最突出的政绩，则是在淳化五年（公元994）和咸平六年（公元1003）两次治蜀。四川是天府之国，地势险要，因此，古人皆认为治蜀要深思熟虑，不可轻视。张咏两次治蜀，都逢蜀中大乱之时，动荡不安的蜀地成了刚刚建立的宋王朝的心腹大患。他以杰出的才能平定了叛乱，稳定了时局，造福一方。

淳化五年（公元994）正月，王小波、李顺发动农民起义，攻占成都，称大蜀王，改元应运。太宗命王继恩为西川招安使，率兵征讨，诏令降成都府为益州，又让张咏担任益州知府。临行前，宋太宗亲命张咏："西川乱后，民不聊生，卿往，当以便宜从事。"②张咏到成都以后，城中三万余屯兵已经粮食匮乏，张咏了解到当地盐价很高，粮食却比较充足，就让民众以米换盐，不到一个月，就筹得了数十万斛米，军心、民心大振，军民都十分敬佩张咏，说"此翁真善干国事者"③。太宗因而感叹说这个人什么事都难不倒，"朕无虑矣！"④至道三年（公元997）八月，刘旰叛乱，所到之地，皆被攻取。张咏激励招安使上官正飞奋勇杀敌，上官正飞胜利而归。张咏以自己的才智，先后平定了李顺、刘旰的叛乱。

---

① 事见〔元〕脱脱撰：《宋史》，郑州：中州古籍出版社，1998年版，第1360页，"咏曰：'钱塘十万家，饥者八九，苟不以盐自活，一旦蜂聚为盗，则为患深矣。俟秋成，当仍旧法。'"
② 〔元〕佚名撰：《宋史全文》，哈尔滨：黑龙江人民出版社，2004年版，第154页。
③ 〔元〕佚名撰：《宋史全文》，哈尔滨：黑龙江人民出版社，2004年版，第154页。
④ 〔元〕佚名撰：《宋史全文》，哈尔滨：黑龙江人民出版社，2004年版，第154页。

咸平六年（公元1003），王均又叛乱，他再次知成都府。此次叛乱使蜀中又一次遭到重创，民生凋敝，盗贼满野，他又一次平定暴乱，将四川地区动荡不安的局势稳定下来，从此之后，直至北宋末年，四川再未发生大的动荡。当地百姓由此将张咏奉若神明。

张咏不仅有杰出的军事才能，还有高超的理政能力。在平定叛乱后，他顺应当地民情，治理蜀中。当时的蜀中百废待兴，他大修荒政，安抚民心，提倡节约，让人民都安心回到田里种田。又买进六万石米储蓄起来，从此民心安定，开始从事生产。对于法度，他恩威并用、宽严并济，蜀中人民非常爱戴他，但又非常敬畏他。

他礼贤下士，重视人才，鼓励蜀中的士子们积极参加科举考试，并树立榜样，给予奖励，为朝廷选拔了一批优秀的蜀中才俊，也改变了蜀中士人一直以来与中央王朝隔绝的局面。张咏与青州人傅霖小时候是同学，傅霖隐居没有出仕。张咏显贵后，三十年也没找到傅霖。有一天守门人来报告说傅霖求见，张咏责骂门人说："傅先生是天下闻名的贤士，我尚且没机会跟他成为朋友，你竟敢直呼其名！"[1]

张咏还被誉为"纸币之父"，率先在中国四川正式发行使用纸币交子。在中国发行交子600年后，英格兰银行才开始印制英镑纸币。严格意义上说，张咏并不是交子的发明人，但他规范了民间交子的使用，统一面额和格式的交子正式进入市场流通，形成了官办交子。这是历史性的创举，在世界金融史上都享有崇高的声誉。

他也因应四川人民喜欢游玩的风气，规定游观之所，宴饮之品，皆为常法。由此，蜀中人民既遵守法度，又安居乐业，使四川不愧为天府之国。张咏成为北宋最有名的治蜀能臣，宋真宗十分感叹："得卿在蜀，吾无西顾

---

① 事见〔元〕脱脱撰：《宋史》，郑州：中州古籍出版社，1998年版，第1360页，"至是来谒，阍吏白傅霖请见，咏责之曰：'傅先生天下贤士，吾尚不得为友，汝何人，敢名之！'"

之忧。"①

张咏治蜀，成了后世效仿的典范。后人多以张咏来比治蜀有成的人，王曙治蜀有绩，人们以张咏来比对，称"前张后王"。张咏曾说："事君者廉不言贫，勤不言苦，忠不言已效，公不言已能，斯可以事君矣！"②这也正是他一生的写照。大中祥符八年（公元1015），七十岁的张咏去世，赠左仆射，谥忠定。

（四）四大治蜀廉吏之"铁面御史"赵抃

在宋仁宗时代，涌现出了很多千古流芳的人物：有先天下之忧而忧的范仲淹，有大文豪欧阳修，也有铁面无私的清官典型包拯。另有一位与包拯齐名的人物，就是被称为"铁面御史"的赵抃，他刚正廉洁、执法公正的形象在当时就已经为人所知，故后来有人认为戏剧中的包拯形象部分来源于赵抃。苏轼撰《赵清献公神道碑》称赞他说："盖东郭顺子之清，孟献子之贤，郑子产之政，晋叔向之言，公兼而有之，不几于全乎！"③宰相韩琦赞赵抃为"世人标表"④，叶梦得称："赵清献以清德服一世。平生蓄雷氏琴一张，鹤与白龟各一，所向与之俱。"⑤

赵抃（公元1008—1084），字阅道，号知非子，衢州西安（今浙江衢州市）人，出身于一个小吏世家，家世并不显赫，他也曾在一首诗中自称"赵四郎"。景祐元年（公元1034），赵抃登进士乙科，从此开始了自己的为官生涯。开始他被任命为武安军节度（今湖南长沙市及周边地区）推官，这是一个处理文书、参谋政事的幕僚。他刚刚上任不久就崭露头角，有一个很有

---

① 〔元〕脱脱撰：《宋史》，郑州：中州古籍出版社，1998年版，第1360页。
② 〔元〕脱脱撰：《宋史》，郑州：中州古籍出版社，1998年版，第1360页。
③ 张春林编：《苏轼全集》（上），北京：中国文史出版社，1999年版，第661页。
④ 张春林编：《苏轼全集》（上），北京：中国文史出版社，1999年版，第661页。
⑤ 刘咸炘著：《推十书》，上海：上海科学技术文献出版社，2009年版，第819页。

图1-14 赵抃画像

名的案例。有一个人伪造印章，被官府逮捕，官吏都认为应该判死刑。他了解案情后，否决了这个判决。此人仿造印章在朝廷大赦以前，而使用则在大赦以后。大赦以前只仿造没使用，按律不当死，大赦以后使用但没伪造，按律也不当死。于是，他与众人商议后，免去了此人死罪。赵抃此举并非刻意赦免人，而是严格按照法度来执法，同时，也体现了他的仁爱之心。在另外的任职上，有一位犯了死罪的士兵在牢狱中身上生疮，生命垂危，赵抃为他请医生来医治。在执行死刑前，这位犯人又遇到了大赦，竟然得以活命。这也是赵抃广为人们所称道的一个不草菅人命、体恤底层民众，同时又严格执法的例证。当然，赵抃的温厚品格不能改变他"铁面御史"的本质，他在朝堂上的耿直不屈在日后体现得淋漓尽致。

由于赵抃在地方官任职时表现杰出，严格执法、仁政爱民，名声越来越大，被翰林学士曾公亮举荐为殿中侍御史。赵抃在这个职位充分体现了自己铁面无私的品格，他弹劾不避权幸，王公贵族甚至宋仁宗都在他的弹劾与监督范围内。至和元年（公元1054），宰相陈执中有个嬖妾张氏，她的侍女迎儿因犯小过，遭到张氏残酷的鞭打，竟然被折磨致死。京城内外，一时舆论哗然。陈执中为了袒护张氏，软禁证人，试图干扰司法。皇帝宋仁宗也有意偏袒陈执中，想不了了之。此时赵抃充分体现了其铁面无私的风格，对此事绝不姑息，先后上奏章二十几回，不依不饶地弹劾陈执中，最终使他罢官去朝。赵抃坚定地维护了法律的尊严，这为他赢得了极高的声誉，"铁面御史"之名不胫而走。但赵抃也因此受到牵连，被外放至睦州，后来又至益州任知州，自此，他便进入了蜀中，与蜀中人民结下了不解之缘。

当时的蜀地为西南重镇，非文韬武略者不能治。同时，蜀地偏远，所谓"天高皇帝远"，因此常有官吏肆意违法的现象。赵抃忠直清廉、以身作则，使得当地风气为之一变。益州治下偏远的小县城，有的百姓一生也没有见过知州。赵抃治蜀时，巡视每一个小县属，当地百姓很是高兴，贪官污吏则惊恐慑服。赵抃召见各县县令，告诫他们廉洁为政，同时也让他们发挥自主性，自主治理。县令们也很高兴，争相尽力治理好自己的辖区，这些区县甚至出现监狱里没有关押囚犯的局面。朝廷听闻他治绩优异，又把他召回。

宋英宗在位的时候，赵抃再一次进入蜀中，这次是以龙图阁直学士的身份知成都府。这主要是因为赵抃之前治理过四川，对蜀中风土人情非常了解，宋英宗非常信任他。他的到来受到蜀中人民的热烈欢迎。此次入蜀，赵抃非常有信心，写诗道："谁云蜀道上天难，险栈排云彻万山。我愧于时无所补，十年三出剑门关！"①赵抃治蜀，之前有聚为妖祀者，他治以峻法。后来，又发生了类似的案件，大家都认为必然会处以严峻的刑罚。赵抃查明情况以后，说："不过是酒喝多了。"把为首的人处置了，其他人都放归，蜀中百姓十分高兴。宋英宗也认为赵抃治理成都颇为宽和，称之为"中和之政"。可见赵抃对于自己的身份定位非常准确，作为御史，他绝不姑息，作为地方官，则因地制宜，宽严有度。

宋神宗时代，蜀中又出现了不安定因素。因为蜀中人民非常爱戴赵抃，他成为入蜀的最佳人选。但由于他当时已经执宰之职，外放做知府，实在委屈，也从来没有这样的先例。而且，他也已经六十八岁高龄了。宋神宗非常忐忑，认为他不会答应。赵抃却心甘情愿、毫不犹豫地答应了，宋神宗大

---

① 衢州市政协学习和文史资料委员会编，《衢州文史资料》第19辑，北京：中国戏剧出版社，1999年版，第153页。

喜。赵抃虽然已是花甲之龄，再次进入蜀中，却豪情万丈，尽职尽责。

关于赵抃入蜀，流传着他琴鹤相随的故事。《宋史·赵抃传》中记载："帝曰：闻卿匹马入蜀，以一琴一鹤自随，为政简易，亦称是乎！"①后世子孙为了传承先祖为官清廉的高风亮节，以"琴鹤"标额其堂。赵抃也曾写过一首《廉泉》诗："岁旱江潢万井污，此泉深净肯清渝。伯夷死后泉流在，能使贪人一饮无。"②表明自己的人生志向。元丰二年（公元1079），在赵抃的一再恳求下，朝廷同意他告老还乡，从此，他过起了优游山林的神仙生活。元丰七年（公元1084），一代名臣赵抃去世。在这段时间，他写下了非常著名的一首诗："腰佩黄金已退藏，个中消息也寻常。世人欲识高斋老，只是柯村赵四郎。"③

六、抗金名臣——眉山虞允文

虞允文是南宋时期著名的抗金将领，他以儒臣身份指挥采石之战，大获全胜，使大宋转危为安。《宋史》称："允文姿雄伟，长六尺四寸，慷慨磊落有大志，而言动有则度，人望而知为任重之器。早以文学致身台阁，晚际时艰，出入将相垂二十年，孜孜忠勤无二焉！……昔赤壁一胜而三国势成，淮淝一胜而南北势定。允文采石之功，宋事转危为安，实系乎此。"④毛泽东对他也极为赞叹："伟哉虞公，千古一人！"⑤

① 衢州市政协学习和文史资料委员会编：《衢州文史资料》第19辑，北京：中国戏剧出版社，1999年版，第245页。
② 徐进编注：《江西名胜诗选》，南昌：江西人民出版社，1986年版，第181页。
③ 衢州市政协学习和文史资料委员会编：《衢州文史资料》第19辑，北京：中国戏剧出版社，1999年版，第163页。
④ 〔元〕脱脱撰：《宋史》，长春：吉林人民出版社，1995年版，第8245页、8248页。
⑤ 中央文献研究室编：《毛泽东读文史古籍批语集》，北京：中央文献出版社，1993年版，第315页。

虞允文（公元1110—1174），字彬父，一作彬甫，南宋隆州仁寿（今四川省眉山市仁寿县藕塘乡）人。父亲虞祺，宋徽宗政和五年（公元1115）进士。曾任太常博士、潼川府路转运判官，死后赠太师、秦国公。虞允文自幼聪敏，《宋史》称他"六岁诵九经，七岁能属文"①。虞允文十分孝顺，母亲死后，他极度悲伤，整日在坟前垂泪。后因父亲一人鳏居且身体有

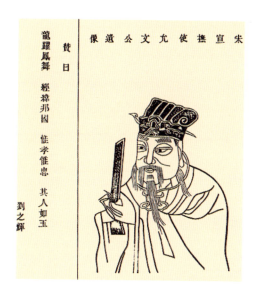

宋宣抚使虞允文公遗像

赞曰

龙跃凤舞

穆穆邦国

惟孝惟惠

其人如玉

到之辉

图1-15　虞允文画像

病，在整个青年时代他都不肯离开左右。直到父亲死后，绍兴二十四年（公元1154），始登进士第，官至中书舍人、直学士院。

绍兴三十一年（公元1161），金海陵王完颜亮统率六十万金军进逼长江，宋军溃不成军，宋将王权连夜南逃。高宗命李显忠接替王权，派虞允文到采石（今安徽省马鞍山市）犒师。他从建康（南京）加急赶到采石，见王权部还剩下一万八千多残兵，士气低落，而主帅李显忠还未赶到。在此万分艰危之际，虞允文毅然担起指挥重任。他亲自督师，对士兵动之以情、晓之以义，极大地鼓舞了军中士气。他统帅指挥，把沿江各处无所统辖的军队整合起来，与金军决战于采石矶。他针对金军不习水战、渡江船只又不坚固的弱点，借助长江天险，鏖战江中。最终以少胜多，大败金军，是为青史留名的"采石大捷"。后来，完颜亮移兵扬州，虞允文又赶赴镇江府（今江苏省镇江市）阻截。完颜亮十分愤怒，在进退无路的条件下，孤注一掷，下令金

---

① 〔元〕脱脱撰：《宋史》，长春：吉林人民出版社，1995年版，第8239页。

军三天内全部渡江，否则处死。这促使其内部矛盾激化，完颜亮竟被部下杀死。最终金军退屯三十里，遣使向大宋议和。

这次战争可谓是中国战争史上的一次奇迹，《宋史》将这次战争与赤壁之战相提并论。经过这次战争，虞允文在南宋朝野上下赢得了极高的声誉。宋高宗请他入宫面谈，慰问、奖励他并感叹良久，对身边的臣子说："虞允文天性忠诚厚道，是我的裴度啊。"①

绍兴三十二年（公元1162），虞允文被委任为川陕宣谕使。在上任前，虞允文力劝高宗说，完颜亮被杀，金国朝野混乱，是收复失地的大好时期。高宗认为他说得很有道理。虞允文到达四川以后，与大将吴璘商议收复中原。吴璘再次北伐，攻克凤翔，收复巩州。金人增派大批援军争夺吴璘收复的土地，四川士人打算放弃这些州郡，虞允文则坚持不放弃。

后来，宋孝宗即位，议和主张占据了上风，孝宗要求前线宋军退兵，并打算放弃陕西，虞允文先后十五次上疏，却没有回天之力。他还因与主和派发生矛盾而辞官。隆兴二年（公元1164），金兵再次入侵南宋，孝宗很是后悔没有听从虞允文的建议。乾道元年（公元1165），虞允文被召回临安，任参知政事兼知枢密院事。

乾道三年（公元1167）四川名将吴璘去世，朝廷商议替代人选。孝宗认为虞允文熟悉四川，也熟悉军事，便将这个重任交给了他，任命他为资政殿大学士、四川宣抚使，不久又下诏令虞允文继续担任知枢密院事。虞允文到达四川后，尤其将军政要事放在首位。他积极整顿正规军中的乱象，并整编作战英勇的当地抗金义士，共得士兵二万三千九百余人。他安抚、收编因老弱病残被清除出军队的士兵，将官田分给他们，使他们得以重振家业。

---

① 事见〔元〕脱脱撰：《宋史》，长春：吉林人民出版社，1995年版，第8242页，"丙申，敌人退屯三十里，遣使议和。己亥，奏闻。召入对，上慰藉嘉叹，谓陈俊卿曰：'虞允文公忠出天性，朕之裴度也。'"

乾道五年（公元1169）八月，虞允文被任命为右仆射、同中书门下平章事兼枢密使。虞允文多次向朝廷推荐人才，如洪适、汪应辰等。后来，他升任宰相，将各种人才分为三等编入名册，并将所见所闻记录下来，编书为《材馆录》。虞允文推荐的人才，宋孝宗皆全部收用，其中有很多杰出的人才。虞允文于乾道八年（公元1172）改任为左丞相，兼枢密使，授特进。梁克家担任右丞相。虞允文曾经举荐梁克家代替自己，皇上没有同意，梁克家便与虞允文一同为相。

御史萧之敏上书弹劾虞允文，太上皇高宗听闻后说："采石大捷时，萧之敏在哪里？"①十分生气，并让孝宗罢了萧之敏的官。虞允文则认为萧之敏虽然与他政见不同，但品行端正，请求皇上将其召回宫中，以广开言路。孝宗深感他为人宽厚善良，命人将这件事记载在《时政记》里。

虞允文虽然官至相位，但他心怀光复中原的大业，并无心安享高官厚禄，于是请求继续镇抚四川。皇帝同意，任命他为少保、武安军节度使、四川宣抚使，并加封为雍国公。乾道九年（公元1173），虞允文又到达四川。宋孝宗曾经对虞允文说："靖康之耻，我将与丞相共同雪洗。"②因此虞允文向皇上许诺共同恢复中原，以图统一大业。在他到任四川一年多的时间里，不断筹划由四川出师北伐，以图光复，但没等到最终的结果，便积劳成疾，于淳熙元年（公元1174）病逝。淳熙四年（公元1177），宋孝宗诏赠虞允文太傅，谥忠肃。

在四川省眉山市仁寿县虞丞乡丞相村西，有虞允文墓，别名丞相坟。虞允文墓为眉山市重点文物保护单位。现存墓碑是光绪十九年（公元1893）知

---

① 事见〔元〕脱脱撰：《宋史》，长春：吉林人民出版社，1995年版，第8239页，"四月，御史萧之敏劾允文，允文上章待罪。上过德寿宫，太上曰：'采石之功，之敏在何许？毋听其去。'上为出之敏，且书扇制诗以留。允文言之敏端方，请召归以辟言路。"

② 事见〔元〕脱脱撰：《宋史》，长春：吉林人民出版社，1995年版，第8239页，"上尝谓允文曰：'丙午之耻，当与丞相共雪之。'"

图1-16　仁寿虞公陵广场虞允文塑像

县何肇祥重立，高2.3米，宽1.8米，上书"宋丞相虞忠肃公墓，知仁寿县事何肇祥重建"。墓前建有仁寿虞公陵广场，广场上塑有虞允文像。虞允文墓地处虞丞乡玉屏山下，每年，当地中小学都会安排学生扫墓凭吊，以纪念这位伟大的爱国名臣。

七、戊戌六君子——富顺刘光第、绵竹杨锐

"望门投止思张俭，忍死须臾待杜根。我自横刀向天笑，去留肝胆两昆仑。"[1]谭嗣同的这首狱中绝命诗，慷慨激昂、洒脱豪迈，充分表达了戊戌六君子以身殉国、无惧生死的爱国主义高尚情操。以谭嗣同为代表，包括刘光第、杨锐、林旭、康广仁、杨深秀在内的维新变法虽然失败了，但是，作为一次爱国救亡的政治活动，在当时极大地激发了人民的爱国思想和民族意

---

[1]《清诗观止》编委会编：《中华传统文化观止丛书·清诗观止》，上海：学林出版社，2015年版，第264页。

识，也引领了中国第一次思想解放的潮流，促进了中国人民的觉醒。

刘光第（公元1859—1898），字裴邨，四川省自贡市富顺县赵化镇人。其祖上也曾是富户，祖父一代家道中落。刘光第父亲早逝，家中贫穷，常入不敷出，"食常不买生菜。两三月一肉，不过数两"，"每用三钱买豆花，举家判朝夕食以为常"[①]。虽然刘家贫穷，但自律严格，富有同情心。因此，在极为艰难的情况下，他的母亲也要送他去读书。

刘光第也非常争气，壬午秋试中举人。光绪九年（公元1883）会试登进士第，授刑部广西司主事。刘光第在刑部供职达十余年，在此期间，他除了上班例行公事外，不交往权贵，不应酬筵席，只是闭门读书，埋头著作。刘光第认为"做官先办得勤字，然后讲慎字，清字是做官本等，不待言"[②]，始终保持勤谨廉洁的作风。当时刑部受贿成风，刘光第却一丝也不肯接受。有人让他徇私枉法，他坚决不从。他虽然少年得志，但是并不以此为喜，而是心怀大局，常忧心国家。清末时列强环伺、时事艰难，他写诗道："隐忧在外夷，虎狼中国罴。一人歌泣怀，持此安所置。"[③]他又目睹清末官场腐败，难以根治，时常感到苦闷，心中常怀变革之念。

光绪二十四年（公元1898）二月，以康有为、梁启超为代表的变法维新运动逐渐走向高

图1-17　刘光第塑像

① 〔清〕刘光第撰，《刘光第集》编辑组编：《刘光第集》，北京：中华书局，1986年版，第44页。

② 丘铸昌著：《刘光第评传》，广州：华南理工大学出版社，2003年版，第113页。

③ 〔清〕刘光第撰，《刘光第集》编辑组编：《刘光第集》，北京：中华书局，1986年版，第320页。

潮。光绪帝在维新派的推动下，开始变法。七月，湖南巡抚陈宝箴以器识宏远、廉正有为的评价向光绪帝举荐了刘光第，他分析时弊，对论详直，得到光绪帝的赏识。光绪帝授刘光第四品卿衔，军机章京行走，与谭嗣同、杨锐、林旭合称"军机四卿"，参与维新新政。在维新派的影响下，朝廷政治逐渐有了新的气象。

但是，维新变法之中也夹杂着复杂的政治斗争，由于种种原因，维新派触怒了慈禧太后，朝廷内部斗争变得异常剧烈。刘光第目睹"国脉一丝悬鬼手"①的艰难朝局，有了罢官还乡的想法。但是由于他十分清廉，没有积蓄，缺乏回乡的路费；又由于他认为"现在皇上奋发有为，改图百度，裁官汰冗，节费练兵，改科举之文，弛八旗之禁……"②变法尚有希望，自己又深受信任，因此，不忍心离开。他曾用生命作保来维护梁启超，梁启超后来说："裴邨以死相救。呜呼，真古之人哉！古之人哉！"③清光绪二十四年（公元1898），慈禧太后恢复垂帘听政，结束了为期百余天的维新运动。康有为逃跑，光绪帝被囚禁于瀛台，就此，维新运动失败。朝廷大肆搜捕和屠杀维新派人员，刘光第在军机处被捕入狱。但他坚信自己所谋为国为民，毫无私心，因此毫不慌乱。刘光第在生命的最后一刻显得异常坚定。据说受刑后，头被砍了，但身躯依然挺立。刘光第死后，非常受人尊敬，乡人把他的灵柩寄放在莲花庵内，全国各地都有人前来吊唁，尤其京城来人更多，看到他家中贫苦，也有很多人进行了捐助。

另外一个川籍的"戊戌六君子"是杨锐。杨锐（公元1857—1898），字叔峤，四川绵竹人。杨锐出身于书香门第，聪明好学，少年时代即开始崭露

---

① 〔清〕刘光第撰，《刘光第集》编辑组编：《刘光第集》，北京：中华书局，1986年版，第342页。

② 〔清〕刘光第撰，《刘光第集》编辑组编：《刘光第集》，北京：中华书局，1986年版，第287~288页。

③ 丘铸昌著：《刘光第评传》，广州：华南理工大学出版社，2003年，第224页。

图1-18　杨锐塑像

头角。张之洞任四川学政时，他得到张之洞的赏识。张之洞将杨锐与其兄杨聪喻为蜀中当代的苏轼和苏辙。后来他成为张之洞的受业弟子。张之洞出任两广总督时，他进入张之洞的幕府工作。任职期间，他以其卓越的才华和高尚的品格赢得了张之洞的信任。此后，张之洞历任湖广总督、署理两江总督，杨锐始终跟随左右。1895年3月底，他受张之洞的派遣进京，主要任务是掌握京城中的政治动向。在京城，他参与发起强学会。强学会被封禁后，又联合会中志士抗争。1898年春，他在京创立蜀学会，并办蜀学堂，以张之洞的《劝学篇》为指南，兼习中学和西学。

后来，杨锐也和刘光第一样，在湖南巡抚陈宝箴的举荐下，受到光绪帝的召见。他积极向光绪帝进言关于兴学、练兵、用人等救亡之策，光绪

十分满意。他与刘光第、林旭、谭嗣同四人都在军机章京行走。维新变法失败后，杨锐在绳匠胡同寓所被捕，他与谭嗣同、刘光第、林旭、杨深秀、康广仁同时被关押在刑部监狱。他的老师张之洞非常着急，曾想尽办法营救。但是由于康有为的原因，慈禧将维新变法与叛逆、"劫制皇太后"[1]联系起来，对维新派异常厌恶，最后没有营救成功。杨锐等六人在北京菜市口从容赴死，史称"戊戌六君子"。"粉身碎骨浑不怕，要留清白在人间！"杨锐与刘光第等六人，虽然斯人已去，但仁人志士的忠魂永世长存！

在四川省绵竹市人民公园内，有杨锐广场。刘光第墓原在赵化镇罗汉寺，1984年，经自贡市人民政府批准，将刘光第骨殖迁葬于富顺县城五府山革命烈士陵园后部，供后人凭吊。赵朴初曾为刘光第墓题写墓碑，以纪念这位慷慨赴死的改革先驱。

---

① 刘忆江著：《李鸿章年谱长编》，保定：河北大学出版社，2015年版，第641页。

第 二 章

"文宗在蜀" 流光千载——文学名人

四川名人读本

一、西汉辞赋大家——"赋圣"司马相如

司马相如在中国文学史中享有崇高的声望，是汉武帝时期杰出的文学家、政治家。他是汉赋的奠基人，被班固、刘勰称为"辞宗"，被林文轩、王应麟、王世贞等学者称为"赋圣"。扬雄赞叹他说："长卿赋不似从人间来，其神化所至邪！"[①]历史学家司马迁在《史记》中，专为文学家立的传只有两篇：一篇是《屈原贾生列传》，另一篇就是《司马相如列传》，由此可以看出司马相如在太史公心目中的重要地位。同时，司马相如促成四川周边的少数民族团结统一于大汉疆域，被称之为"安边功臣"，名垂青史。司马相如与卓文君美丽的爱情故事，也千古流传。鲁迅在《汉文学史纲要》中把司马相如和司马迁二人放在一起加以评述，认为："武帝时文人，赋莫

---

① 〔明〕张溥、〔清〕吴汝纶编：《汉魏六朝百三家集选》，长春：吉林人民出版社，1998年版，第24页。

图2-1　成都琴台路司马相如抚琴雕像

若司马相如，文莫若司马迁。"①

　　司马相如（约公元前179—前118），字长卿，蜀郡成都人。少年时代的司马相如就非常喜欢读书，也学习击剑，父母给他起名叫犬子。他非常仰慕蔺相如的为人，于是给自己改名为相如。相如长大后，由于家中有些资财，被封为郎官，事孝景帝，为武骑常侍。但汉景帝与他的爱好不同，不喜欢辞赋。这时梁孝王来京城朝见景帝，跟他一起前来的人有邹阳、枚乘、庄忌先生等。相如见到这些人很是投缘，借生病为由辞掉官职，旅居梁国。梁孝王让司马相如这些读书人一同居住游学，这极大地拓宽了他的视野，于是，他的才情逐步显露。后来，司马相如创作了千古名篇——《子虚赋》。梁孝王去世，相如返回成都。但是，他这些年在外并没有积累家业，家境非常贫穷。司马相如一向同临邛县令王吉交情不错，王吉也一直想与司马相如交

---

① 刘青文主编：《中国古代诗歌散文鉴赏》，北京：北京教育出版社，2013年版，第215页。

往，便天天都来拜访司马相如。刚开始时相如还是以礼相见，后来，相如渐渐觉得不胜其烦，便谎称有病拒绝王吉的拜访。王吉看到了司马相如的高洁风范，愈加尊崇。

但也正是因为这位县令，司马相如才得以到临邛首富卓王孙家，见到了美丽的卓文君。司马相如弹奏了一曲古雅风流的《凤求凰》，使得卓文君如醉如痴。卓文君新寡，对司马相如一见倾心，于是，她没有告诉自己的父亲，奋不顾身地乘夜逃出家门，私奔到相如处，这就是著名的文君夜奔相如的故事。后来，司马相如和卓文君到了临邛，买下一间酒舍，卓文君当垆沽酒，司马相如则穿起犊鼻裤，与雇工们一起做活，在闹市中洗涤酒器。这就是著名的相如、文君"当垆沽酒"的故事。①

后来，卓文君的父亲还是送给了他们一大笔资产，从此司马相如与卓文君在成都定居下来，住了很久。后来，景帝去世，汉武帝刘彻即位。有蜀人杨得意，当时是侍奉汉武帝的狗监（主管皇帝猎犬）。汉武帝非常喜欢辞赋，当他读到《子虚赋》时，以为是古人之作，遗憾地感叹道："为什么我不能与此人同时啊！"杨得意说："臣的同乡司马相如说这篇赋是他所作。"汉武帝非常惊讶，马上召见司马相如。司马相如说："确实是我写的，《子虚赋》写的只是诸侯之事，算不了什么，请允许我为您做一篇天子打猎的赋。"汉武帝马上给他笔札，相如才思敏捷，非常人所及，一篇长赋挥笔而成。这就是著名的《上林赋》。《上林赋》以"子虚""乌有先生""亡是公"三个虚拟人物为譬喻，洋洋洒洒，言语华丽，其旨归则在于提倡节俭之风，并维护汉王朝的统一。此赋一出，汉武帝龙颜大悦，司马相

---

① 事见〔汉〕司马迁撰：《史记》，长春：吉林大学出版社，2015年版，第786页，"是时卓王孙有女文君新寡，好音，故相如缪与令相重，而以琴心挑之。……相如与俱之临邛，尽卖其车骑，买一酒舍酤酒，而令文君当垆。相如身自着犊鼻裤，与保庸杂作，涤器于市中"。

如被封为郎官。①

司马相如担任郎官数年，当时的西汉王朝经过休养生息，府库充实，国力强盛，汉武帝在北伐匈奴、西通西域的同时，还积极进行开发西南的准备工作，于是派唐蒙出使南越。唐蒙功绩很大，不仅打破了当时西南边陲闭塞落后的局面，还打通了四川通往云南等地的道路，方便了夜郎地区各族与巴、蜀和中原的联系。但是，夜郎的统治者一直习惯于小国寡民的治理方式，这种自主一方的传统观念与汉朝大一统的中央集权观念有很大的冲突。再加上修筑"南夷道"期间，朝廷大量征发巴、蜀青壮年从军修道，劳作于高山深谷之间；而巴、蜀的地方官吏为保证修路士卒的粮饷供给，不断地向民间征调劳作人员，达万余人之多。唐蒙治军非常严厉，用战时手段斩杀了不能完成任务的大帅。一时之间，巴、蜀的民众十分惊恐。汉武帝听到这种情况，就派相如去责备唐蒙，趁机安抚巴、蜀百姓，告诉他们唐蒙所为并非皇上的本意。于是司马相如写了一篇有名的檄文——《谕巴蜀檄》，告知百姓不要惊恐。文章很短，但却表现出了煌煌大汉的声威，也表达了平息兵革之事的理念。行文有很强的感染力与气魄，取得了很好的效果。

司马相如出使完毕，回京向汉武帝汇报。邛、笮的君长听说南夷与汉朝交往，得到很多赏赐，因此也都想做汉朝的臣仆，希望按照南夷的待遇，请汉朝皇帝委任他们官职。皇上向司马相如征求意见，相如说："邛、笮、冉、駹等都离蜀很近，道路容易开通。秦朝时就已设置郡县，到汉朝建国时

---

① 事见〔汉〕司马迁撰：《史记》，长春：吉林大学出版社，2015年版，第787页，"居久之，蜀人杨得意为狗监，侍上。上读子虚赋而善之，曰：'朕独不得与此人同时哉！'得意曰：'臣邑人司马相如自言为此赋。'上惊，乃召问相如。相如曰：'有是。然此乃诸侯之事，未足观也。请为天子游猎赋，赋成奏之。'上许，令尚书给笔札。相如以'子虚'，虚言也，为楚称；'乌有先生'者，乌有此事也，为齐难；'无是公'者，无是人也，明天子之义"。

才废除。如今重新开通，设置郡县，其价值超过南夷。"①汉武帝采纳了他的意见，任命司马相如为中郎将，令其持节出使。

司马相如等到达蜀郡，蜀郡太守及其属官都到郊界上迎接，蜀人也都以司马相如为荣。他的岳父卓王孙和临邛亲戚们都来献上牛和酒，畅叙欢乐之情。卓王孙后悔自己之前的行为不合适，又给了卓文君一份丰厚的财物。在司马相如的努力下，拆除了旧有的关隘，使边关扩大，西边到达沫水和若水，南边到达牂柯，以此为边界，开通了灵关道，在孙水上建桥，直通邛、筰。司马相如还京报告汉武帝，汉武帝十分高兴。在出使南夷之前，他写了一篇《难蜀父老》的辞赋，以解答问题的形式，成功地说服了众人，使少数民族与汉廷合作，为开发西南边疆做出了贡献。

元狩五年（公元前118），司马相如因病免官。汉武帝听说他病得很厉害，就想把他的书收集起来，以免日后散失，于是派人到司马相如家里，可是他已经去世了。司马相如的妻子说相如已经死去，家中并没有书。使人非常惊异，于是询问她为什么会这样。他的妻子说司马相如每次写完书，别人就把书拿走了。但是司马相如还没死的时候，曾写过一卷书，并嘱托说如有使者来取，就把它献上。汉武帝看到书十分感佩。司马相如流传到后世的辞赋，比较著名的有《子虚赋》《天子游猎赋》《大人赋》《长门赋》《美人赋》《哀秦二世赋》等。散文有《谕巴蜀檄》《难蜀父老》《谏猎疏》《封禅文》等。

司马迁认为司马相如的文章辞赋，虽然多假托华丽的言词和夸张的说法，主旨却归于政清君明，就如同《春秋》《易经》，《诗经》中的《大雅》《小雅》一样，都是以辞讽政，影响朝廷，有着很好的教化作用。他的

① 事见〔汉〕司马迁撰：《史记》，长春：吉林大学出版社，2015年版，第794页，"天子问相如，相如曰：'邛、筰、冉、駹者近蜀，道亦易通，秦时尝通为郡县，至汉兴而罢。今诚复通，为置郡县，愈于南夷。'天子以为然，乃拜相如为中郎将，建节往使"。

辞赋中呈现出斑斓多姿的艺术风貌，富有经久不息的艺术魅力。两汉赋作家中，司马相如成就最高。他的辞赋与散文也代表了整个汉代文学的最高峰，一直到今天，都有着深远的影响力。

现在的成都，依然存有与司马相如有关的古迹。成都市通惠门有琴台故径，相传为司马相如弹琴处，就是在此处，他与卓文君相遇，杜甫曾有《琴台》一诗记载。后来，成都市将琴台故径延伸成为著名的琴台路。此外，位于成都北门的驷马桥，原名升仙桥。《华阳国志》说："汉代司马相如初入长安，题其门曰：'不乘高（赤）车驷马，不过汝下'也。"①因此，后来人们为了纪念胸怀大志的司马相如，把升仙桥改为了驷马桥。

二、倡汉魏风骨——射洪陈子昂

"前不见古人，后不见来者。念天地之悠悠，独怆然而涕下。"这首千古传唱、天下皆知的诗正是陈子昂的《登幽州台歌》。卢藏用说这首诗"时人莫不知也"②。诗歌的风格苍凉雄健，人读之不由同感而泪下，可谓唐诗之洪钟巨响。陈子昂是唐代著名的诗人、文学家，他反对齐梁以来的浮艳绮靡文风，倡导复古，标榜汉魏风骨。他的诗刚健质朴、内涵深刻，是唐诗发展进程中一个重要的转折点。他的诗受到多人的高度评价。卢藏用在《陈伯玉文集序》中说他的诗："横制颓波，天下翕然，质文一变。"③杜甫称赞他："有才继骚雅，哲匠不比肩。公生扬马后，名与日月悬。……终古立忠

---

① 〔明〕汤显祖撰，吴凤雏评注：《牡丹亭》，北京：中国戏剧出版社，2013年版，第107页。
② 王永鸿、周成华主编：《中华文学千问》，西安：三秦出版社，2012年版，第138页。
③ 曾枣庄著：《中国古代文体学史》，上海：上海人民出版社，2012年版，第171页。

义,《感遇》有遗编。"①韩愈说他:"国朝盛文章,子昂始高蹈。"②元好问在《论诗绝句》中写诗赞叹:"沈宋横驰翰墨场,风流初不废齐梁。论功若准平吴例,合著黄金铸子昂!"③

陈子昂(约公元661—702),字伯玉,初唐著名诗人,文学家。唐梓州射洪(今四川省射洪县)人。陈子昂少年时代,受其父亲慷慨豪侠的影响,书中因此说他"驰侠使气"④,颇具有侠义风范。"奇杰过人,姿状岳立"⑤,勾勒出一个具有豪侠之气,又丰姿神秀的富家公子形象。一直到十七八岁之前,陈子

图2-2 陈子昂画像

昂都不曾读过书。但有一次,他跟着一个赌徒进入乡学,耳闻琅琅书声,眼见莘莘学子,便幡然醒悟,慨然立志,读书修身。于是他谢绝门客,开始专心研究精深的坟典学问。在数年之间,他竟然将经史百家全部读完,而且,特别善于写诗文,逐渐成了当地著名的才子,被称为"雅有相如、子云之风骨"⑥。他初作诗时,当时已经蜚声文坛的王适见到他的诗文便惊叹道:"此子必为文宗矣!"⑦

① 邵丽鸥主编:《中华古诗文》,长春:北方妇女儿童出版社、吉林银声音像出版社,2013年版,第116页。
② 霍松林著:《唐诗举要》,芜湖:安徽师范大学出版社,2014年版,第9页。
③ 田军等主编:《金元明清诗词曲鉴赏辞典》,北京:光明日报出版社,1990年版,第265页。
④ 池万兴、刘怀荣著:《唐代文人心态史》,长春:长春出版社,2015年版,第22页。
⑤ 池万兴、刘怀荣著:《唐代文人心态史》,长春:长春出版社,2015年版,第22页。
⑥ 王张三著:《中国最美古典诗词·豪放卷》,北京:中国华侨出版社,2013年版,第59页。
⑦ 陈伯海主编:《唐诗汇评》上,杭州:浙江教育出版社,1995年版,第210页。

　　陈子昂专心学习了几年，二十一岁的时候，他怀着经邦济世的理想，踏上了出蜀进京求取功名的道路。这个时期的陈子昂，怀揣着对未来美好的期望、充满热情，他的诗文也表现出这一特质。著名的《白帝城怀古》就写于此次入京的途中。"日落沧江晚，停桡问土风。城临巴子国，台没汉王宫。荒服仍周甸，深山尚禹功。岩悬青壁断，地险碧流通。古木生云际，孤帆出雾中。川途去无限，客思坐何穷。"①此诗描绘白帝城周围的景色，抚今追昔，抒发了作者的爱国情怀以及旅途感慨。元代方回在《瀛奎律髓》中誉之为"唐代律诗之祖"。另外一首《度荆门望楚》也备受历代诗家推崇。此诗结尾"今日狂歌客，谁知入楚来"②，表达了陈子昂对未来美好前景的自信。

　　但可惜的是，陈子昂的首次科举并不成功，这对于陈子昂来说，无疑是非常严重的打击。因此，他写了很多诗，表达自己黯然幽怨的情怀。在《落第西还别魏四懔》中写道："转蓬方不定，落羽自惊弦。山水一为别，欢娱复几年。离亭暗风雨，征路入云烟。还因北山径，归守东陵田。"③后来，他回到老家射洪，有了归隐与出世的想法，常以琴书自娱自乐，也常与道家与佛教的出家人交往。但这只是怀才不遇的一种无奈，内心深处，他还是希望能够积极用世。他自己也说，在这一段时间里写的诗不过是"遵养晦时文"④，韬光养晦而已。这种有愿于朝廷的心念，促使他后来再次进京赴试。这一次陈子昂终于得偿所愿，于文明元年（公元684）得中进士，只是被任命的官职很小，仅为九品。他不甘心自己的才华被埋没，于是越级向武则天上了谏书，写下了《谏灵驾入京书》和《谏政理书》等，表达自己的政

①　黄勇主编：《唐诗宋词全集》，北京：北京燕山出版社，2007年版，第255页。
②　黄勇主编：《唐诗宋词全集》，北京：北京燕山出版社，2007年版，第253页。
③　黄勇主编：《唐诗宋词全集》，北京：北京燕山出版社，2007年版，第253页。
④　黄勇主编：《唐诗宋词全集》，北京：北京燕山出版社，2007年版，第249页。

治主张。武则天"览其书而壮之"①，便召见了他。武则天观察他的形貌与对答，十分欣赏，便提拔他为麟台正字。后来，武则天也多次召见他询问政事，陈子昂也多切直进谏。这段时间，他多次上谏书，内容涉及内政、外交、军事、刑罚等各个方面。他真心认为武则天为"一代圣主"，因此非常愿意为她出谋划策，并加入了劝谏武则天登位的行列。

为了报效朝廷，怀着"感时思报国，拔剑起蒿莱"②的豪情与热情，陈子昂曾经两次从军。初次从军时，陈子昂对军中生活怀有很多美好的想象，有着壮怀激烈的豪情："孤剑将何托，长谣塞上风"③等诗文都表达了自己对军中生活的向往。然而，他在真实的军旅生涯中，也逐渐体验到战争的残酷与边关士卒的艰辛苦难，开始对战争本身产生了怀疑："但见沙场死，谁怜塞上孤。"④所以，陈子昂后来曾对武后攻打雅州羌族提出反对意见，也曾多次上书反对无意义的战争。后来，大唐属国契丹反叛，陈子昂又一次有了参军报国的热情。武则天下诏让陈子昂到武攸宜的幕府担任参谋。开始对战时，敌军凶猛，大将王孝杰等相继阵亡，全军震惊恐慌。陈子昂这时又充分体现了自己的豪侠之气，请求自己率领一万人作为前锋出战。武攸宜虽然正在寻求勇敢战斗的人，但考虑到陈子昂平素为文人，就拒绝了他的请求。陈子昂身体孱弱，虽然想着以忠义之心报答国家，但武攸宜不信任文弱的文人能够带兵打仗，两次拒绝了他的请求。因此，这时期的陈子昂有一种壮志难酬、悲愤孤寂的心态："辜负平生愿，感涕下沾襟。"⑤

延载元年（公元694），陈子昂被诬入狱，虽然只有短短的一年时间，

---

① 陈文新主编：《中国文学编年史·隋唐五代卷》，长沙：湖南人民出版社，2006年版，第180页。

② 黄勇主编：《唐诗宋词全集》，北京：北京燕山出版社，2007年版，第250页。

③ 黄勇主编：《唐诗宋词全集》，北京：北京燕山出版社，2007年版，第253页。

④ 黄勇主编：《唐诗宋词全集》，北京：北京燕山出版社，2007年版，第249页。

⑤ 王启兴主编：《校编全唐诗》，武汉：湖北人民出版社，2001年版，第192页。

后来也官复原职，但这对他的人生观、世界观产生了很大的影响，他开始沉迷于黄老之学，经常与一些文人名士谈玄论道、优游林下。圣历元年（公元698），陈子昂以父亲年老为由，请求辞官回归故里。武则天也很优待他，让他保留官职领取俸禄。于是，他在射洪县的西山建造了几十间茅屋，种树采药。后来，他的父亲去世，他在坟墓旁边修建了户室守孝，常常放声痛哭，听到的人也为之凄然落泪。县令段简贪婪凶残，听说他家富裕，就想讹诈他的钱。段简认为陈子昂家属送的财物太少，就把他抓进了监狱。据说陈子昂被捕时，自己占卜，卦象出后，惊骇地说：“天不肯佑，我快要死了！”果然，他由于体弱死在监狱。可惜一代著名诗人，竟然命丧贪吏之手。尽管如此，陈子昂依然为四川、为中国留下了宝贵的精神财富。

唐代初期的诗歌，沿袭六朝余习，风格纤弱浮华、艳丽绮靡，陈子昂挺身而出，扭转了这种倾向，对整个唐代诗歌的发展做出了极为巨大的贡献。陈子昂死后，其友人卢藏用为之编次遗文十卷，经后人重新编纂、点校，

图2-3　陈子昂塑像

今存《陈伯玉文集》。当代也有一些人重新编纂了《陈子昂集》《陈子昂年谱》等，将其众多诗作、著述收录其中。陈子昂在政绩上虽然并不显著，但他留下的千古风流诗篇，永为后人所传唱。

今四川省射洪县城北23公里处的金华山，是初唐诗人陈子昂青年时代读书的地方，原名读书堂，或称陈公学堂，几经兴废。2006年，陈子昂读书台作为清代古建筑，被国务院批准列入第六批全国重点文物保护单位名单。在四川省遂宁市射洪县龙宝乡龙宝山东麓，立有陈子昂墓。唐东川节度使鲜于叔明，为陈子昂立旌德之碑于墓前。后来的宋、明、清时代，分别有人为此墓重新建碑、刻立诗碑、建立祠堂、种植古柏。1988年、1992年，射洪县人民政府两次拨专款于原墓址上进行修复。坚实的石碑，表达着陈子昂"前不见古人，后不见来者"忧国忧民的无尽愁绪。

三、"诗仙"李白

在中国的诗歌史上，李白是一座无法逾越的高峰。他的一篇篇旷世之作感染着一代又一代的中国人，虽跨越千年而依旧流光溢彩。"诗圣"杜甫盛赞李白："笔落惊风雨，诗成泣鬼神。"贺知章称李白是"谪仙"。苏轼在《书黄子思诗集后》中说："李太白、杜子美以英玮绝世之姿，凌跨百代，古今诗人尽废。"[1]韩愈在《调张籍》中说："李杜文章在，光焰万丈长。"白居易说："又诗之豪者，世称李杜之作。才矣奇矣，人不逮矣。"[2]杨升庵则认为："李太白为古今诗圣。"[3]历代文人对李白都有着极高的评价，不再一一列举。李白也是民间知名度最高的古代诗人，他的诗

---

① 张文治编：《国学治要》，北京：北京理工大学出版社，2014年版，第2199页。
② 胡可先著：《杜甫诗学引论》，合肥：安徽大学出版社，2003年版，第346页。
③ 闻一多著：《唐诗杂论》，沈阳：万卷出版公司，2015年版，第198页。

妇孺皆知，老少咸诵，流传下来许多脍炙人口的诗句。因此，他被后人誉为"诗仙"，名垂千古。

李白（公元701—762），字太白，号青莲居士，又号"谪仙人"。李白的出生地没有准确的定论，一说为唐剑南道绵州（巴西郡）昌隆（后避玄宗讳改为昌明），一说出生在碎叶城（据说为今吉尔吉斯斯坦的托克马克市），五六岁的时候，李白跟随父亲来到四川，定居在四川江油。关于其家世、家族，历史上也语焉不详。《新唐书》中记载，李白与李唐诸王同宗，是唐太宗李世民的同辈族弟。

图2-4　李白画像

神龙元年（公元705），李白五岁，开始读书，表现出极高的天分，"五岁诵六甲，十岁观百家"①。开元三年（公元715），李白十五岁，就已经写了很多首诗，得到很多社会名流的褒奖。李白天性风流不羁，不喜欢

---

① 郁贤皓主编：《李白大辞典》，南宁：广西教育出版社，1995年版，第7页。

学习刻板的儒家经典，而是喜欢潇洒超逸的道家、神仙、方术等百家之学，"十五观奇书，作赋凌相如"①，"十五游神仙"②。他也非常喜好剑术，具有侠义风范，"十五好剑术，遍干诸侯"③。也正是这些非正统的学问，为李白后来的创作提供了源源不绝的灵感。李白早年在蜀中读书生活，家乡的灵山秀水对他的滋养和熏陶，成为他诗文创作的重要源泉。

开元十二年（公元724），年轻的李白出蜀离乡，"仗剑去国，辞亲远游"④，踏上远游的征途。读万卷书，行万里路，李白畅游了湖北、安徽、河南、山西、山东、江苏、湖南、江西等大半个中国。他"南穷苍梧，东涉溟海"⑤，饱览了盛唐时代中华的大好河山，结识了不少文人雅士，如孟浩然、李邕等，同时也解决了自己的终身大事，娶妻许氏。壮年漫游时代的李白，豪放不羁，任侠使气，时常"黄金白璧买歌笑，一醉累月轻王侯"⑥。尽管他过着这样潇洒不羁、有如神仙的生活，但在内心深处，他也有"达则兼济天下"的理想，希望能够"谋帝王之术"⑦。

李白壮年漫游，颇为自负，不肯与当世腐儒同谋，不去参加科举考试，他以大鹏、天马、雄剑自比："大鹏一日同风起，扶摇直上九万里。假令风歇时下来，犹能簸却沧溟水。"⑧他希望自己能够像姜尚一样辅佐明君，像诸葛亮一样兴复汉室，做出千秋功业。李白逐渐名震天下，天宝元年（公元

① 郁贤皓主编：《李白大辞典》，南宁：广西教育出版社，1995年版，第7页。
② 〔唐〕李白、〔唐〕杜甫撰：《李白杜甫诗全集》，北京：北京燕山出版社，2009年版，第181页。
③ 郁贤皓主编：《李白大辞典》，南宁：广西教育出版社，1995年版，第7页。
④ 郁贤皓主编：《李白大辞典》，南宁：广西教育出版社，1995年版，第8页。
⑤ 郁贤皓主编：《李白大辞典》，南宁：广西教育出版社，1995年版，第8页。
⑥ 〔唐〕李白、〔唐〕杜甫撰：《李白杜甫诗全集》，北京：北京燕山出版社，2009年版，第91页。
⑦ 俞平伯著：《唐诗鉴赏辞典》（新1版），上海：上海辞书出版社，2013年版，第336页。
⑧ 〔唐〕李白、〔唐〕杜甫撰：《李白杜甫诗全集》，北京：北京燕山出版社，2009年版，第61页。

742），在贺知章、玉真公主等人的大力举荐下，唐玄宗召李白进宫。据记载，李白进宫朝见那天，唐玄宗降辇步迎，"以七宝床赐食，御手调羹以饭之"①。唐玄宗十分欣赏李白，令李白供奉翰林，陪侍左右。这是一种文学侍从，即皇帝的御用文人，并没有什么实际的职权。唐玄宗每有宴请或郊游，必命李白侍从，用他敏捷的诗才，赋诗纪实，将盛唐时代的盛大气象记录下来，以流传后世。

唐玄宗与杨玉环等在宫中行乐时，都请李白作诗助兴，李白奉召做了《宫中行乐词》《清平调》等脍炙人口的作品。尽管作品很好，但李白对这种御用文人的身份也逐渐感到厌倦，常常饮酒至酩酊大醉，自称"酒中仙"。唐玄宗有时候招呼他，他也不上朝。据记载他曾经醉中起草诏书，令高力士脱靴，引起宫人不满。于是，很多人谗谤于唐玄宗，玄宗逐渐疏远了他。李白非常有智慧，意识到自己不能在京中久留，于是，自动恳求离开京城，归隐山林。唐玄宗也顺势答应了他。天宝三年（公元744），李白离京。

离开京城以后，李白又开始了自己在全国游历的生涯，快意人生。他的原配夫人死得早，因此，他又娶了宗氏孙女，宗家旧居梁园（开封），因此，这个时期他也久居梁园。"一朝去京国，十载客梁园。"②李白还在东都洛阳遇到了杜甫。从此，中国文学史上两位最伟大的诗人建立了深厚的友情。

从进入长安三载到"安史之乱"前夕的十多年，是李白创作生涯的高峰期。他见证了大唐盛世的无限繁华，也经历了人生的辉煌，又目睹了宫廷中的种种明争暗斗，最终辞官归去。这些经历使得他对人生、对社会有了更进一步的了解和体悟，也为他的创作提供了新的灵感和素材。如著名的《行路难》系列："行路难！行路难！多歧路，今安在？长风破浪会有时，直挂

---

① 郁贤皓主编：《李白大辞典》，南宁：广西教育出版社，1995年版，第10页。
② 〔唐〕李白、〔唐〕杜甫撰：《李白杜甫诗全集》，北京：北京燕山出版社，2009年版，第61页。

云帆济沧海！"①《梦游天姥吟留别》："安能摧眉折腰事权贵，使我不得开心颜！"②以及振聋发聩的《将进酒》："人生得意须尽欢，莫使金樽空对月。天生我材必有用，千金散尽还复来！"③这些诗歌意境雄伟、深沉激烈、惝恍莫测、辉煌流丽，充满了浪漫主义色彩。

李唐王朝政治进一步腐败，天宝十四年（公元755），终于酿成"安史之乱"，李白避居庐山，但是，他依然存有济世救国的理想。后来，他投奔在永王李璘麾下效力，写出了"但用东山谢安石，为君谈笑净胡沙"④的诗句。但永王争夺帝位失败，李白受到牵连，被送进监狱。后被崔涣与御史中丞相宋若思解救，并让他参加幕府，掌军中文书事务。只是最终他还是因曾经加入永王集团而被判流放夜郎。于是，李白在五十多岁时，开始了漫漫流放之路。他在《闻王昌龄左迁龙标，遥有此寄》中写道："杨花落尽子规啼，闻道龙标过五溪。我寄愁心与明月，随风直到夜郎西。"⑤

乾元二年（公元759），朝廷大赦，李白终于能回到故乡，重获自由，他万分高兴。那首著名的《早发白帝城》就反映了他当时的心情："两岸猿声啼不住，轻舟已过万重山。"⑥宝应三年（公元762），李白病重，在病榻上把手稿交给了李阳冰，赋《临终歌》而与世长辞。

---

① 〔唐〕李白、〔唐〕杜甫撰：《李白杜甫诗全集》，北京：北京燕山出版社，2009年版，第13页。

② 〔唐〕李白、〔唐〕杜甫撰：《李白杜甫诗全集》，北京：北京燕山出版社，2009年版，第100页。

③ 〔唐〕李白、〔唐〕杜甫撰：《李白杜甫诗全集》，北京：北京燕山出版社，2009年版，第12页。

④ 〔唐〕李白、〔唐〕杜甫撰：《李白杜甫诗全集》，北京：北京燕山出版社，2009年版，第50页。

⑤ 〔唐〕李白、〔唐〕杜甫撰：《李白杜甫诗全集》，北京：北京燕山出版社，2009年版，第91页。

⑥ 〔唐〕李白、〔唐〕杜甫撰：《李白杜甫诗全集》，北京：北京燕山出版社，2009年版，第162页。

图2-5　李白塑像

　　为了纪念李白，江油市修建了李白纪念馆。纪念馆位于风景秀丽的昌明河畔，占地四万余平方米。馆内收藏有历代李白诗集版本、历代名家书画精品等文物资料。"5·12"大地震后，纪念馆进行了扩建，建筑布局更加合理，功能也更加完善，充分展示了李白诗文化博大精深的无穷魅力！李白与他的诗，以其浪漫瑰丽的气质与品格展现了盛唐的万千气象，千百年来，一直感动着一代又一代的中国人。李白不仅是唐朝、唐诗的象征，更是整个中华民族精神的重要象征！

四、"诗圣"杜甫

　　杜甫对中国古典诗歌的影响极其深远，他的诗风沉郁顿挫，意境开阔壮大，感情深沉苍凉，多描写现实生活的苦难。他被誉为伟大的现实主义诗人，被后人称为"诗圣"，他的诗歌被称为"诗史"。他与李白合称为"李杜"，或"大李杜"。元稹评价他和李白的诗风："李白壮浪纵恣，摆去拘束，诚亦差肩子美矣。至若铺陈终始，排比声韵，大或千言，次犹数百，词气豪迈，而风调清深，属对律切，而脱弃凡近，则李尚不能历其藩翰，况堂奥乎！"①白居易说："杜诗最多，可传者千余首，至于贯穿今古，觇缕格律，尽工尽善，又过于李。"②苏轼评杜甫曰："古今诗人众矣，而子美独为首者，岂非以其流落饥寒，终身不用，而一饭未尝忘君也欤？"③鲁迅曾赞叹说："杜甫是中华民族的脊梁！"④

杜甫（公元712—770），字子美，自号少陵野老，河南巩县（今河南省巩义）人。杜甫出身于名门望族，父系杜氏族，是北方的大士族，祖父为杜审言。母系为清河崔氏，为中古时期的豪族，唐代名门世家，仅就家族声望来讲，甚至超越李唐皇族。杜甫也曾自豪地说"舅氏多人物"⑤。正是这书礼传家的望族家风，深刻地影响了杜甫的人生志向。杜甫少年时代就怀有儒家齐家、治国、平天下的理想，想出仕为官，为国尽忠，"致君尧舜上，再使风俗淳"⑥。同时，也正是这样的家庭背景，使得杜甫从小就饱读诗书、

图2-6 杜甫画像

---

① 傅璇琮等主编：《中国诗学大辞典》，杭州：浙江教育出版社，1999年版，第692页。
② 傅璇琮等主编：《中国诗学大辞典》，杭州：浙江教育出版社，1999年版，第692页。
③ 杜填仓编著：《吾庐春秋——杜氏溯源》，开封：河南大学出版社，2015年版，第65页。
④ 杜填仓编著：《吾庐春秋——杜氏溯源》，开封：河南大学出版社，2015年版，第65页。
⑤ 〔唐〕李白、〔唐〕杜甫撰：《李白杜甫诗全集》，北京：北京燕山出版社，2009年版，第461页。
⑥ 〔唐〕李白、〔唐〕杜甫撰：《李白杜甫诗全集》，北京：北京燕山出版社，2009年版，第257页。

才高艺博："七龄思即壮，开口咏凤凰。"[1]这也为其日后的艺术创作奠定了坚实的根基。

中国古代的读书人，一般二十岁左右就要开始行万里路的游学历程。杜甫也不例外，二十岁时，他展翅远行，沿大运河下江南。三年之间，他一直在江南一带游历。开元二十三年（公元735），杜甫回故乡参加乡贡，第二年在洛阳参加进士考试落第。然后杜甫又开始了自己的游历生涯，这次他游历了齐鲁燕赵大地。而立之年，杜甫返乡成婚。

天宝三年（公元744）四月，杜甫在洛阳与被唐玄宗赐金放还的李白相遇，两人相约同游梁、宋（今河南开封、商丘一带）。四年后，杜甫再次与李白相会，两位诗人一起寻仙访道，谈诗论文，"醉眠秋共被，携手日同行"（《与李十二白同寻范十隐居》）[2]。是年秋末，二人依依惜别，杜甫结束了漫游生活，到长安开始了求取功名仕途之路。

杜甫从三十六岁开始参加考试，但科星不亮，屡试不中。他穷困潦倒，甚至只能在长安街上卖药为生。他也曾想结识权贵，在此困顿不得志的时期写了著名的援引诗《奉赠韦左丞丈二十二韵》，其中有许多脍炙人口的诗句："纨绔不饿死，儒冠多误身。""读书破万卷，下笔如有神。""朝扣富儿门，暮随肥马尘。残杯与冷炙，到处潜悲辛。"[3]他也曾试过投书自荐的方式，希望能得到皇帝的赏识。在四十四岁时，他终于盼来了朝廷授予他一任小官。履职前，他回奉先县探视家人，结合这十多年困顿淹蹇的生活，与其所见的普通民众生活的困苦，写下了著名的《自京赴奉先县咏怀五百

---

① 〔唐〕李白、〔唐〕杜甫撰：《李白杜甫诗全集》，北京：北京燕山出版社，2009年版，第347页。

② 〔唐〕李白、〔唐〕杜甫撰：《李白杜甫诗全集》，北京：北京燕山出版社，2009年版，第377页。

③ 〔唐〕李白、〔唐〕杜甫撰：《李白杜甫诗全集》，北京：北京燕山出版社，2009年版，第257页。

字》，其中的"朱门酒肉臭，路有冻死骨"①反映了当时的李唐王朝贫富差距悬殊、社会矛盾尖锐的现实，此诗千古流传。

在他探视家人的过程中，"安史之乱"爆发了。杜甫没有上任，就开始了避难的流落生涯，几经辗转，他搬到了鄜州（今陕西富县）羌村避难。后来，他听说唐肃宗在灵武即位，就在八月只身北上，投奔灵武，途中不幸被俘，押至长安。尽管个人遭遇了诸多不幸，但杜甫的心中却从来未对个人境遇有太多感叹，而是无时无刻不忧国忧民。他目睹家国残破、生灵涂炭，写下了许多悲天悯人的诗篇。至德二年（公元757）四月，郭子仪大军来到长安北方，杜甫冒死逃出长安，到凤翔（今陕西宝鸡）投奔肃宗，他忠心耿耿、形容憔悴，肃宗非常感动，被授为左拾遗，故世称"杜拾遗"。

然而不久杜甫就因为宰相房琯的事件触怒肃宗，被贬到华州（今陕西华县）。杜甫心情十分苦闷和烦恼，他写下了《题郑县亭子》《早秋苦热堆案相仍》《独立》《瘦马行》等诗，抒发了对仕途失意、世态炎凉的感叹和愤懑。尽管后来他又官复原职，但终因受牵连，被贬为华州司功参军。公元759年，唐军与安史叛军的邺城（今河南安阳）之战爆发，唐军大败。杜甫眼见战争的残酷与人民的离乱之苦，感慨万千，写下了不朽的史诗——"三吏"（《新安吏》《石壕吏》《潼关吏》）和"三别"（《新婚别》《垂老别》《无家别》）。时乖命蹇的诗人，依然能够胸怀天下，写下催人泪下的诗篇。

杜甫因对时政痛心疾首，放弃了华州司功参军的职务，西去秦州（今甘肃天水一带）。后来，几经辗转，杜甫到了成都。在好友严武等人的帮助下，他在城西浣花溪畔，建成了一座草堂，这就是著名的"杜甫草堂"。他还曾经在严武的推荐下做过检校工部员外郎，所以后人又称杜甫为"杜工

---

① 〔唐〕李白、〔唐〕杜甫撰：《李白杜甫诗全集》，北京：北京燕山出版社，2009年版，第268页。

部"。杜甫生活在巴蜀的这段时光，尽管依然飘荡，但也暂时安稳。巴蜀不一样的山水、习俗和淳朴的人民，都给杜甫留下了深刻的印象。蜀中暂时安稳的生活是杜甫一生中最温暖的记忆，因此，在此期间，杜甫的创作达到了一个高峰。他留下了大量的记录巴蜀生活的诗篇和散文。在杜甫留下的一千多首诗中，据相关统计有957首直接或间接地与四川有关，"为人性僻耽佳句，语不惊人死不休。老去诗篇浑漫兴，春来花鸟莫深愁"①就是他在草堂时的作品。他也写了不少记录家庭中富有乐趣的生活情景的诗篇，如"老妻画纸为棋局，稚子敲针作钓钩"，"多病所须惟药物，微躯此外更何求？"②杜甫后来又从严武处辞职，因此他在成都的生活依然艰苦，在秋风暴雨之中，杜甫的茅屋破败，妻儿苦恼，他写下了著名的《茅屋为秋风所破歌》。即使自己困顿至此，他依然期望能够使得天下寒士能够得到饱暖，振聋发聩地喊出："安得广厦千万间，大庇天下寒士俱欢颜，风雨不动安如山！"③另外，《春夜喜雨》《蜀相》《闻官军收河南河北》等诗文均与巴蜀有关。

永泰元年（公元765），严武去世，杜甫离开了成都，到达夔州（奉节）。由于夔州都督柏茂林的照顾，杜甫得以在此暂住，也有了一些田产。这一时期，诗人写下了《登高》《登岳阳楼》等大量名篇。其中"无边落木萧萧下，不尽长江滚滚来"④更是千古绝唱。这也是杜甫晚年最后安定的两年，后来他又不停地寻找回洛阳的机会，于是又开始了漂泊转蓬的生涯。暮

---

① 〔唐〕李白、〔唐〕杜甫撰：《李白杜甫诗全集》，北京：北京燕山出版社，2009年版，第419页。

② 〔唐〕李白、〔唐〕杜甫撰：《李白杜甫诗全集》，北京：北京燕山出版社，2009年版，第411页。

③ 〔唐〕李白、〔唐〕杜甫撰：《李白杜甫诗全集》，北京：北京燕山出版社，2009年版，第305页。

④ 〔唐〕李白、〔唐〕杜甫撰：《李白杜甫诗全集》，北京：北京燕山出版社，2009年版，第441页。

秋思归故里，孤舟入洞庭，诗人客死在漂泊的途中。关于杜甫之死，有很多种说法，在此不再深究。杜甫在艰难困苦、蹇滞的一生中，创造出许多深沉温厚的诗篇。所以，有人称他的诗文是世上疮痍，诗中圣哲；民间疾苦，笔底波澜。

位于四川省成都市西门外浣花溪畔的杜甫草堂，最初就是杜甫到成都时所建，后经历代的多次修缮，基本上奠定了杜甫草堂现在的规模和布局，演变成一处集纪念祠堂和诗人旧居风貌为一体的博物馆。现在的杜甫草堂完整地保留着清代嘉庆重建时的格局，总面积近300亩。草堂古朴典雅，规模宏伟，回廊环绕，别有情趣，是一座人文景观和自然景观相结合的充满诗情画意的园林，园中亭台池榭，苍松翠竹，幽深宁静。杜甫一生颠沛流离，怀着唐代由盛转衰的家仇国恨，对战乱中人民的无限同情，留下了千古诗篇，激励着中华儿女为创造美好生活而不断努力！

图2-7 成都杜甫草堂

五、谱传奇《莺莺传》——"元白"之达州元稹

元稹是与白居易齐名的唐代大诗人,被世人称为"元白"。他也是著名的小说家,创作了举世闻名的《莺莺传》,到明朝被改编成红极一时且流传千古的戏曲《西厢记》。元稹一生创作丰富,有古体散文、小说传奇,甚至他所作的制诰、制策等政治类的文章,也因格高词美而成为当时的典范。但元稹一生的创作,还是以诗的成就为最高。晚唐黄滔《答陈播隐论诗书》说:"大唐前有李、杜,后有元、白,信若沧溟无际,华岳干天。"[1]认为元、白是李、杜以后影响最大的诗人。清代赵翼《瓯北诗话》说:"中唐诗以韩、孟、元、白为最。韩、孟尚奇警,务言人所不敢言;元、白尚坦易,务言人之所共欲言。……此元、白较胜于韩、孟。"[2]当时元稹有不少作品被谱入弦歌,宫中呼为"元才子"。

图2-8 元稹像

元稹(公元779—831),字微之,河南洛阳人,六世祖时迁居长安。关于元稹的先世,有记载为鲜卑族拓跋部,曾为鲜卑君长,但后世逐步没落。八岁时元稹父亲去世,家庭进一步陷入困境。元稹母亲郑氏是个非常贤明的夫人,家中穷困不能请先生,她就自己教授元稹读书。元稹也非常聪敏,九岁能属文,十五岁时以明两

---

① 刘克智著:《名家经典唐诗赏读》,北京:金盾出版社,2010年版,第310页。
② 吴慧鹃、刘波、卢达编:《中国历代著名文学家评传》,济南:山东教育出版社,2009年版,第478页。

经擢第，二十一岁初仕河中府，二十五岁与白居易同科及第，并结为终生诗友。元稹由于没有严父的教导，舅族也放纵他，因此，他常常走马打猎，观听歌舞，博戏玩耍，这对他日后不羁的性格形成有一定的影响，但也一定程度上拓宽了他的眼界，为他的创作提供了灵感。

元稹生活的时代，虽然唐王朝已经平定了"安史之乱"，但尖锐的社会矛盾并没有得到妥善解决。他对当时政治的腐败、民众的苦难触目惊心："心体悸震，若不可活。"[1]所以，元稹产生了强烈的创作欲望，"思欲发之久矣！"[2]并且，他认为诗文创作一定要与社会现实结合起来，他对杜甫现实主义的写作风格赞叹不已，"爱其浩荡津涯，处处臻到"[3]。

贞元十五年（公元799），元稹初仕于河中府，也正是这一年的冬天，元稹保护了"崔莺莺"之家不受军人骚扰，同她有了一段恋爱，也才有了后来创作《莺莺传》的原型。二十五岁时，他与白居易同登书判拔萃科，俱授秘书省校书郎，元、白即于此定交。这一年，元稹娶了朝廷显贵韦夏卿之"谢公最小偏怜女"的韦丛，将"崔莺莺"抛在脑后。

元和元年（公元806），元稹应制试才识兼茂、明于体用科，名列第一，授左拾遗。元稹天性锋芒毕露，不知收敛，受命当天即上疏论奏，行谏官职责。后来遭到执政宰相忌恨，让他出任河南县尉。不久后，因他的母亲去世，元稹解职回京。

元和四年（公元809），元稹奉命出使东蜀，虽然他到蜀的时间不长，但却非常尽职尽责。他积极了解民间疾苦，访察官吏不法，核实了原来的剑南

---

① 肖占鹏主编：《隋唐五代文艺理论汇编评注》，天津：南开大学出版社，2015年版，第973页。

② 肖占鹏主编：《隋唐五代文艺理论汇编评注》，天津：南开大学出版社，2015年版，第973页。

③ 肖占鹏主编：《隋唐五代文艺理论汇编评注》，天津：南开大学出版社，2015年版，第973页。

东川节度使严砺擅自没收他管辖领域内的官吏、将士、百姓的家产、田宅以及奴婢，又私自于两税外加征钱、米、草的巨额贪腐大案，此案轰动一时。朝廷中支持严砺的人，则想尽办法打击元稹。但元稹一点没有收敛锋芒的意思，又相继上奏了数十件不法之事，都成为当时的大案要案。为此，他得罪了朝中很多掌权官僚，埋下了日后的祸根。后元稹因与权倾朝野的仇士良不睦被弹劾，很多人趁机落井下石。于是，他再次被贬为江陵府士曹参军。

元稹同豪强权贵的斗争，赢得时人的赞扬。白居易在《赠樊著作》中称赞："元稹为御史，以直立其身。其心如肺石，动必达穷民。东川十八家，冤愤一言伸。……"①并说元稹"名动三川，三川人慕之，其后多以公姓名其子"②。他为四川人民做出了卓越的贡献。这次入蜀，他还与四川才女薛涛有过一段风流韵事，但很明显，这对他来讲，只是生活中的小插曲。他对于自己的妻子韦丛是真心相待，妻子死后写诗道："曾经沧海难为水，除却巫山不是云。取次花丛懒回顾，半缘修道半缘君。"③表达了对韦丛的忠贞与怀念之情，至今广为传颂。

元和五年（公元810），三十二岁的元稹"负气入江陵"。元和六年（公元811），政治上一直支持元稹的裴琅去世，元稹倍感压力，也逐渐失望，慢慢改变了当年"锋锐"的作风。并且，他似乎对自己所奉行的正直之道失去了信心。元和十年（公元815）元稹奉诏回朝，他相当意外和惊喜，以为从此结束了清苦无聊的贬谪生活，可以大展宏图了。春风得意马蹄疾，他在归途中作《桐花诗》及《西归绝句》等十二首。在京期间，他与白居易等好友有短暂的聚首机会。他们一起骑马出游，诵诗吟唱，还商量把一些优秀的乐府、绝句等收集整理，汇编成集。可是，一切美好的计划刚刚开始，

---

① 谢永芳编著：《元稹诗全集汇校汇注汇评》，武汉：崇文书局，2016年版，第31页。
② 张春林编：《白居易全集》，北京：中国文史出版社，1999年版，第574页。
③ 谢永芳编著：《元稹诗全集汇校汇注汇评》，武汉：崇文书局，2016年版，第570页。

元稹却再次接到了遭贬的诏书：左迁通州（今四川达州）司马。于是他无可奈何的"一身骑马向通州"。①元和十年（公元815）三月末出京，心情沮丧的元稹，走走停停，加之蜀道艰险，至闰六月才到达通州。他到通州不久，就向好友白居易报告了通州的恶劣环境和自己痛苦抑郁的心境。元稹深感前途渺茫，当年的憧憬几乎幻灭。其悲凉的心境常在诗中流露，如《闻乐天授江州司马》所写："残灯无焰影幢幢，此夕闻君谪九江。垂死病中惊坐起，暗风吹雨入寒窗。"②白居易为了安慰他，在"江风苦寒，岁暮鲜欢，夜长无睡"的"浔阳腊月"③，写下了著名的《与元九书》，劝解元稹要"穷则独善其身，达则兼济天下"④，元稹却斗志消磨，无心理政。因此元稹在通州的四年，并无多大"政绩"。

但正是这段意志消沉的时期，却成为元稹诗歌创作最辉煌、最有代表性的时期。元稹的诗作和诗歌理论，大都是在通州完成的。他感叹自己这几年"是丈夫心力壮时，常在闲处，无所役用"⑤，闲情逸致基本都用来创作诗歌，元稹在通州所作的诗歌有180余首，也有人说其实远超过这些。白居易作了《与元九书》后，为了呼应他，元稹于元和十二年（公元817）在通州作了《乐府古题序》，是古乐府到新乐府的最早理论根据。他认为，作诗写文，不只是"沿袭古题，唱和重复"⑥，而应该"寓意古题，刺美见

---

① 谢永芳编著：《元稹诗全集汇校汇注汇评》，武汉：崇文书局，2016年版，第397页。

② 谢永芳编著：《元稹诗全集汇校汇注汇评》，武汉：崇文书局，2016年版，第402页。

③ 肖占鹏主编：《隋唐五代文艺理论汇编评注》，天津：南开大学出版社，2015年版，第851页。

④ 肖占鹏主编：《隋唐五代文艺理论汇编评注》，天津：南开大学出版社，2015年版，第849页。

⑤ 肖占鹏主编：《隋唐五代文艺理论汇编评注》，天津：南开大学出版社，2015年版，第971页。

⑥ 谢永芳编著：《元稹诗全集汇校汇注汇评》，武汉：崇文书局，2016年版，第470页。

事"①。元稹在通州所作《乐府古题》十九首，便是他诗论的成功实践。元稹推崇杜甫，学习杜甫的"伤民病痛"，以讽喻的形式，写现实的内容。他们"唯歌生民病，愿得天子知"②，始终把自己看作是以诗为鉴的"谏官"，而不仅仅是吟风弄月的诗人，因此，他们的作品具有强烈的现实主义风格。如元稹的《织妇词》《田家词》《采珠行》《捉捕歌》等，都具有强烈的现实批判意义。

元和十四年（公元819），四十一岁的元稹因一次大赦的机会，结束了"废弃十年"的生活，召为膳部员外郎。元和十五年（公元820），他得到了宦官崔潭峻的引荐，擢升祠部郎中、知制诰。长庆元年（公元821），擢中书舍人，充翰林承旨学士。元稹在这段时间，虽然位居高职，但也常常成为政治斗争的牺牲品。可是他依然在职权范围之内，革除一些弊政。元稹素来与李德裕交好，后来李德裕失势，元稹受到牵连，大和四年（公元830），元稹出为武昌军节度使。大和五年（公元831）七月，元稹暴卒，终

图2-9　元稹纪念馆

① 谢永芳编著：《元稹诗全集汇校汇注汇评》，武汉：崇文书局，2016年版，第470页。
② 张春林编：《白居易全集》，北京：中国文史出版社，1999年版，第7页。

年五十三岁。卒前,他拜托白居易撰墓志铭。从达州凤凰山脚下徒步上几百石梯,就是元稹纪念馆及元稹文化广场。元稹纪念馆位于凤凰山半山腰,面对达城,背靠大山。纪念馆主体建筑为二层仿唐风格,配以2000平方米的广场和青石石梯、浮雕护栏,整个纪念馆简洁而大气,令人耳目一新。达州以及整个四川人民一直怀念着元稹,瞻仰着他留下的传奇,传颂着他留下的故事!

六、"唐宋八大家"——绵阳欧阳修

欧阳修是北宋著名的散文家,古文运动的倡导者和领袖。他的文章理达词婉,承袭南唐余风,为唐宋八大家之一。王安石虽然与欧阳修政见不同,但是,在某些方面依然非常敬佩他。王安石说:"如公器质之深厚,知识之高远,而辅学术之精微,故充于文章,见于议论,豪健俊伟,怪巧瑰琦。其积于中者,浩如江河之停蓄;其发于外者,烂如日月之光辉。其清音幽韵,凄如飘风急雨之骤至;其雄辞闳辩,快如轻车骏马之奔驰。世之学者,无问识与不识,而读其文,则其人可知。"①苏轼曾作诗怀念他:"三过平山堂下,半生弹指声中。十年不见老仙翁,壁上龙蛇飞动。欲吊文章太守,仍歌杨柳春风。休言万事转头空,未转头时皆梦。"②并推许他说:"论大道似韩愈,论事似陆贽,记事似司马迁,诗赋似李白!"③

欧阳修(公元1007—1072),字永叔,号醉翁,晚号"六一居士"。北宋景德四年(公元1007),欧阳修出生于绵州(今四川绵阳)。大中祥符三

---

① 〔宋〕欧阳修撰:《唐宋八大家散文》,昆明:晨光出版社,2014年版,第351页。
② 西坡著:《阅读大中国:人间有味是清欢——苏轼的词与情》,北京:石油工业出版社,2012年版,第33页。
③ 〔宋〕欧阳修撰:《唐宋八大家散文》,昆明:晨光出版社,2014年版,第156页。

图2-10 欧阳修画像

年（公元1010），他的父亲去世，欧阳修与知书达理的母亲郑氏相依为命。后来，他们孤儿寡母无以为生，就到湖北随州投奔了欧阳修的叔叔欧阳晔。叔叔家也并不富有，因此，有"家贫无资，太夫人以荻画地，教以书字"①之说。欧阳修自幼聪颖，喜爱读书，勤奋刻苦，常从城南李家借书抄读，书还没抄完，就已能成诵。少年时他习诗作赋，即文笔老练，有如成人。他的叔叔很看好他，曾对欧阳修的母亲说："嫂无以家贫子幼为念，此奇儿也！不唯起家以大吾门，他日必名重当世！"②十岁时，欧阳修得到《昌黎先生文集》六卷，十分喜欢，手不释卷，这为日后北宋诗文革新运动播下了种子。

仁宗天圣七年（公元1029），欧阳修参加国子监试，名列第一，补为广文馆生；当年秋赴国学解试，又获第一。第二年正月，二十四岁的欧阳修参加由翰林学士晏殊主持的礼部贡举，再一次名列榜首。三月，宋仁宗主持崇政殿复试，中甲科第十四名进士，据说这是为了挫其锋芒，所以故意使他的排名靠后。同年五月，欧阳修被授为西京（洛阳）留守推官，从此开始了他的政治生涯。

天圣九年（公元1031）三月，欧阳修抵达洛阳，与梅尧臣、尹洙等结为好友，经常一起研究学问、切磋诗文。他的上司为吴越忠懿王钱俶之子、西京留守钱惟演。钱惟演特别喜欢有才华的年轻人，竟然主动承担了大部分琐

---

① 王爽主编：《宋词三百首新编》，北京：中国言实出版社，2016年版，第89页。
② 黄进德撰：《欧阳修诗词文选评》，上海：上海古籍出版社，2011年版，第1页。

碎的公务，让他们每日吟诗作赋、吃喝玩乐。传说欧阳修和这些好友到嵩山游玩，玩到傍晚时分，天上开始飘雪。钱惟演急忙让侍从给他们带去厨师和歌妓，并嘱咐他们安心留在嵩山赏雪玩乐，不用着急回府。在钱惟演的大力支持下，欧阳修等人有了充分的时间进行文学的研究和创作。这为欧阳修后来在文坛上大放异彩、创作千古名篇打下了基础。

景祐元年（公元1034）三月，欧阳修西京推官任满，通过考试任馆阁校勘，参与《崇文总目》的编纂。景祐三年（公元1036），范仲淹上书批评时政，触怒圣心，被贬去饶州。谏官高若讷不但不提出中肯的意见，反而私下诋毁范仲淹。欧阳修于是写下了著名的《与高司谏书》，言辞激烈，批评高若讷"不复知人间有羞耻事"①。结果，他也被贬为峡州夷陵令，过了一段时间官复原职。康定元年（公元1040）正月，宋仁宗面临内政外交之困，只好重新起用范仲淹，欧阳修也被召回京师，恢复馆阁之职，继续编纂《崇文总目》。

后来，欧阳修渐渐成为皇帝身边的股肱之臣，范仲淹也得到重用，他们开始共同推行庆历新政。但十五个月后，守旧派卷土重来，新政失败，范仲淹等人又被排挤出朝，欧阳修也被诬陷名节有亏，贬为滁州太守，这是欧阳修第二次遭到贬谪。在此之后，他在滁州、扬州、南京一代留守，后来母亲去世，他才回到颍州，一直到至和元年（公元1054）才重返京师。对这十年外任，欧阳修自己称为"十年困风波，九死出槛阱"②。但是，他在困顿之中，并没有意志消沉、一蹶不振，而是坚守初心，乐观地对待仕途的坎坷与生活的颠沛流离。也正是在滁州，欧阳修苦中作乐，流连山水，抒发胸臆，写下了不朽名篇《醉翁亭记》。王安石曾称颂他："公仕宦四十年，上下往

---

① 王充闾选评，毕宝魁注释：《充闾文集——古文今赏》，沈阳：万卷出版公司，2016年版，第336页。

② 黄进德撰：《欧阳修诗词文选评》，上海：上海古籍出版社，2011年版，第63页。

图2-11　滁州醉翁亭

复，感世路之崎岖；虽屯邅困踬、窜斥流离，而终不可掩者，以其公议之是非，既压复起，遂显于世。果敢之气，刚正之节，至晚而不衰。"[1]

至和元年（公元1054），欧阳修为翰林侍读学士、集贤殿修撰。仁宗皇帝请欧阳修等人修撰《新唐书》，他又自修《五代史记》（《新五代史》）。《新唐书》修成以后，嘉祐二年（公元1057）起，他升为礼部侍郎。此后，他的政治生涯逐渐顺遂起来，便能够将更多的心思放在文学上。欧阳修十分不满意当时北宋文坛的文风，尤其是盛行的西昆体文风。这种文风模拟李商隐追求辞藻、堆砌典故的格调，文章往往生僻难懂，但没有什么实际的价值。因此，欧阳修利用手中礼部的选拔之权，打击西昆体文风，倡导古文，掀起了一场轰轰烈烈的诗文革新运动。据说在一次考试中，欧阳修看到一篇文章语言优美，说理晓畅，他以为是自己学生曾巩的，不好取第

---

① 〔宋〕欧阳修撰：《唐宋八大家散文》，昆明：晨光出版社，2014年版，第351页。

一，就把这份卷子取成第二。后来才知道这份卷子的作者是苏轼。苏轼的弟弟苏辙以及北宋文坛上的一些重要人物都被录取。这培养了一大批古文家，为北宋朝廷及中国文学做出了巨大的贡献。

治平四年（公元1067）三月，欧阳修自罢参政，出知亳州。在亳州任上一年多的时间，政务清闲，有时间优游山水，舒展心胸。他随笔记录了一些朝廷遗事、社会风情以及士大夫轶闻，名之曰《归田录》。他在亳州连上五表，请求辞官，但神宗始终不答应，反而给他升官。后来，王安石推行"青苗法"，欧阳修不能认同王安石的新政，与其发生政见上的冲突。熙宁三年（公元1070）四月，朝廷任命欧阳修为检校太保宣徽南院使。他深知自己与王安石政见分歧太大了，无法合作，便坚持不接受。神宗只好让他改知蔡州（今河南汝南县）。最终，他以观文殿学士太子少师的身份告退，归居颍州（今安徽阜阳市）。在颍州期间，他自称"六一居士"，完成《六一诗话》的写作。熙宁五年（公元1072）闰七月，欧阳修在家中逝世，享年六十六岁；八月，获赠太子太师，谥号文忠；熙宁八年（公元1075）九月，安葬于开封府新郑县旌贤乡。

欧阳修一生著述颇丰，诗文俱佳，各体兼长。今存多个版本的《欧阳文忠公集》《欧阳修全集》。他的文章、诗、词等多有传世。还撰有史学著作《新五代史》74卷，《新唐书》75卷。欧阳修一生著述繁富，除文学外，还研究《诗》《易》《春秋》等经学著作，而且能不拘守前人之说，有独到见解。他的《集古录跋尾》是今存最早的金石学著作。

七、"宋四家"——黄庭坚

黄庭坚是北宋著名文学家、书法家，江西诗派开山之祖。黄庭坚虽然曾游学于苏轼门下，为"苏门四学士"之一，但生前就与苏轼齐名，世称"苏

图2-12 黄庭坚画像

黄"。黄庭坚不仅诗好，书法也是当世一绝。沈周在《李白忆旧游诗草书卷》（黄庭坚晚年草书代表作）的题跋中所说："山谷书法，晚年大得藏真（怀素）三昧，此笔力恍惚，出神入鬼，谓之'草圣'宜焉！"①祝允明评论此帖说："此卷驰骤藏真，殆有夺胎之妙。"②

黄庭坚（公元1045—1105），字鲁直，号山谷道人，晚号涪翁，洪州分宁（今江西修水县）人，祖籍浙江金华。黄庭坚的父亲黄庶，一生仕途不顺，但为人清廉自守、刚正不阿，这种品格对黄庭坚影响很大。黄庭坚自幼聪颖异常，五岁就能背诵《五经》，据说七岁就写过一首《牧童诗》："骑牛远远过前村，吹笛风斜隔岸闻。多少长安名利客，机关用尽不如君。"③这首诗表现出的人生哲理，淡泊名利，灵巧而深刻。黄庶非常喜欢和看重这个孩子。他的舅舅李常到黄家，随便从书架上取一本书查问黄庭坚，他都能对答如流。

嘉祐三年（公元1058），黄庶在康州（今广东省德庆县）任上逝世。由于家境不太富裕，黄庭坚跟随李常到淮南游学。嘉祐六年（公元1061），他在扬州（今江苏省扬州市）认识诗人孙觉（字莘老），孙觉十分欣赏他的才华，就把自己的女儿嫁给了他。

英宗治平三年（公元1066），黄庭坚参加省试。主考官李洵看到他的诗句"渭水空藏月，传岩深锁烟"④，非常欣赏，认为黄庭坚才华出众，

① 周世闻：《黄庭坚书法经典鉴赏》，成都：四川美术出版社，2015年版，第43页。
② 周世闻：《黄庭坚书法经典鉴赏》，成都：四川美术出版社，2015年版，第43页。
③ 黄培需：《中国神童诗》，开封：河南大学出版社，2017年版，第66页。
④ 翁长松著：《清代版本叙录》，上海：上海远东出版社，2015年版，第346页。

"不特此诗文理冠场，他日有诗名满天下！"①第二年春天，黄庭坚再到汴京（今河南省开封市）参加礼部考试，中三甲进士，从此走上了仕途之路。他初任余干县主簿，后调往汝州叶县（今河南省叶县）当县尉。熙宁五年（公元1072），诏举四京学官，黄庭坚成绩优秀，被任为北京（今河北省大名县）国子监教授。北宋时期著名的政治家、书法家，当朝重臣文彦博很器重他，任满后又留他再任，就这样，他一直在北京度过了七年时光。在这七年中，他一直没有停止诗歌的创作与学习，艺术上有很大的造诣。元丰元年（公元1078）黄庭坚作了两首古体诗，投书给苏轼，以表达自己的仰慕之情。苏轼看到后，大加赞赏："超绝尘，独立万物之表，驭风骑气，以为造物者游，非今世所有也！"②从此，两位大诗人结下了深厚的友谊。

宋神宗即位后，熙宁三年（公元1070），王安石为相，开始实行变法。以司马光为首的保守派猛烈反对，新旧两派的斗争非常激烈。而且，这种政见的不同渐渐演变成为派系之间排除异己的政治斗争。黄庭坚非常尊敬司马光和苏轼、苏辙，便站在旧党一边。尽管如此，他还是非常敬重王安石的人品："然余尝观其风度，真视富贵如浮云，不溺于财利酒色，一世之伟人也。"③

元丰三年（公元1080），黄庭坚外放为吉州太和县（今江西省太和县）知县。任职期间，他尽职尽责，常常深入穷乡僻壤，考察当地的情况，了解百姓的疾苦。人称："治政平易，人民行以安定。"④元丰六年（公元1083），黄庭坚调任德州平镇（今山东省商河县境内）。在此处，他与德州通判赵挺之因为是否推行新法的问题产生了矛盾，种下了后来被陷害的祸根。

---

① 翁长松著：《清代版本叙录》，上海：上海远东出版社，2015年版，第346页。
② 上海辞书出版社文学鉴赏辞典编纂中心编，唐圭璋、缪钺、叶嘉莹、周汝昌、俞平伯、施蛰存撰写：《唐宋词鉴赏辞典》，上海：上海辞书出版社，2016年版，第853页。
③ 魏丕植著：《解读诗词大家》，北京：作家出版社，2013年版，第115页。
④ 魏丕植著：《解读诗词大家》，北京：作家出版社，2013年版，第117页。

元丰八年（公元1085）三月，宋神宗去世，哲宗即位。由于年幼，太皇太后高氏听政。旧党司马光重新复任，黄庭坚也被召入汴京。十月，黄庭坚被任命为神宗实录院检讨官，主持编写《神宗实录》。元祐八年（公元1093），黄庭坚被任为国史编修官。宋哲宗长大以后，开始亲政。宋哲宗对司马光与高太后的执政与压制感到不满，亲政后起用了革新派，其中有蔡京。与此同时，朝廷开始追贬司马光，并贬谪苏轼、苏辙等旧党党人于岭南。黄庭坚也受到牵连。黄庭坚修过《神宗实录》，被蔡京等人加以"诬毁先帝""修实录不实"等罪名，绍圣元年（公元1094）十二月，被贬为涪州（今四川省涪陵县）别驾、安置黔州（今四川省彭水县），后来又被移置到戎州（今四川宜宾）。从此，黄庭坚便踏上了巴蜀大地。黄庭坚身边的人都惨然不乐，但他却安然接受。

黄庭坚在四川谪居了六年，一直到元符三年（公元1100），才遇赦东归。当时黄庭坚的名气已经非常大了，因此，他到四川以后，许多人前来问学。"蜀士慕从之游，讲学不倦。"[1]凡是经过他指导的，下笔写出来的文字都具有可读性。他非常关心四川青年学子，在四川的六年，孜孜不倦地对他们进行教导。而川内的秀美山水与好学的青年，也为黄庭坚带来了不少欢乐。"遇风日暖晴，从门生儿侄，扶杖逍遥林麓水泉之间。"[2]黄庭坚到戎州（今四川省宜宾市东北）后，在一个寺庙里住了下来，他以《庄子》中的"身如槁木，心如死灰"为名，将寺中的居室叫作"槁木庵"。后来又在城南屠儿村住过，起名"任运堂"。后来，黄庭坚在黔州和戎州居住过的地方，慢慢成了四川当时文学活动的中心。"为君试讲古学，此事可笑天公。君看花梢朝露，何如松上霜风。"[3]可见，他为蜀中的文学青年讲学，是他

---

① 魏丕植著：《解读诗词大家》，北京：作家出版社，2013年版，第114页。
② 楚默著：《楚默全集·黄庭坚艺术论》，上海：上海书店出版社，2014年版，第43页。
③ 〔宋〕黄庭坚撰：《黄庭坚全集辑校编年》，南昌：江西人民出版社，2011年版，第908页。

在蜀中很重要的事情，充满了乐趣。黄庭坚对蜀中的一些特产也特别有兴趣，如荔枝、苦笋等，他还专门为苦笋写过一篇著名的《苦笋赋》，以文谏讽，含义深远。

元符三年（公元1100）正月，宋哲宗去世，宋徽宗即位，暂时由太后向氏听政。徽宗又起用旧党，黄庭坚知太平州。不料只九天后，他就被免去了知州职务。原来，此时徽宗亲政，重新起用蔡京为相，蔡京等人对旧党的迫害比绍圣年间更加残酷。黄庭坚被宿敌赵挺之陷害，受到严厉处分，以致后来无处栖身，搬到城头破败的戍楼中居住。但黄庭坚依然泰然处之，读书赋诗，举酒浩歌。宜州人民敬其旷达高洁，许多人慕名前往求诗、求书，请教学问。崇宁四年（公元1105）九月三十日，黄庭坚病逝于戍楼，终年六十一岁。大观三年（公元1109）春，归葬修水县双井祖坟之西。南宋绍兴初年，高宗中兴，追封黄庭坚直龙图阁学士，加太师，谥号文节。黄庭坚最重要的成就是诗。他在宋代影响颇大，开创了江西诗派。他同时又能填词作赋，而且擅长行书、草书，自成风格，为"宋四家"之一。

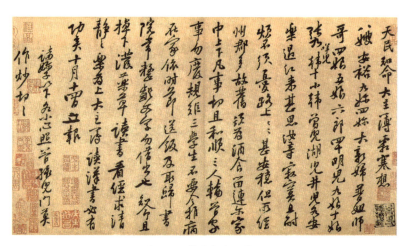

图2-13　黄庭坚书法作品

　　黄庭坚在四川宜宾住了三年，与宜宾这块人杰地灵的宝地也结下了不解之缘。宜宾的流杯池原是一个天然的山谷，当年黄庭坚与友人郊游至此，仿王羲之的流觞曲水，命工匠在山谷造出了宜宾的"流觞曲水"。另有锁江石、安乐泉，皆是当年黄庭坚与朋友畅饮之地。安乐泉就在现在的五粮液酒厂内，可供游人参观。涪翁楼位于宜宾流杯池旁，建于宋代，相传为黄庭坚读书用墨及游憩之所。楼正面为周建人所书"涪翁楼"三字匾额，登楼凭栏，南可观荷塘秀色，东可揽流杯胜景。在流杯池公园育龙池旁的石梁上，有吊黄楼。顾名思义，就是后人凭吊黄庭坚的地方。黄庭坚留给四川人民宝贵的精神财富还有很多，四川也以其特有的文化底蕴滋养了这位文化名人。

八、"龙虎榜"状元苏易简与《续翰林志》

　　苏易简是北宋太平兴国五年（公元980）的状元，也是苏氏家族兴旺发达的奠基人物。他与苏舜钦、苏舜元合称为"铜山三苏"。宋太宗特别欣赏和器重苏易简，曾召他的母亲进宫，问她"何以教子成此令器？"[1]并赞叹他的母亲"真孟母也！"[2]以嘉奖她培养出这样出类拔萃的儿子。

　　苏易简（公元958—996），字太简，梓州铜山（今四川省德阳市中江县）人。苏易简年少时期就聪颖好学，才思敏捷，太平兴国五年（公元980）举进士。当时宋太宗留心儒学，考生"皆临轩复试"[3]，苏易简写三千言文章，一挥而就。宋太宗看了他的文章，十分赏识，于是"擢冠甲科"[4]，成为本榜状元。当时的苏易简只有二十二岁，正可谓少年得志。

① 〔元〕脱脱撰：《宋史》，郑州：中州古籍出版社，1998年版，第1231页。
② 〔元〕脱脱撰：《宋史》，郑州：中州古籍出版社，1998年版，第1231页。
③ 〔元〕脱脱撰：《宋史》，郑州：中州古籍出版社，1998年版，第1231页。
④ 〔元〕脱脱撰：《宋史》，郑州：中州古籍出版社，1998年版，第6581页。

苏易简中状元后，官运也十分亨通，先
是在升州任通判，后迁左赞善大夫。八年，
以右拾遗知制诰，连续七年主持贡举，因其
公正无私，深得太宗信任。雍熙二年（公元
985），他未满30岁，就充翰林学士。在翰
林任职期间，太宗让他参与编修三大类书之
一《文苑英华》，并视他如宾朋，常赐宫中
宴饮。苏易简见当时宫中宴饮礼仪废弛，于
是奏请恢复旧制。苏易简帮太宗恢复了旧时

图2-14　苏易简画像

宴饮文臣武将的礼制，并作词描绘了宴饮的情形。有《越江吟》词言："非
云非烟瑶池宴，片片。碧桃零乱黄金殿。虾须半卷天香散。春云和，孤竹
清婉，入霄汉。红颜醉态烂漫。金舆转，霓族影乱，箫声远。"①淳化二年
（公元991），太宗因没能任命苏易简为参知政事，作诗安抚他说："君臣
千载会。"苏易简非常感激，当即表示"忠孝一生心"。②

后来，苏易简续唐代李肇的《翰林志》写了《续翰林志》，献给宋
太宗。太宗非常高兴，赐诗二章，并在纸尾批道："诗意美卿居清华之地
也。"③苏易简请求将太宗所赐的诗刻石，于是太宗又用真、草、行三种字
体把诗重写一遍进行刻印。宋太宗对他确实是恩宠非常，又用飞白体写下
"玉堂之署"四个大字，让苏易简挂在他的学士院厅额上。苏易简说："自
有翰林，未有如今日之荣也！"④所以当时的宋人都说，苏易简在翰林院这
八年，所受到太宗的"宠待之优"，简直无与伦比。

---

① 贺新辉主编：《全宋词鉴赏辞典》，北京：中国妇女出版社，2002年版，第17页。
② 郑福田主编：《永乐大典》，呼和浩特：内蒙古大学出版社，1998年版，第585页。
③ 〔清〕毕沅撰：《续资治通鉴》，长沙：岳麓书社，2008年版，第199页。
④ 〔清〕毕沅撰：《续资治通鉴》，长沙：岳麓书社，2008年版，第199页。

一次，苏易简以水试欹器（一种灌溉用的汲水罐器，一旦灌满水，罐子就会倾覆，把水倒净），"日中则昃，月满刚亏，器盈则覆，物盛则衰"，[①]劝谏太宗持留守成，慎终如始，以固丕基。不久，他知审官院，改知审刑院，掌吏部选，迁给事中，参知政事。在苏易简任参知政事期间，还曾举荐过同年张咏知益州，后张咏成为一代名臣。赵昌言当时也任参知政事，与苏易简不和，两人在宋太宗前争执，太宗没有惩罚谁，而是对他们都很优待。后来，赵昌言出使剑南。苏易简也以礼部侍郎出知邓州，后移陈州。苏易简到陈州不久，在至道二年（公元996）去世，年仅三十九。太宗深为惋惜，曾赠挽词，中有"时向玉堂寻旧迹，八花砖上日空长"[②]之语。

苏易简撰《文房四谱》，共五卷，分为《笔谱》《纸谱》《墨谱》《砚谱》。书前有徐铉序文，书后有雍熙三年（公元986）九月作者的自序。北宋时期，造纸业有了很大的发展，四谱中的《纸谱》，是世界上最早的一部关于纸的专著。《纸谱》分为叙事、制造、杂说、辞赋四部分，记述了纸的源流、名称、制作、加工、用途、特点等，具有很大的史料价值。

苏易简喜欢喝酒，他的英年早逝与其嗜酒有很大关系。他进入翰林院以后，时常醉酒。宋太宗也常常劝诫他，做草书《劝酒》二章赐给他，让他对着自己的母亲读诵。从此，他当值的时候就不敢饮酒了。苏易简作为太平兴国五年（公元980）"龙虎榜"的状元，因其卓越的政治和文学才能，受到宋太宗的格外器重，可惜英年早逝，所著《文房四谱》《续翰林志》《文集》二十卷，藏于秘阁，流传后世。

四川德阳人杰地灵，在历史上出过很多名人，为此，德阳建"名人园"，为历史名人雕刻石像。名人园内共有雕塑组雕、圆雕、浮雕14组，记录着从德阳走出的名人在历史上的丰功伟绩。"铜山三苏"即是其中非常重

---

① 〔元〕脱脱撰：《宋史》，郑州：中州古籍出版社，1998年版，第1231页。
② 郑福田主编：《永乐大典》，呼和浩特：内蒙古大学出版社，1998年版，第584页。

要的一组。这里是旌湖两岸石刻艺术最集中的地段，也是青少年学生进行爱国主义教育的最佳场所。

九、爱国诗人文坛宗主——剑南陆游

陆游是南宋著名的爱国主义诗人，他的诗词兼具李白的豪放雄奇与杜甫的沉郁悲凉，尤其是其中饱含的爱国热情对后世影响深远。陆游的诗各体兼备，尤以七律最为出色。沈德潜在《说诗晬语》中称他的七律："七言律对仗工整，使事熨贴，当时无与比埒。"[①]杨慎评价说："放翁词纤丽处似淮海，雄慨处似东坡。"[②]朱熹认为："放翁老笔尤健，在当今推为第一流。"[③]梁启超作诗赞叹陆游："诗界千年靡靡风，兵魂销尽国魂空。集中十九从军乐，亘古男儿一放翁！"[④]周恩来总理则认为："宋诗陆游第一，不是苏东坡第一。陆游的爱国性很突出，陆游不是为个人而忧伤，他忧的是国家、民族，他是个有骨气的爱国诗人！"[⑤]

图2-15 陆游画像

陆游（公元1125—1210），字务观，号放翁，越州山阴（今绍兴）人。陆游出身于名门望族，其父陆宰，通诗文、有节操。宣和七年（公元1125），陆宰奉诏入朝，由水

---

① 缪钺著：《宋诗鉴赏辞典》，上海：上海辞书出版社，2015年版，第1001页。

② 钱仲联等主编：《中国文学大辞典》，上海：上海辞书出版社，2000年版，第520页。

③ 钱仲联等主编：《中国文学大辞典》，上海：上海辞书出版社，2000年版，第520页。

④ 《清诗观止》编委会编：《清诗观止》，上海：学林出版社，2015年版，第267页。

⑤ 王爽主编：《宋词三百首新编》，北京：中国言实出版社，2016年版，第326页。

路进京，在舟上喜得贵子，因此取名陆游。靖康二年（公元1127）靖康之难，陆宰携家眷回山阴，后改奔东阳，家境逐步安定。陆游出生不久就赶上了金兵入侵，国仇家恨、颠沛流离，这对他一生都产生了巨大影响。

陆游自幼聪慧过人，十二岁即能为诗作文，曾自称"我生学语即耽书，万卷纵横眼欲枯"。①陆游青年时代曾从江西派诗人学诗，又从前代大诗人屈原、陶渊明、李白、杜甫等人的诗作中汲取营养。绍兴二十三年（公元1153），陆游进京临安（今杭州）参加锁厅试，被荐举为第一。秦桧的孙子恰巧排在陆游的后面，秦桧为此非常愤怒。从此陆游一直遭到秦桧的嫉恨，仕途不畅。秦桧去世后，陆游才到福建宁德任主簿，他忠于职守，后来被提拔为大理寺司直，兼宗正簿。

绍兴三十二年（公元1162），宋孝宗赵昚即位，任命陆游为枢密院编修官，赐进士出身。陆游上疏不利，被降为镇江府通判。后来陆游因指出权臣曾觌、龙大渊招揽大权，私植党羽，将宋孝宗惹怒，又被贬为建康府通判。不久又调任隆兴府。陆游在镇江任上，曾结识张浚，两人对北伐收复中原意见一致，相谈甚欢。但在后来的战争中，张浚出师不利，宋军大败，主和派占了上风。于是，便有人诽谤陆游，说他私自结交谏官、鼓唱是非，力说张浚用兵。朝廷罢了陆游的官，陆游返回故乡。

几年后此事渐渐平息，朝廷又重新起用了陆游，于乾道五年（公元1169）任命他为夔州（今四川奉节）通判，当时的陆游已经四十五岁。山高路远，陆游风雨兼程到了四川。作为偏地小吏，陆游感到十分压抑。乾道七年（公元1171），主战派将领王炎任川陕宣抚使，任用陆游进其幕府为干办公事。陆游非常高兴，上任后向王炎陈述了许多北伐进取之策。王炎委托陆游草拟驱逐金人、收复中原的战略计划，陆游作了《平戎策》。陆游到王炎

---

① 〔宋〕陆游撰：《陆游集》，北京：中华书局，1976年版，第1624页。

的军幕后，常到骆谷口、仙人原、定军山等前方据点和战略要塞查看，并到大散关巡逻。他换上戎装，过上了向往的铁马秋风、豪雄飞纵的军旅生活，这使得陆游的襟抱为之一开，写出了许多热情奔放的爱国诗篇，"飞霜掠面寒压指，一寸赤心唯报国"①。但是，最终朝廷还是采取了偏安的政策，否决了他的《平戎策》，并调王炎回京，幕府也解散了。出师北伐、收复中原的希望再次幻灭，陆游感到无比忧伤，写下了许多悲愤的诗句，如"不见王师出散关"②"悲歌仰天泪如雨"③等。这短短八个月的军旅生涯是他一生中最难忘的时光。

乾道八年（公元1172）陆游被任为成都府路安抚司参议官，为清闲官职。陆游骑驴入川，写下了著名的《剑门道中遇微雨》："衣上征尘杂酒痕，远游无处不销魂。此身合是诗人未？细雨骑驴入剑门。"④他对自己只是作为一个诗人的身份产生了怀疑，空有一身才华，但却报国无门。陆游再次入蜀后，游览了蜀中很多名山胜水，他彻底爱上了美丽的天府之国，并萌发了"终焉于斯"的念头。

淳熙二年（公元1175），范成大调到成都，邀陆游到其幕中任参议官。两人之前就有诗文之交，因此相交甚欢，很是随意，不拘官场礼数，引起了同僚讥议。又由于陆游的远大抱负得不到实现，常常放旷自得，"脱巾漉酒""拄笏看山"。因此陆游被人诋毁"不拘礼法""燕饮颓放"。于是，陆游索性自号"放翁"，并写诗自嘲："名姓已甘黄纸外，光阴全付绿樽中。门前剥啄谁相觅，贺我今年号放翁。"⑤虽然是自嘲的名字，但此名从此就与他的诗文紧密相连。

---

① 〔宋〕陆游撰：《陆游集》，北京：中华书局，1976年版，第499页。
② 〔宋〕陆游撰：《陆游集》，北京：中华书局，1976年版，第146页。
③ 〔宋〕陆游撰：《陆游集》，北京：中华书局，1976年版，第108页。
④ 〔宋〕陆游撰：《陆游集》，北京：中华书局，1976年版，第84页。
⑤ 〔宋〕陆游撰：《陆游集》，北京：中华书局，1976年版，第205页。

　　陆游在川这几年，虽然是在政治上被打压的几年，但蜀中淳朴的民风、秀美的山水，都滋养着陆游的创作灵感。他见识了祖国的大好河山，也在前线体验过金戈铁马的生活，他的精神境界逐渐开阔，爱国热情也变得越来越醇厚激荡。因此，在蜀中这一时期，也是他创作上的高峰期。他说自己"诗家三昧忽见前"[①]，将自己的全部诗作都命名为《剑南诗稿》。

　　陆游离川以后，又经历了几次宦海浮沉，淳熙六年（公元1179）他罢官回到山阴。在山阴赋闲，他依然忧心国事，写了著名的《书愤》："早岁那知世事艰，中原北望气如山。楼船雪夜瓜洲渡，铁马秋风大散关。塞上长城空自许，镜中衰鬓已先斑。《出师》一表真名世，千载谁堪伯仲间。"[②]十几年后，朝廷又重诏陆游入京，担任同修国史、实录院同修撰一职，主持编修孝宗、光宗《两朝实录》和《三朝史》，不久兼任秘书监。嘉泰三年（公元1203），国史编撰完成。

　　嘉泰三年（公元1203）五月，陆游辞官还乡，回到山阴。即使归乡，他依然念念不忘国家的统一，把希望寄托在主战派的韩侂胄身上。后来，韩侂胄出兵北伐，陆游闻讯，欣喜若狂。但由于种种原因，韩侂胄最终兵败被杀，北伐彻底失败。陆游听到这些消息，悲痛万分。嘉定二年（公元1209）秋，陆游忧愤成疾。第二年的十二月，陆游与世长辞。临终之际，他写下著名的《示儿》："死去元知万事空，但悲不见九州同。王师北定中原日，家祭无忘告乃翁。"[③]八十五岁的老诗人抱着无尽的遗憾，离开了这个世界。

　　陆游的诗文创作特别丰富，其诗集中存有9300多首诗，他的诗题材多样、多姿多彩，有凄婉的爱情诗篇，也有清逸的田园诗句，但总体上充满了爱国主义热情，激昂中带着悲怆，如黄钟大吕，激荡着人心。陆游留下的著

---

① 〔宋〕陆游撰：《陆游集》，北京：中华书局，1976年版，第699页。
② 〔宋〕陆游撰：《陆游集》，北京：中华书局，1976年版，第501页。
③ 〔宋〕陆游撰：《陆游集》，北京：中华书局，1976年版，第1967页。

作很多，有《陆放翁全集》《剑南诗稿》《渭南文集》《南唐书》《老学庵笔记》《放翁家训》《陆游集》《陆游佚著辑存》等，可谓南宋文坛一代宗主。

陆游祠位于四川省崇州市崇阳镇大东街南罨画池内，始建于明初，毗邻罨画池，占地面积约4亩，建筑面积900多平方米，是省级重点文物保护单位，也是除陆游家乡浙江绍兴外，全国仅有的纪念陆游的专祠。在崇州西北的凤栖山，有个与陆游祠遥相呼应的梅花寨，被称为放翁遗香圣地，据专家考证为《卜算子·咏梅》意境的原型所在地。梅馨百代，诗魂千秋，陆游不朽的诗篇永远唱响在四川这片美丽的土地上！

图2-16　崇州陆游祠

十、明代著述第一人——新都杨升庵

《三国演义》的开篇词："滚滚长江东逝水，浪花淘尽英雄。是非成败转头空。青山依旧在，几度夕阳红。白发渔樵江渚上，惯看秋月春风。一壶浊酒喜相逢。古今多少事，都付笑谈中。"①这首词唱出了古今多少仁人志士、才子豪杰的心声。这首词就是明代大才子杨慎（杨升庵）的作品。李贽十分欣赏杨慎，在《焚书》《续焚书》中说："升庵先生固是才学卓越，人品俊伟，然得弟读之，益光彩焕发，流光百世也。岷江不出人则已，一出人则为李谪仙、苏坡仙、杨戍仙，为唐代、宋代并我朝特出，可怪也哉！"②他指出，四川出来的大文豪，拔得唐、宋、明三代的头筹。清代才子纪昀评价他说："慎以博洽冠一时，其诗含吐六朝，于明代独立门户。"③当代学者陈寅恪说："杨用修为人，才高学博，有明一代，罕有其匹！"④

杨慎（公元1488—1559），字用修，号升庵，四川新都（今成都市新都区）人。杨慎先祖是江西庐陵人，元末迁徙到湖北麻城，后又移居四川新

图2-17　杨慎塑像

① 〔明〕罗贯中撰：《三国演义》，长春：时代文艺出版社，2002年版，第1页。
② 〔明〕李贽撰：《焚书·续焚书校释》，长沙：岳麓书社，2011年版，第478页。
③ 杨钊著：《杨慎研究——以文学为中心》，成都：巴蜀书社，2010年版，第1页。
④ 丰家骅著：《杨慎评传》，南京：南京大学出版社，2011年版，第383页。

都。从他的曾祖父起，一门世代为官，父亲是吏部尚书、武英殿大学士杨廷和。杨慎出身这样书香门第的官宦世家，又聪慧好学，受到了极为良好的教育。杨慎的父亲为人忠直，教子极严，父亲的言传身教，对杨慎日后的为人、为官都有巨大的影响。杨慎七岁时，他的母亲就教他句读和唐代绝句，他常能背诵。十一岁时，就会写近体诗。十二岁时，杨慎拟作《吊古战场文》，就写出了"青楼断红粉之魂，白日照翠苔之骨"①的句子，他的叔父兵部侍郎瑞红看了极为赞赏，又让他拟《过秦论》，他的祖父读了之后，十分的欣赏，说杨慎是"吾家贾谊也"。②杨慎十三岁时随父亲进京，沿途写了几首诗文，声名大噪。尤其是他的《黄叶诗》，轰动京华，大学士李东阳欣赏不已，收他为门生，并亲切地称杨慎为"小友"。

他如古代大部分读书人一样走上科举之路。杨慎在正德六年（公元1511）二十四岁时，殿试第一，独占鳌头，考中状元，授翰林院修撰。从此，杨慎正式登上明朝政治舞台。后因母亲去世而回乡守丧，服丧完毕后又出任翰林修撰。杨慎一直在翰林院充任修撰、经筵讲官等职。翰林院是明代的"智库"，有"非进士不入翰林，非翰林不入内阁"之说。按照正常的程序，才华横溢的杨慎一定能入主内阁，成为朝廷重臣。但是诗人的人生，总是充满了变数。明代朝堂爆发了著名的"大礼议"事件，彻底改变了杨慎的命运。

正德十六年（公元1521），正德皇帝朱厚照突然去世，他没有子嗣，堂弟朱厚熜以"兄终弟及"的方式登上皇帝宝座，是为嘉靖帝。嘉靖帝登基六天，就召集大臣，议定他自己的生父兴献王为"皇考"——即他的生父按皇帝的尊号和祀礼对待。时任首辅大臣的杨廷和召集群臣讨论，一致认为，按照当时朝廷的法度，朱厚熜的生父只能称"本生父"或"皇叔父"，祭祀时

---

① 丰家骅著：《杨慎评传》，南京：南京大学出版社，2011年版，第29页。

② 丰家骅著：《杨慎评传》，南京：南京大学出版社，2011年版，第29页。

要称"侄皇帝"。只有正德皇帝的父亲才能为"皇考"。嘉靖帝遭到这样的反对，十分恼怒。

嘉靖帝与杨廷和等人就此事都不肯让步，水火难容，杨廷和被迫辞官归里。杨慎则又继续上书反对，朱厚熜最终还是一意孤行，下诏改称生父为恭穆皇帝。杨慎与众多大臣一同"偕廷臣伏左顺门力谏"①，朱厚熜震怒，使用暴力镇压，逮捕为首的八人。杨慎邀约众大臣二百多人，要进行死谏，在金水桥、左顺门一带列宫大哭，进行抗议，哭声震天。朱厚熜更加震怒，逮捕了当时在场的134名官员，杖毙16人。这件事震惊朝野。杨慎也被捕，被廷杖两次后，"永远充军烟瘴"②，充军云南永昌卫。

杨慎带伤上路，踏上了去往云南边陲之地的漫漫征途。更加让杨慎想不到的是，他这一去就是三十多年，从此再也没有被朝廷起用。杨慎刚到云南，依然意气风发，认为自己"京华一朵千金价，肯信空山委路尘"③。在贵州时，他以李白流放夜郎自比："我行更迢递，千载同潜然。"④由于杨慎的才名与人格，他受到了当地人民的欢迎和爱护。他也因此心情稍好，与友人在云南的山水中游览，足迹遍及滇西北和滇南。每到一处，就借边塞民情风物、山水花草来吟诗，抒发自己的政治热情。他还为云南白族修史，云南当地的很多学子都慕名而来，跟随杨慎学习。他甚至还娶了妾、生了子，在地方官员的默许下，也曾回四川看望自己的父亲妻儿。更为难能可贵的是，杨慎在放逐期间，仍然关心人民疾苦，不忘国事，常常写诗进行抨击，还曾率领家童和步兵参与平定叛乱。

流放时日，虽然有许多温暖，生活也较为安定，但他依然希望自己能够

---

① 〔清〕张廷玉撰：《明史》，北京：中华书局，2000年版，第3385页。

② 丰家骅著：《杨慎评传》，南京：南京大学出版社，2011年版，第75页。

③ 丰家骅著：《杨慎评传》，南京：南京大学出版社，2011年版，第354页。

④ 丰家骅著：《杨慎评传》，南京：南京大学出版社，2011年版，第70页。

回到京城，实现自己的理想抱负和人生价值。只是嘉靖帝实在是对他恨之入骨，到死都不肯原谅他们父子。杨慎被贬后，嘉靖帝常问身边的阁臣："杨慎最近怎样？"大臣则尽量回答说杨慎身体不好，有病，非常颓废，嘉靖帝才会高兴。这让杨慎感到非常无奈，于是更加诗酒狂放。而且，嘉靖帝在位的时间非常长，有四十五年。这样，杨慎回朝的希望便极为渺茫了，他的内心也越来越颓废："已消湖海元龙气，只有沧浪渔夫心。"①一代诗人的生平抱负，都消散在黯然无望的岁月中。

朱厚熜一朝共有六次大赦，但杨慎始终没有被赦免。嘉靖三十八年（公元1559），杨慎在自己流放的地方逝世，终年七十二岁。临终时，他还以"临利不敢先人，见义不敢后身"②勉励后人。杨慎去世后，当地官员将其入殓，嘉靖四十年（公元1561）冬，杨慎的灵柩返回故乡，归葬于父亲杨廷和墓旁。隆庆元年（公元1567），明穆宗追赠杨慎为光禄寺少卿，后又追谥为文宪。

杨慎的一生虽然充满悲剧色彩，但是，他为后人留下了丰富的著述。史称"明世记诵之博，著作之富，推慎为第一"③。他的著作若按经、史、子、集分类，经学方面有《檀子丛训》《易解》《升庵经说》等；史学方面有《全蜀艺文志》《滇程记》《云南山川志》等；杂著有《丹铅总录》《丹铅续录》《丹铅余录》《丹铅别录》等；诗词评论有《升庵词品》《艺林伐山》《词品拾遗》等；书画评论有《书品》《画品》等；诗词创作有《升庵诗集》《升庵长短句》《陶情乐府》等。因此，明人说："称博学饶著述者，无如用修。"④

---

① 丰家骅著：《杨慎评传》，南京：南京大学出版社，2011年版，第119页。
② 刘先觉：《杨升庵传奇》，成都：巴蜀书社，2015年版，第178页。
③ 刘先觉：《杨升庵传奇》，成都：巴蜀书社，2015年版，第228页。
④ 丰家骅著：《杨慎评传》，南京：南京大学出版社，2011年版，第343页。

图2-18　桂湖升庵祠

在四川新都城西北有状元坟，本是杨升庵祖孙三代人的家庭墓地。因杨升庵为四川出去的状元，学识渊博，气节高尚，名显后世，故独称状元坟。离状元坟不远，有杨升庵生前住过的桂湖，现为桂湖公园，也是著名的旅游景点。1927年，桂湖辟为公园，1959年建立杨升庵纪念馆。1996年，杨升庵祠及桂湖公园由国务院公布为全国重点文物保护单位。

十一、独尊性灵——清代诗人张问陶

张问陶是清代杰出的诗人、诗论家，著名书画家。清代著名学者李元度评论其诗"生气涌出，沉郁空灵，于以前诸名家外，又辟一境"①，认为"国朝二百年来，蜀中诗人以船山为最"②。他的书法艺术也别具一格，他

---

① 胡传淮主编：《张问陶研究文集》，北京：团结出版社，2015年版，第345页。
② 胡传淮主编：《张问陶研究文集》，北京：团结出版社，2015年版，第345页。

的画作近似徐青藤（徐渭），不经意处，皆有天然。杨守敬说："乾嘉间之书家，莫不胎息于金石，博考名迹，惟张船山，宋芷湾绝不依傍古人，自然大雅，由于天分独高，故师古而不泥于古。"① "四海骚人，靡不倾仰。"② 袁枚在《答张船山太史书》中云："以执事倚天拔地之才，亦是八十衰翁生平第一知己。"③ 洪亮吉称船山"李太白在世"，称其才"为长安第一"，"谪仙和仲并庶几，若说今人已无偶"。④ 他的诗与袁枚、赵翼合称清代"性灵派三大家"，被誉为"青莲再世"、"少陵复出"、清代"蜀中诗人之冠"，也是元明清巴蜀第一大诗人。⑤

张问陶（公元1764—1814），字仲冶，号船山，祖籍四川遂宁。他因故乡遂宁城郊有一座孤绝秀美的小山，形如船，名船山，便自号船山。张问陶出身于书香门第、官宦世家，高祖张鹏翮为清康熙、雍正朝名臣，官至首辅，位极人臣。张问陶虽然祖籍在遂宁，但出生在山东省馆陶县，这是因为他的父亲张顾鉴在当时任山东馆陶知县，因此，张问陶的名字中有"陶"字。后张顾鉴升为湖北襄阳府均州知州，举家迁往湖北，张问陶也就跟随父亲宦

图2-19 张问陶画像

游于湖北均州、荆门直隶州、汉阳等地。乾隆四十二年（公元1777），张顾鉴任云南开化府知府，滇地遥远不能携家眷同行，张问陶与家人就留在了汉

① 胡传淮主编：《张问陶研究文集》，北京：团结出版社，2015年版，第130页。
② 胡传淮主编：《张问陶研究文集》，北京：团结出版社，2015年版，第130页。
③ 胡传淮主编：《张问陶研究文集》，北京：团结出版社，2015年版，第348页。
④ 胡传淮主编：《张问陶研究文集》，北京：团结出版社，2015年版，第155页。
⑤ 胡传淮主编：《张问陶研究文集》，北京：团结出版社，2015年版，第342页。

阳。张顾鉴虽然也是个不小的官员，但是"君子也，宦而贫"①，张问陶少年时代生活非常贫困。张顾鉴后来还因一桩案件受到牵连而被免职，家产、住房都被变卖、没收，全家生活陷入困境。一家人常奔走告贷，甚至数日家中不能开火做饭。

张问陶自幼受到父亲的严格教导，发愤读书。他天资聪颖，又勤奋读书，少年时代即崭露才华，被目为"青莲再世"。生活上的窘迫，使张问陶明白，只有仕途求进施展抱负，才能摆脱困境，"布衣不合饥寒死，一寸雄心敌万夫"②。二十一岁时张问陶就开始赴京师应试，三次入考场，七载求功名，但仕途不顺，两度名落孙山。张问陶曾娶四川涪陵女为妻，后得病，张问陶便随妻女回川养病，不久妻女都病逝了。张问陶与兄张问安到成都参加乡试时，写的诗歌被人传抄，因此名声大噪，成都盐茶道林儁（号西厓）爱慕其文才，就把自己的女儿林韵徵（名颀，号佩环）许配给他。林韵徵也颇有才名，会诗文。因此，张问陶家中出现了诗坛罕见的"三兄弟三妯娌诗人"，几个兄弟几个妯娌，都会写诗，他的嫂子还被称为"女翰林"，一时传为美谈。

张问陶终于在乾隆五十五年（公元1790）举贡士，殿试第三甲五十五名进士，改庶吉士。然而，张问陶进入仕途后，在较长时间内都任职于翰林院、御史、吏部郎中等闲职。张问陶"朝参无分堂参少"③，空有一腔济世报国之志不得施展。但在此期间，张问陶写了很多诗文，几乎每日都有新诗，而且形成了自己独特的风格。乾隆五十九年（公元1794），张问陶写了《论文八首》《论诗十二绝句》等诗歌理论著作。

嘉庆二年（公元1797）秋，张问陶的父亲去世，他在家丁忧。这期间，

---

① 胡传淮主编：《张问陶研究文集》，北京：团结出版社，2015年版，第200页。
② 〔清〕张问陶撰：《船山诗草》，北京：中华书局，1986年版，第13页。
③ 〔清〕张问陶撰：《船山诗草》，北京：中华书局，1986年版，第510页。

他往来于遂宁、成都、北京，目睹艰难的社会现实，写了很多哀叹民生的诗句，如《宿宝鸡县题壁十八首》中"豺虎纵横随处有""焦土连云万骨枯"①。

嘉庆十五年（公元1810）七月，四十七岁的张问陶任山东莱州府知府。这是张问陶踏上仕途后第一次任有实权的外放地方官，这激起了他勤恳理政、报效国家的热情。赴任后，他倾力而为，栉风沐雨，跋山涉水，深入民间，访查民隐，并清理积案。他判案严格以法为准则，为官清正廉明，深得当地百姓爱戴。他断案所下的判词，文笔晓畅，后人也多奉为典范，多次编选印行。

"庚午夏秋，莱郡所属七邑中之平度、昌邑、高密、潍、胶五州县被水，而毗连之掖与即墨亦复歉收"②，在庚午年的夏秋之际，他治理下的辖区内，有五州县遭遇严重水灾，两县粮食歉收。张问陶目睹民生艰难，无能为力，痛如切肤。于是他马上上疏要求减免粮赋。又到济南，向山东巡抚面呈灾情，请求开仓放粮，赈济饥民。后来，又多次去济南请求解决这个问题，但与大吏意见不合，居然不能实现这个为民请命的愿望。"奉天之粮不至，民愈惶惶。百计图维，终无长策。"③张问陶感到"救荒无策愧临民"④。他惭愧惶恐，从而对仕宦济世不再抱任何希望。他捐出了自己积蓄的谷七百石，分布七邑灾民，暂缓了饥民的燃眉之急。然而毕竟只是杯水车薪，无力回天。

嘉庆十七年（公元1812）三月，他怀着激愤与愧疚的心情辞官。他在《平度昌邑道中感事》诗中写道："天意苍茫地苦贫，救荒无策愧临民，辞官也作飘零计，忏尔流亡一郡人"⑤，一直未忘民生艰难。辞官后，他没有

---

① 〔清〕张问陶撰：《船山诗草》，北京：中华书局，1986年版，第378页。

② 〔清〕张问陶撰：《船山诗草》，北京：中华书局，1986年版，第699页。

③ 〔清〕张问陶撰：《船山诗草》，北京：中华书局，1986年版，第699页。

④ 〔清〕张问陶撰：《船山诗草》，北京：中华书局，1986年版，第699页。

⑤ 〔清〕张问陶撰：《船山诗草》，北京：中华书局，1986年版，第699页。

图2-20　张问陶墓地

回到四川，家乡虽好，却已没有可居住的房屋与可耕种的田产，他带着亲眷到了江南，留虎丘寓所，自号"药庵退守"。在苏州两年多，他主要靠卖字画和亲友接济维生，生活艰难，终而无力再回到家乡。后来，张问陶忧患成疾，医治无效，于嘉庆十九年（公元1814）三月客死异乡，年仅五十一岁。因家境萧条，三个女儿没有办法把他的灵柩运回故乡，只好埋在苏州光福镇玄墓山，一年后得到友人的资助，才归葬故乡两河口（今四川蓬溪县金桥乡翰林村两河口）祖茔。

　　张问陶有诗句说："愧我性灵终是我"[①]，这是他诗文风格的总体写照。他在写诗的过程中，反对一味模仿唐宋，"规唐摹宋苦支持，也似残花放几枝"[②]。认为写诗就是要独抒性灵、张扬个性、自我创造，提倡诗文的创新精神。这主要是反对当时诗坛的炫耀学问、以学为诗的风气，诗文古板

---

① 胡传淮主编：《张问陶研究文集》，北京：团结出版社，2015年版，第281页。
② 胡传淮主编：《张问陶研究文集》，北京：团结出版社，2015年版，第212页。

无趣，没有情性、个性，失去自我。他提倡诗文要有真性情，要有"真气"与"雄气"。他的诗风清新自然，以七绝最胜，但有一部分情调沉郁。

张船山一生致力于诗、书、画，造诣精深，其诗被誉为清代"蜀中之冠"，诗著5000余首，今存3500余首，著有《船山诗草》二十卷，清嘉庆二十年（公元1815）刊行；《船山诗草补遗》六卷，清道光二十九年（公元1849）刊行，两书共收诗3000余首。1986年，中华书局将《船山诗草》（包括补遗）列入"中国古典文学基本丛书"出版，2000年重印。这是目前最完备、最通行的张船山诗集。胡传淮著有《张问陶年谱》，成镜深、胡传淮等编有《船山诗草全注》等，这些都有助于人们对张问陶的研究。

十二、清百科大家——罗江李调元

李调元是中国清代著名戏曲理论家、诗人，是继司马相如、扬雄、苏东坡、杨升庵之后，又一位百科全书式的巴蜀文化巨人。清代著名才子袁枚评价他说："才豪力猛"[1]，同时对他的诗集和《函海》给予了高度赞扬："《童山集》著山中业，《函海》书为海内宗。西蜀多才君第一，鸡林合有绣图供。"[2]赵翼赞他才思敏捷，自叹弗如："足下动笔千言，如万斛泉，不择地涌出，而弟循行数墨，蚓窍蝇声，其才固已万不能及！"[3]《清史列传》中评价他说："自经史百家以及稗官野乘，靡不博览，群经小学，皆有著述……蜀中撰著之富，费密而后，无与伦比焉……"[4]

李调元（公元1734—1802），字羹堂，号雨村，别署童山蠢翁。四川

---

① 〔清〕袁枚撰，王英志校点：《随园诗话·补遗》，南京：江苏古籍出版社，1993年版，第775页。

② 四川省民俗学会编：《李调元研究》，成都：巴蜀书社，2007年版，第203页。

③ 四川省民俗学会编：《李调元研究》，成都：巴蜀书社，2007年版，第66页。

④ 王钟翰点校：《清史列传》，北京：中华书局，1987年版，第5917页。

图2-21　李调元塑像

罗江（今属德阳）人。李调元的父亲李化楠，是乾隆七年（公元1742）的进士。李氏家族经过两三代的努力，出现了"一门四进士，两院三翰林"的兴盛局面。李家文风之盛，为时人赞叹。而这无不得益于李家的家规、家训中的："士为四民之首，子弟三日不读书，便成俗物。"李调元在父亲的悉心调教下，读书与写作方面表现出了过人的天赋。五岁时读"四书"、《尔雅》，过目成诵，七岁作诗《疏雨滴梧桐》："浮云来万里，窗外雨霖霖。滴在梧桐上，高低各自吟。"[①]此诗传抄乡里，被誉为"神童"。他的父亲（一说为客人）曾指着屋檐上的蜘蛛出了一个对子："蜘蛛有网难罗雀"，李调元对道："蚯蚓无鳞欲变龙"[②]。对联对仗工整，平仄协调，立意深远，显示出李调元过人的才情。

---

① 四川省民俗学会编：《李调元研究》，成都：巴蜀书社，2007年版，第240页。
② 四川省民俗学会编：《李调元研究》，成都：巴蜀书社，2007年版，第49页。

图2-22 李调元读书台

　　李调元逐渐长成了才华横溢的少年郎，二十岁时随父求学余姚，先后师从很多著名的文学大家与书画大家。他的诗文脍炙人口，史称："甫脱稿，人即传诵。"①他的画也丹青妙笔、下笔如神，谐号"小李将军"。乾隆二十四年（公元1759）乡试，提学使"奇其文……拔第一"②，让他就读于锦江书院，为"锦江六杰"之一。

　　乾隆二十八年（公元1763）殿试二甲十一名，入翰林院，为庶吉士入庶常馆，后历任吏部考功司主事兼文选司、翰林院编修、文选司员外郎、广东副考官。李调元为人耿直，"专以办事为己任"③。乾隆三十二年（公元1767），李调元被授命为考功司主事，兼文选司事，在向皇帝递交内外文官

①　四川省民俗学会编：《李调元研究》，成都：巴蜀书社，2007年版，第49页。
②　四川省民俗学会编：《李调元研究》，成都：巴蜀书社，2007年版，第49页。
③　四川省民俗学会编：《李调元研究》，成都：巴蜀书社，2007年版，第57页。

的履历册子时，因不遵循陋劣的官场习俗，没有向当时的内掌管太监行贿，受到太监的刁难与责骂。李调元怒道："余，皇上官也。有不是，自有国法。皇上官可詈乎！"①从此太监高云从不敢再向他索贿。

李调元性情如此刚直，不免受人忌恨。乾隆四十一年（公元1776），四十二岁的李调元任吏部考功司员外郎。办事刚正，人称"铁员外"。他因此得罪了上司舒赫德、阿公桂等人，年度考评被二人评为"浮躁"。乾隆皇帝见到这个评语，感到非常吃惊，但并没有罢免他，反而继续让他担任这个职位，并外放广东学政三年。

乾隆四十七年（公元1782），李调元奉旨护送一部《四库全书》去盛京（今沈阳），因途中遇雨，沾湿黄箱而获罪，被流放到新疆伊犁。李调元与袁守侗是至交，经袁守侗搭救，途中召回，发回原籍，削职为民。因此，他深感仕途坎坷，吉凶莫测，于是决定不再入仕。后来，李调元在追述这段岁月时，已经看透世态炎凉，笑对宦海浮沉："笑对青山曲未终，倚栏闲看打渔翁。归来只在梨园座，看破繁华总是空。生涯酷似李崆峒，投老闲居杜鄠中。习气未锄身尚健，自敲檀板课歌僮。"②李调元挑选伶僮，亲自教习戏曲。从此，他在家乡罗江县闲居读书、纵情山水，过着诗酒书城，田园野鹤的生活。

尽管回乡闲居，李调元依然手不释卷，日夜读书"啸傲山水，以著述自娱"③。由于极其爱书，乾隆五十年（公元1785），他着手修建"万卷楼"，次年十一月二十三日落成。楼四周"风景擅平泉之胜，背山临水，烟霞绘辋川之图，手栽竹木渐成林"④。李调元的万卷楼实际上是一座藏书

---

① 詹杭伦著：《李调元学谱》，成都：天地出版社，1997年版，第38页。
② 四川省民俗学会编：《李调元研究》，成都：巴蜀书社，2007年版，第337页。
③ 四川省民俗学会编：《李调元研究》，成都：巴蜀书社，2007年版，第2页。
④ 四川省民俗学会编：《李调元研究》，成都：巴蜀书社，2007年版，第54页。

十万卷的庞大书库，时人称为"西川藏书第一家"。之所以建这样一座庞大的藏书楼，源于李调元父子爱书成癖，遇到前朝珍稀本、善本，更是不惜重金求购。他的父亲李化楠在江浙地区任职时，"以川中书少，遍购古今书籍数万卷"①，在做官期间的俸禄，都买了书。除了买书，李调元还有抄书之癖，"御库抄本，无一不备"②。李调元非常爱他的藏书楼，多次写诗记之："归来万卷楼方落，正要书香似续书。"③"我家有楼东山北，万卷与山齐嵯峨。"④

万卷楼藏书极为丰富，然而十四年后，它却被一场大火焚毁。嘉庆初，四川白莲教起事，社会陷入一片混乱。嘉庆五年（公元1800），李调元全家避难成都，万卷楼竟忽然被当地的贼人焚烧。幸运的是，李调元的《函海》没有被焚毁，"家人周荣送《函海》片七千余片至成都，租青石桥白衣庵楼一间存贮"⑤。李调元悲痛欲绝，"收灰烬瘗之"⑥，并吟诗纪实。这次匪患，毁损了万卷楼数万卷的珍贵藏书，这不仅是李调元的巨大损失，也是四川文化史上的一次重大损失。万卷楼被焚后，李调元一直闷闷不乐。嘉庆七年（公元1802）十二月，李调元带着无尽的遗憾离开了人世。

李调元一生著述极为丰富，但最为人瞩目的是《函海》的辑录完成，并于乾隆四十九年（公元1784）全部刊行。《函海》规模浩大，共集图书160多种，合编为40函、852卷。《函海》是集巴蜀文化之大成的学术总构和百科全书。李调元的著作，编入《函海》的有五十多种，内容涉及文学、史

---

① 四川省民俗学会编：《李调元研究》，成都：巴蜀书社，2007年版，第202页。
② 四川省民俗学会编：《李调元研究》，成都：巴蜀书社，2007年版，第55页。
③ 四川省民俗学会编：《李调元研究》，成都：巴蜀书社，2007年版，第337页。
④ 四川省民俗学会编：《李调元研究》，成都：巴蜀书社，2007年版，第54页。
⑤ 四川省社会科学院、四川省人民政府文史研究馆主办：《国学》（第1集），成都：四川人民出版社，2014年版，第437页。
⑥ 四川省民俗学会编：《李调元研究》，成都：巴蜀书社，2007年版，第55页。

学、民俗、谣谚、戏剧、艺术、音韵、训诂、金石、书法、绘画、编辑、农学、美食等诸多方面，可谓是殿堂级的巴蜀百科全书。除《函海》外，还有《童山诗文集》《雨村诗话》《蠢翁词》等流传于世。

李调元纪念馆为德阳市市级文物保护单位，坐落在罗江县城东外玉京山上，是一处仿古园林。玉京山在明代就是罗江八景之一，名"景乐梵钟"，山间竹树葱茏，云烟缭绕，四季花香鸟语，虽近在城郊却是闹中取静的清幽之所。现纪念馆大殿用于展出各地书画名家为纪念李调元而创作的书、画佳品，并已被罗江中学定为爱国主义教育基地。

图2-23　李调元故里碑

第三章

"天数在蜀"精研覃思惠万世——
科学教育名人

四川名人读本

一、碧血丹心——苌弘以天学事周敬王

"杜鹃啼血，苌弘化碧"[1]是古蜀大地流传久远的传说。苌弘丹心报国以事周王，被诬含恨悲壮而死，其血三年化为碧玉。苌弘位列资阳古三贤之首，不仅是忠心报国之志士，还是中国古代极其重要的天文学家，奠定并形成了"天数在蜀"[2]的历史格局和文化传统。西汉司马迁《史记·天官书》[3]中所载东周天文学家唯苌弘一人。《淮南子·氾论训》则评价他："天地之气，日

---

[1] 〔唐〕白居易有诗句"杜鹃啼血猿哀鸣"，〔唐〕李商隐有诗句"庄生晓梦迷蝴蝶，望帝春心托杜鹃"。于石、王光汉、徐成志编：《常用典故词典》，上海：上海辞书出版社，1985年版，第463页，载"望帝啼鹃"之典。〔元〕关汉卿《窦娥冤》："等他四下里皆瞧见，这就是咱苌弘化碧，望帝啼鹃。"〔清〕郭庆藩撰，王孝鱼点校：《庄子集释》，北京：中华书局，1961年版，第920页，载"苌弘死于蜀，藏其血三年而化为碧"。

[2] 吕子方：《中国科学技术史论文集》，成都：四川人民出版社，1983年版，有《天数在蜀》一文，首次提出"天数在蜀"之说。

[3] 〔汉〕司马迁撰：《史记》卷27，北京：中华书局，1959年版，第1343页，"昔之传天数者……周则史佚、苌弘"。史佚，周武王时太史尹佚。

月之行，风雨之变，历律之数，无所不通！"①

苌弘（？—前492），字叔，今四川资阳忠义镇苌弘村高岩山人。中国南派天文学巴蜀代表人物，东周时代音乐大师，阴阳家，周景王的王畿大夫和周敬王时内史大夫。苌弘一生致力于观测天象、推演历法、占卜凶吉，对周王室的出行起居、祭礼战事等做预测，对自然变迁、天象变化进行预报和解释，为周王朝的统一鞠躬尽瘁。

图3-1　苌弘版刻画像

苌弘在王室任职期间，国家已经出现了"王室衰微，诸侯坐大"的局面。为极力辅佐周王，维护王室的尊严，苌弘巧妙地运用自己精通的"方术"为周王寻找统率天下的依据，从而达到控制各诸侯国的目的，《史记》《左传》中有多处记载。此外苌弘为避王子朝之乱，帮助王室摆脱困境，和刘文公商定在瀍水以东的狄泉附近扩建成周城。然而当时周王室财力匮

---

① 〔汉〕刘安撰：《淮南鸿烈解》卷19，胡道静主编：《道藏要籍选刊》第5册，上海：上海古籍出版社，1989年版，第106页。

乏，苌弘四处游说，最终争取到晋国和其他诸侯的支援，完成了这一伟大工程。①

苌弘一生对中国古代天文学的重大贡献在于参与创造了岁星纪年法②。星指"岁星"，岁指"太岁"。岁星就是木星，古人把黄道附近一周天分为十二等分，由西向东分别命名为星纪、玄枵、娵訾、降娄、大梁、实沈、鹑首、鹑火、鹑尾、寿星、大火、析木十二个名称，称为"十二星次"或"十二次"，类似西方的黄道十二宫。岁星正好由西向东每十二年绕天一周，因此就用岁星在十二次的位置来纪年，如"岁在星纪""岁在玄枵"等。也就是说，木星约12年绕太阳一周，在地球上看起来，这12年中每年的同一个时刻，木星在夜空中的位置是不同的，12年后再重复原来的位置。这与用现代科学方法测出的11.86年的真实值已很接近。苌弘以岁星运行规律结合五行学说以阐发人事，为周王朝的统一稳定而努力，并取得了不小的成就。

此外，苌弘博学多才，知天文地理，精音律。孔子在齐国久仰其才名，于周敬王二年（公元前518）前往洛邑拜访苌弘，求教韶乐与武乐之异同。《大戴礼记》谓："孔子适周，访礼于老聃，学乐于苌弘。"③《史记·书第二》："唯丘之闻诸苌弘，亦若吾子之言是也。"④《史记·孔子世家》《孔子家语·观周》都有记载，史称"访弘问乐"，而"乐以发和"思想即源于苌弘的乐学思想。

---

① 事见〔三国吴〕韦昭注，〔明〕王鏊撰古文音释：《国语》，美国加利福尼亚大学伯克利分校藏嘉靖四年刻本《周语》下；并见《左传》，北京：中华书局影印嘉庆间刻《十三经注疏》本，昭公十一年、昭公十七年、昭公十八年、昭公二十三年、昭公二十四年、定公元年、哀公三年等。

② 参见邓经武：《天数在蜀：巴蜀文化对中国天文学的贡献》，《文史杂志》2017年第4期，第43~47页。

③ 〔汉〕司马迁撰：《史记》卷24，北京：中华书局，1959年版，第1228页，索引之文。

④ 〔汉〕司马迁撰：《史记》卷24，北京：中华书局，1959年版，第1228页。

　　周敬王二十三年（公元前497）8月，范吉射跟中行寅合攻赵简子，拉开魏、韩、赵三家分晋的序幕。鉴于范氏与刘家世代姻亲，关系密切，中行氏和范氏又是通家之好，苌弘为了宗周的前途支持范氏而被牵连。①

　　自战国以迄民国，流传了他许许多多的传奇故事。一说他因范中行之乱放逐归蜀，自恨回天无力，剖腹自尽。一说是被周人车裂而死。一说是赵简子派兵将他脯刑而死。最早为苌鸣不平的人是庄周，他在《庄子·胠箧》中言："昔者龙逢斩，比干剖，苌弘胣，子胥靡，故四子之贤而身不免乎戮。"②庄子将苌弘与被商纣王杀害的忠臣龙逢、比干放在一起，给以肯定；又在《庄子·外物》中说道："人主莫不欲其臣之忠，而忠未必信，故伍员流于江，苌弘死于蜀，藏其血三年而化为碧。"③苌弘冤死后，蜀人藏其血三年化为碧，颇含赞叹之意。晋代人左思在《蜀都赋》中，吟出了"碧出苌弘之血，鸟生杜宇之魄"④的名句。唐代柳宗元声情并茂地写下了《吊苌弘文》，又在《古东周城铭》中，高度评价了苌弘，"大夫苌弘，言抗其倾，坐召诸侯，廓崇王城，虽微远猷，实被令名，宜福而祸，何伤于明。立臣之本，委质定分，为仁不卜，临义不问，无天无神，惟道是信。国危必扶，国灭必振，求而不获，乃以死殉"⑤。批评了周王室对苌弘的不公平待遇，认为"兴亡理乱，在德非运，罪之违天，不可以训"⑥。直到近现代，秋鉴湖作《对酒》诗，孙中山挽黄花岗，柳亚子悼李家钰，国人颂周恩来都运用了苌弘化碧的典故。

---

① 　事见〔三国吴〕韦昭注，〔明〕王鏊撰古文音释：《国语》，美国加利福尼亚大学伯克利分校藏嘉靖四年刻本《周语》下。
② 　〔清〕郭庆藩撰，王孝鱼点校：《庄子集释》，北京：中华书局，1961年版，第346页。
③ 　〔清〕郭庆藩撰，王孝鱼点校：《庄子集释》，北京：中华书局，1961年版，第920页，载"苌弘死于蜀，藏其血三年而化为碧"。
④ 　吴云著：《历代骈文精华注译评》，长春：长春出版社，2010年版，第89页。
⑤ 　周绍良主编：《全唐文新编》，长春：吉林文史出版社，2000年版，第7109页。
⑥ 　周绍良主编：《全唐文新编》，长春：吉林文史出版社，2000年版，第7109页。

四川资阳乡亲为他立祠、建园纪念。国画大师张大千所绘《四川资中八胜图》之一的"珠江夜月"，所指的"珠江"（资中境内沱江河段）得名缘于"苌弘碧血"。今资中县水南镇临江岩壁间尚存斗大石刻"珠江"二字和数处石刻题记，是难得的实物见证。明、清、民国时期资中州、县志均记载，古代资中人为缅怀苌弘这位杰出的历史人物，早在明代成化年间就在州城正东街建了祀苌弘的乡贤庙，又在城北郊两路口建有"苌弘故里坊"，1958年修建资安公路时，石坊才被撤除。资中人还在始建于北宋的资中文庙乡贤祠内立有苌弘牌位。

现资中境内有很多以苌弘命名的景物。如资中发轮镇的苌弘洞，相传为苌弘读书之处，洞前有三块大石碑，其中一块书"孔子拜苌弘于此"，资中甘露镇的苌弘桥，资中两路口的"苌弘故里"牌坊，资中境内还有苌弘洞、苌弘墓、苌弘湾等。作为"学无常师""三人行必有我师焉"的先贤孔子，他"尊师重教"的美德为后人做出了榜样。孔子曾向苌弘请教过音乐方面的学问，既然"访弘问乐""问乐于苌弘"，那么老师在此，学生怎敢坐下。所以苌弘的故乡资中文庙的孔子只好是"彬彬有礼，侍立以待"的站像了。距资中县城西北约二十五公里的甘露镇甘露寺附近的龙洞河，又曰"龙洞"，据资中州、县志等记载为苌弘避难和修身养晦处。自隋代以来，龙洞河崖壁留下无数石刻摩崖造像，明代道家宗师张三丰于壁上题诗赞誉苌弘为"无价明珠一颗"，其诗文至今依稀可见。

二、"春节老人"——落下闳创浑天说，制《太初历》[①]

春节是华夏儿女最为重要的节日，一年之始，万象更新。但是春节并非

---

① 参考查有梁著：《世界杰出天文学家落下闳》，成都：四川辞书出版社，2009年版。

图3-2 观星楼前落下闳塑像

古来有之，而是因蜀中俊才落下闳创《太初历》才正式确立的。自此春节成为中华民族的共同记忆，承载了无数美好的希望和对未来的憧憬，更成为联系华夏儿女骨肉亲情的重要文化纽带。落下闳是我们的"春节老人"，更是世界的杰出天文学家，英国科技史学家李约瑟称落下闳为"中国天文史上最灿烂的星座"。

落下闳（公元前157？—前87），字长公，巴郡阆中人，精通天文，擅长历算，是我国西汉时期著名的天文学家、最早的历算学家，也是世界杰出的古天文历算学家。他的重大贡献在于创"浑天说"，制《太初历》。

汉朝刚刚建立时，没有自己的历法，还在沿用秦朝的颛顼历①。经过百余年的发展，该历法的误差越来越大，比如，满月的情况在某天已经发生，而历法当天对此却并无记载，类似错误越积越多，给国家正常运转和人民的生活生产带来极大的不便。元封七年（公元前104），太史令司马迁等人就

① 参见徐振韬主编：《中国古代天文学词典》，北京：中国科学技术出版社，2009年版，第337页，"古历名称。先秦古六历之一"。

此上书汉武帝，要求改革历法①。因此，汉武帝元封年间（公元前110—前104）向天下征聘天文学家。经同乡谯隆推荐，落下闳由故乡到京城长安，自此开始参与创制新历法的工程②。

经过长期精密地测算、推演，最终他和当时重要的天文历算学家邓平、唐都等合作创制的历法，优于同时提出的其他十七种历法③，被汉武帝采用。元封七年（公元前104）颁行天下，改元封年为太初元年，新历因而被称为《太初历》④。《太初历》被完整地保存在《汉书·律历志》中。《太初历》在行用后，受到包括司马迁、张寿王等人的反对，张寿王甚至提议改回到殷历。然而孰优孰劣还要以实测为准。为此，朝廷组织了一次为期三年的天文观测，同时校验《太初历》古六历的数据，结果表明《太初历》更为

① 〔汉〕班固撰：《汉书》卷21，北京：中华书局，1962年版，第974页，"至武帝元丰七年，汉兴百二岁矣，大中大夫公孙卿、壶遂、太史令司马迁等言'历纪坏废，宜改正朔'。……乃选治历邓平及长乐司马可，酒泉候宜君侍郎尊及与民间治历者，凡二十余人，方士唐都、巴郡落下闳与焉。都分天部，而闳运算转历"。

② 〔清〕阮元撰：《畴人传合编校注》，郑州：中州古籍出版社，2012年版，第35页，"落下闳，字长公，巴郡阆中人也。明晓天文地理，隐于落亭。武帝时，友人同县谯隆荐闳待诏太史，更作《太初历》，曰：'后八百岁，此历差一日，当有圣人定之。'拜侍中，辞不受"。

③ 〔汉〕班固撰：《汉书》卷21，北京：中华书局，1962年版，第975页，"（落下闳）其法以律起历，曰：'律容一龠，积八十一寸，则一日之分也。与长相终。律长九寸，百七十一分而终复。三复而得甲子。夫律阴阳九六，爻象所从出也。故黄钟纪元气之谓律。律，法也，莫不取法焉。'与邓平所治同。于是皆观新星度、日月行，更以算推，如闳、平法。法，一月之日二十九日八十一分日之四十三。先藉半日，名曰阳历；不藉，名曰阴历。所谓阳历者，先朔月生；阴历者，朔而后月乃生。平曰：'阳历朔皆先旦且生，以朝诸侯王群臣便。'乃诏迁用邓平所造八十一分律历，罢废尤疏远者十七家，复使校历律昏明"。

④ 〔汉〕司马迁撰：《史记》卷26，北京：中华书局，1959年版，第1260页，"至今上即位，招致方士唐都，分其天部；而巴落下闳运算转历，然后日辰之度与夏正同。乃改元，更官号，封泰山"。

符合天象。从此《太初历》一直使用了将近200年①。

落下闳另一个重要贡献还在于将二十四节气纳入中国历法的体系之中。二十四节气是中国古代农业学的一大独特的创造，完整地记载于《淮南子·天文训》（公元前140年左右）②，几千年来对中国的农牧业生产和人民生活起到了极为重要的作用。落下闳的贡献是将二十四节气，首次编入《太初历》之中。他告诉人们，二十四节气都是太阳移到黄道上24个不同位置的日期，这24个位置具有季节意义。节气（立春、惊蛰、清明等，二十四节气中是奇数项的气）可以在上个月的下半月出现，也可以出现在当月的上半月；中气（雨水、春分、谷雨等，二十四节气中是偶数项的气）一定会出现在当月，如果中气没有出现在本月，那么本月则为上月的闰月。此举将农学、天文学、数学融合为一体，而这正是落下闳被誉为"春节老人"的原因。

自古以来，我国所使用的都是农历纪年，每年的第一个月是正月或者元月。但是，各个朝代对正月月份的规定是不一样的。夏朝，正月为孟春元月，到了商朝将腊月定为正月，秦始皇统一六国后，十月便成了正月。因此，从这里可以看出，元月是元月，新年是新年，二者并不是一回事儿，直到落下闳参与创立《太初历》才将新年和春天统一起来。落下闳在编制《太初历》之时，为了破除历法制度跟岁首制度不一致的弊端，将孟春正月定为

①　事见〔汉〕班固撰：《汉书》卷21，北京：中华书局，1962年版，第976页，"后二十七年，元凤三年，太史令张寿王上书言：'历者天地之大纪，上帝所为。传黄帝调律历，汉元年以来用之。今阴阳不调，宜更历之过也。'诏下主历使者鲜于妄人诘问，寿王不服。妄人请与治历大司农中丞麻光等二十余人杂候日月晦朔弦望。八节二十四气，钧校诸历用状。奏可。诏与丞相、御史、大将军、右将军史各一人杂候上林清台，课诸历疏密，凡二十一家。以元凤三年十一月朔旦冬至，尽五年十二月，各有第。寿王课疏远。案汉元年不用黄帝调历，寿王非汉历，逆天道，非所宜言，大不敬。有诏勿劾。复候，尽六年。太初历第一，即墨徐万且。长安徐禹治太初历亦第一。寿王及待诏李信治黄帝调历，课皆疏阔……"
②　〔汉〕刘安撰：《淮南鸿烈解》卷5，胡道静主编：《道藏要籍选刊》第5册，上海：上海古籍出版社，1989年版，第22页。

岁首，即《太初历》规定的一年的开始。落下闳根据天气寒暑冷热的变化，把一年分为春夏秋冬四季。阴历十二月底即是一年的结束，孟春正月则是新一年的开始。这样的顺序与农业生产也是比较吻合，对百姓的农业生产极为有利。同时也改革了置闰的方法，改革后的置闰法，使节令、物候与月份间的安排更为准确。落下闳确立了正月为岁首的规定，人们便把正月初一称为"新年"。"过年""春节"的传统由此而来，一直沿用至今，成为华夏儿女最为重要的节日。

落下闳还是浑天说[1]的创始人之一，经他改进的赤道浑天仪，在中国用了两千年。他测定了二十八宿赤道距度（赤经差），一直用到唐开元十三年（公元725），才由僧一行重新测过。落下闳第一次提出交食周期，以135个月为朔望之会，即认为11年应发生23次日食，他的创新是开拓性的。浑天说将天文观测与宇宙理论融为一体，是当时关于宇宙结构最为先进的学说。

落下闳清楚地知道《太初历》存在缺点——所用回归年数值（356.2502日）太大，有预见地指出"后八百岁，此历差一日，当有圣人定之"[2]（事实上，每125年即差一日，到公元85年就实行改历）。除了天文学上的重大成就外，他还发明了通其率，即连分数（辗转相除）求渐进分数的方法，现代学者称之为"落下闳算法"。"落下闳算法"比采用类似方法的印度数学家爱雅哈塔早600年，比提出连分数理论的意大利数学家朋柏里早1600年，它影响中国天文数学2000年[3]。

落下闳在完成这一系列工作后，得到汉武帝的高度肯定和赞扬。汉武帝

---

[1] 〔汉〕扬雄撰：《法言》卷7，影印文渊阁《四库全书》本，"或问浑天，曰洛（落）下闳营之，鲜于妄人度之，耿中丞象之。几乎！几乎！莫之能违也"。

[2] 〔清〕阮元撰：《畴人传合编校注》，郑州：中州古籍出版社，2012年版，第35页，"落下闳……更作《太初历》，曰：'后八百岁，此历差一日，当有圣人定之。'拜侍中，辞不受"。

[3] 参见查有梁著：《世界杰出天文学家落下闳》，成都：四川辞书出版社，2009年版。

请他担任侍中，他却辞而未受，归隐家乡①，并将他渊博的知识传给后代。在他的巨大影响下，汉唐时期的阆中成为我国古代著名的天文研究中心，人才荟萃，群星灿烂。到西汉末，阆中又出现了两位天文学家任文孙、任文公父子，他们能测风雨水患，成就卓著。汉成帝永始二年（公元前15）、平帝元始元年（公元元年），我国发生两次日食，就是他们在阆中观察记录的。三国时期，阆中人周舒、周群、周巨祖孙三代，在宅院建楼台观测天文，现今周氏祖孙住宅所在街道被命名为"管星街"。唐代天文学家、风水大师袁天罡和李淳风，定居阆中研究天文、数学，后终老于阆中。李淳风撰写的《乙巳占》是世界上最早的一部气象学专著。这些正是巴蜀天文人才荟萃，测天之学广泛流传于民间的原因，有"天数在蜀"之美誉。

阆中这座古城，因其孕育了天文历算大家落下闳，又因其春节民俗文化活动既有全国各族各地的共性特征，又独具川北民俗特色，故被中国民间文艺家协会授予"中国春节文化之乡"的美称。阆中人民更是万分珍惜落下闳给家乡带来的荣誉，建观星楼、命名七里新区"长公大道"、复建落下闳故居"星座苑"。

又是一年春节到，莫忘先贤落下闳！

为了纪念落下闳的成就，2004年9月16日，经国际天文学联合会小天体命名委员会批准，一颗国际永久编号为16757的小行星在北京被正式命名为"落下闳小行星"。自此，"落下闳"作为一颗明星，永远地闪耀在茫茫太空中。

---

① 〔清〕阮元撰：《畴人传合编校注》，郑州：中州古籍出版社，2012年版，第35页，"落下闳……武帝时，友人同县谯隆荐闳待诏太史，更作《太初历》，曰：'后八百岁，此历差一日，当有圣人定之。'拜侍中，辞不受"。

图3-3 阆中落下闳雕像

三、通天文、知民政——南充谯周

三国时期，连年征战，风起云涌。刘备入蜀建立蜀汉政权，广延贤才辅佐其匡复汉室，力图一统天下。谯周就是其中重要代表人物，他不仅是蜀地大儒，被誉为"蜀中孔子"，同时更是精通天文地理的历算大家；他又心系生民，为民请命保全国家而为后世赞叹。

谯周（公元201—270），字允南，三国时蜀汉巴西郡西充国县（县治在今阆中市天宫乡宝珠村）人。幼年丧父，少读典籍，精研六经，颇晓天文，为蜀地大儒之一，门下有陈寿、罗宪等学生，《三国志·蜀书》有《谯周传》[①]。

诸葛亮做益州牧时，对谯周大加赞赏，任命他做劝学从事，后又擢升典

---

① 〔晋〕陈寿撰：《三国志·蜀书·谯周传》卷42，北京：中华书局，1971年版，第1027~1033页。

学从事，负责学校、生徒、训导、考核、升免等事。诸葛亮死后，谯周前往奔丧，虽然朝廷随后下诏禁止奔丧，但谯周仍因行动迅速而得以到达①。

谯周知民政直言敢谏。刘禅立太子时任命他做太子仆，调令家令，之后迁任中散大夫、光禄大夫。谯周上疏给刘禅，援引古义，劝谏刘禅应该尊奉先帝刘备遗德，减少乐宫、后宫的增造。劝谏后主要体恤民众之艰苦，不能一味穷兵黩武。谯周对刘禅外出寻欢作乐、不理朝政甚为不满，故作《上后主疏》，以王莽、刘玄、公孙述丧失民心的结局与刘秀成帝业之艰为鉴戒进行劝谏，后主对此置若罔闻，仍听任宦官黄皓弄权，致使国力日衰。谯周也因此被转任为中散大夫，仍然侍奉太子②。蜀汉任官时期，谯周一向以反对北伐战略而闻名。延熙二十年（公元257），谯周看到蜀汉因经常对魏国用兵，百姓凋瘵，怨声载道，因此谯周与尚书令陈祗展开了激烈的辩论。退朝以后，谯周撰写了《仇国论》，举例周文王养民得以为王，勾践与民生息得以灭吴，所谓"民疲劳则骚扰之兆生，上慢下暴则瓦解之形起"③。再这么穷兵黩武下去的话，必然"土崩势生"④。谯周劝后主少用兵，与民生息，这些建议同样未被采纳，反而愈被疏远。

为民请命，保全国家。景耀六年（公元263）冬，邓艾攻克江油。而刘禅因为听从黄皓之言，认为敌兵不会来，所以不作城守调度。及邓艾入阴平，百姓受到惊扰，逃进山野，无法禁止。邓艾长驱直入，逼近成都。刘

① 〔晋〕陈寿撰：《三国志·蜀书·谯周传》卷42，北京：中华书局，1971年版，第1027页，"建兴中，丞相亮领益州牧，命周为劝学从事。亮卒于敌庭，周在家闻问，即便奔赴，寻有诏书禁断，惟周以速行得达"。

② 事见〔晋〕陈寿撰：《三国志·蜀书·谯周传》卷42，北京：中华书局，1971年版，第1028页。

③ 〔晋〕陈寿撰：《三国志·蜀书·谯周传》卷42，北京：中华书局，1971年版，第1029页。

④ 〔晋〕陈寿撰：《三国志·蜀书·谯周传》卷42，北京：中华书局，1971年版，第1029页。

禅于是召群臣商议对策，谯周力排众议，劝刘禅投降①。魏景元五年（公元264），司马昭被拜为相国，封晋王，认为谯周有保全国家之功，封谯周为阳城亭侯。又下书召谯周前往洛阳任职，咸熙六年（公元270），谯周病逝于洛阳②。

在《三国演义》中，谯周以知晓天文地理的形象出现，成为诸葛亮之外又一位具有传奇神秘色彩的人物。谯周本是益州牧刘璋手下，刘备围成都，谯周论天命，力劝刘璋投降，投降后被刘备任用。曹丕废献帝自立，谯周与诸葛亮、许靖等商议，谯周言天象祥瑞，乃与群臣共同推戴汉中王刘备为帝。诸葛亮北伐，谯周言天象，以为不宜北伐。诸葛亮以谯周为太史，与蜀中众臣同领后方事务。诸葛亮六出祁山，谯周上书言天象吉凶，劝孔明不要出兵。姜维第五次北伐，谯周作《仇国论》，以为不宜兴兵。姜维第八次北伐，谯周上书言天象，劝阻出兵。邓艾进围成都，谯周力劝后主投降。

谯周通晓天文地理，散见于史料记载中。如《三国志·蜀书·谯周传》中载："研精《六经》，尤善书札。颇晓天文，而不以留意；诸子文章非心所存，不悉遍视也。"③

《后汉书·天文志》刘昭注补曰："孝明帝使班固叙《汉书》，而马

---

① 事见〔晋〕陈寿撰：《三国志》，北京：中华书局，1971年版，卷42《三国志·蜀书·谯周传》，第1030页，"景耀六年冬，魏大将军邓艾克江油，长驱而前。而蜀本谓敌不便至，不作城守调度，及闻艾已入阴平，百姓扰扰，皆迸山野，不可禁制。后主使群臣会议，计无所出。或以为蜀之与吴，本为和国，宜可奔吴；或以为南中七郡，阻险斗绝，易以自守，宜可奔南。惟周以为：'自古以来，无寄他国为天子者也，今若入吴，固当臣服。且理政不殊，则大能吞小，此数之自然也。由此言之，则魏能并吴，吴不能并魏明矣。等为小称臣，孰与为大？再辱之耻，何与一辱？且若欲奔南，则当早为之计，然后可果。今大敌以近，祸败将及，群小之心，无一可保，恐发足之日，其变不测，何至南之有乎！'……于是遂从周策。刘氏无虞，一邦蒙赖，周之谋也"。
② 事见〔晋〕陈寿撰：《三国志·蜀书·谯周传》卷42，北京：中华书局，1971年版，第1031~1033页。
③ 〔晋〕陈寿撰：《三国志·蜀书·谯周传》卷42，北京：中华书局，1971年版，第1027页。

续述《天文志》（注‘《谢沈书》曰：‘蔡邕撰建武已后，星验著明，以续《前志》，谯周接继其下者。’）。"①

《后汉书·五行志》刘昭注补曰："《五行传》说及其占应，《汉书·五行志》录之详矣。故泰山太守应劭、给事中董巴、散骑常侍谯周（《三国志·蜀书》曰，周字允南，巴西西充国人也。治《尚书》，兼通诸经及图纬。）并撰建武以来灾异。今合而论之，以续《前志》云。"②

谯周接替蔡邕撰写了《后汉书·天文志》，同时和应邵一起撰写了《五行志》中建武以来的灾异情况。谯周在续写《天文志》的时候保留了大量古人实测的记录，比如记载了哈雷彗星出现的种种情况：

汉孝明"八年（公元66）六月壬午，长星出柳、张三十七度，犯轩辕、刺天船、陵太微，气至上阶，凡见五十六日去。柳，周地。是岁多雨水，郡十四伤稼"。③

汉顺帝"（永和）六年（公元141），二月丁巳，彗星见东方，长六七尺，色青白，西南指营室及坟墓星。丁丑，彗星在奎一度，长六尺，癸未昏见，西北历昴、毕，甲申，在东井，遂历舆鬼、柳、七星、张，光炎及三台，至轩辕中灭"④。

汉献帝建安"二十三年（公元218）三月，孛星晨见东方二十余日，夕出西方，犯历五车、东井、五诸侯、文昌、轩辕、后妃、太微，锋炎指帝座"⑤。

《五行志》中此外还记载了日中黑子的天文现象：

汉灵帝"中平四年（公元187），三月丙申，黑气大如瓜，在日中"⑥。

---

① 〔南朝·宋〕范晔撰：《后汉书》，北京：中华书局，1965年版，第3215页。
② 〔南朝·宋〕范晔撰：《后汉书》，北京：中华书局，1965年版，第3265页。
③ 〔南朝·宋〕范晔撰：《后汉书》，北京：中华书局，1965年版，第3230页。
④ 〔南朝·宋〕范晔撰：《后汉书》，北京：中华书局，1965年版，第3246页。
⑤ 〔南朝·宋〕范晔撰：《后汉书》，北京：中华书局，1965年版，第3262页。
⑥ 〔南朝·宋〕范晔撰：《后汉书》，北京：中华书局，1965年版，第3373页。

汉灵帝"（中平）五年（公元188）正月，日色赤黄，中有黑气如飞鹊，数月乃销"。[①]

汉灵帝"（中平）六年（公元189）二月乙未，白虹贯日"。[②]

哈雷彗星和日中黑子是中国古代乃至世界最为重要的天文现象实录，这些珍贵的资料得以流传后世，与谯周杰出的天文学才能直接相关。

谯周曾在安汉（今南充市）居住过，故宅在今顺庆城区五里店谯贤铺，其子谯熙遵父嘱言，将灵柩运回原籍安葬。今纪念谯周的遗迹有两处：一是南部县的谯周故居，二是南充西山的谯公祠。

谯周故居在南部县东坝镇南行3公里定觉山上的上乘寺，该寺庙始建于汉晋时代，据明嘉靖年间残碑上"乃三国谯大人之业耳"的字样可知，上乘寺本为谯周家业，后为周尚澄买得后，扩建成寺庙。谯周故居逶迤起伏、缓坡上草丛中长着一种野槟榔，小枝上遍布褐色茸毛，枝叶绿色透亮，上有覆瓦状鳞片。在川北民间有个传说，凡三国蜀汉将士悲壮战亡的地方，就会生长这种野槟榔。

谯公祠在南充西山的万卷楼，是纪念谯周的专祠。谯周任光禄大夫时曾长驻南充。谯公祠为汉魏建筑。今天的谯公祠，是2006年打造玉屏公园改建时，在景区内原五虎殿位置新建。谯公祠后面，就是谯周的陵墓。谯周陵墓古已有之，20世纪60年代末被损毁，1988年修复。谯周墓为条石所砌圆形墓，上书"蜀汉光禄大夫谯周之墓"。

谯周的后代在历史上人才辈出。《南充县志》统计，清代以前的谯氏名人有80多位。谯周之子谯同，曾被举为孝廉，任锡县县令。晋代安西府参军谯纵，唐朝都察院御史谯德让，唐代都察院御史谯辉霖，明末南充驻军首领谯明瑞，明朝举人谯由龙、谯孟龙和庠生谯真龙三兄弟等，都是谯周的后裔。

① 〔南朝·宋〕范晔撰：《后汉书》，北京：中华书局，1965年版，第3373页。
② 〔南朝·宋〕范晔撰：《后汉书》，北京：中华书局，1965年版，第3373页。

图3-4　谯周之墓

　　谯周作为一代大儒、一地长官，知民政，悯民生，在波谲云诡的乱世顺时代潮流保全国家；作为一位杰出的天文学家，参与史志编撰，保存珍贵天文学史料，为中国天文学乃至世界天文学做出了重大贡献。

四、天文巨擘，绘画大师——梁令瓒研制黄道游仪、绘《五星二十八宿神形图》

　　古代蜀地俊才多好天文，东周之苌弘、汉朝之落下闳、三国之谯周，至唐代更是人才辈出。梁令瓒即其中典型代表，他是唐朝天文仪器制造专家，为唐朝天文学科技发展做出了重大贡献。他创造的黄道游仪为《大衍历》的编修奠定了有利的条件；他与僧人一行共同制造的水运浑象自动报时装置，更为中国人开启了独特的天文钟大门，这项发明创造在世界天文史上有着划时代的意义。[①]

梁令瓒，唐代著名的天文仪器制造专家。由于古代史籍对科学技术记述不详，因此梁令瓒的记载相当简略。从新、旧《唐书》的《玄宗本纪》和《历法志》中可以知道，身为蜀人的梁令瓒大约是与僧一行（俗名张遂，公元683—727）同时代的人。梁令瓒在唐玄宗开元（公元713—741）间任集贤院画直、率府兵曹参军。精通天文、数学，与僧一行合

图3-5 梁令瓒画像

作，共同设计浑天仪，制造黄道游仪[②]。工画人物，绘《五星二十八宿神形图》[③]，北宋李公麟称赞他的画风甚似吴道子。

梁令瓒通晓天文地理研制天文仪器。梁令瓒最初以画工超群而任唐玄宗时期的集贤院画直，后因其精通天文、数学，故被任命与僧一行一起研制新历法。唐玄宗之前，整个国家通行的历法是太史令李淳风编制的《德麟历》。虽然《德麟历》比以往的历法取得了很大的进步，但是，李淳风在制

---

① 参见吕子方著：《中国科学技术史论文集》，成都：四川人民出版社，1983年版，第249~252页；卢嘉锡主编，陈美东著：《中国科学技术史天文学卷》，北京：科学出版社，2003年版，第5章第9节，"南宫说、一行、梁令瓒的天文工作"。

② 〔后晋〕刘昫撰：《旧唐书》卷32，影印文渊阁《四库全书》本，"开元中，僧一行精诸家历法，言《德麟历》行用既久，晷纬渐差，宰相张说言之玄宗，召见令造新历。遂与星官梁令瓒先造黄道游仪图，考校七曜行度，准《周易》大衍之数别成一法，行用垂五十年"。

③ 画现藏日本大阪市立美术馆。

定这一历法时却没有将地轴长期运动造成的岁差考虑进去，所以便出现了地轴运行时间越长，存在的误差就会越大的问题。到了唐玄宗开元九年（公元721），这一历法便不能再准确地为人们预报日食，导致太史时常做出错误的日食预测。

开元九年（公元721），唐玄宗命僧一行改造新历。僧一行精通天文历法，深知历代天文学家都注重在实测的基础上制定历法，没有天象方面的客观依据，就无法制定准确的历法。他向玄宗提出："欲创历立元，须知黄道进退，请太史令测候星度。"[1]而当时掌管天文历法和气象的国家机关太史监，因为没有黄道游仪，无法测候，难以满足僧一行的要求。

梁令瓒仔细地研究和分析了前人所制浑象，特别认真地观察了李淳风在唐贞观初年所改制的四游仪。他发现由于月亮轨道平面变化很快，黄道和赤道的相对位置也因岁差而发生缓慢的变化，但四游仪对这种变化却反映不出来。经过反复的试验、比较，梁令瓒摸索着将镶嵌在圆球上的固定黄道，改为能在赤道上移动的游动黄道，以表示古人所理解的岁差。他按照自己的设想，绘制了图样，又用木料制成模型，即黄道游仪，经过演示，甚为精密[2]。僧一行看到木样后向玄宗进言："古有其术而无其器。故昔人潜思皆不能得。今梁令瓒所为（创造此图），日道月交，莫不自然契合，既于推步尤要，望书院更以铜铁为之，庶得考验星度，无有差舛。"[3]唐玄宗派僧一行和梁令瓒共同主持，经过两年多的努力，于开元十三年（公元725）铸成

---

[1] 〔后晋〕刘昫撰：《旧唐书》卷35，影印文渊阁《四库全书》本，"玄宗开元九年，太史频奏日蚀不效，诏沙门一行改造新历。一行奏云：'今欲创历立元，须知黄道进退，请太史令测候星度。'"

[2] 〔后晋〕刘昫撰：《旧唐书》卷35，影印文渊阁《四库全书》本，"有司云：'承前唯依赤道推步，官无黄道游仪，无由测候。'时率府兵曹梁令瓒待制于丽正书院，因造游仪木样，甚为精密。"

[3] 〔后晋〕刘昫撰：《旧唐书》卷35，影印文渊阁《四库全书》本。

黄道游仪①。这架天文仪器除了具有符合岁差的优点外，还能使赤道开合，观测者可以从黄道环上读出所需数据，既减少了运算层次，又增强了准确性。唐玄宗对黄道游仪非常嘉许，亲自撰写铭文②，用金字书于仪轮之上，又命学士陆去泰将铸仪时间及工匠姓名，用银字书于仪盘下③。

黄道游仪置于专门观察天文的灵台上，以供观测使用。僧一行运用这架仪器，做了许多有重大意义的工作。他在测量星宿的经纬度时，在世界上第一次发现了恒星自行的现象，即发现了恒星的运动，这比欧洲的发现约早一千年；他根据大量的观测数据，进行统一归算，于开元十五年（公元727）完成了大衍历经④。开元十七年（公元729），根据大衍历编成的历书经过检验，比当时的各种历法都精密得多。后由历官整理成书，颁行中国，在唐朝行用了29年后传入日本，行用近百年。梁令瓒在天文仪器制造史上另一伟大贡献，是在和僧一行制造浑天仪⑤的同时，发明了自动报时装置，而

---

① 〔后晋〕刘昫撰：《旧唐书》卷35，影印文渊阁《四库全书》本，"从之，至十三年造成"。

② 〔后晋〕刘昫撰：《旧唐书》卷35，影印文渊阁《四库全书》本，"于是玄宗亲为制铭，置之于灵台以考星度"。

③ 事见〔清〕陈鸿墀撰：《全唐文纪事》卷2，北京：中华书局，1959年版，第61~62页，引《玉海》言："开元十二年，沙门一行于书院造黄道游仪成，以进。一行初奉诏改修历经，以旧无黄道游仪，测候稍难。梁令瓒刻木作小样进呈。上令一行参考，以为精密。始就院更以铜铁为之。凡二年，功乃成。至是上之。上称善，令令瓒与一行考李淳风《法象志》，再造浑仪图。御制仪铭并八分书题于轮上。学士陆去泰奉勒，题制造年月及工匠姓名，于盘下填以银字。御书填以金字。灵台用以测候，至今存焉。"又言："开元十二年，沙门一行造黄道游仪以进，玄宗亲为之序。文多不尽载。其略曰：'孰为天大，此焉取则。均以寒暑，分诸晷刻。盈缩不忒，列舍不忒。制器垂象，永鉴无惑。'"

④ 〔后晋〕刘昫撰：《旧唐书》卷191，影印文渊阁《四库全书》本，"一行少聪敏，博览经史，尤精历象阴阳五行之学。……时德麟历经推步渐疏，一行考前代诸家历法，改撰新历。又令率府长史梁令瓒等与工人创造黄道游仪以考七曜行度，互相证明。于是一行推《周易》大衍之数立衍以应之，故撰《开元大衍历经》"。

⑤ 〔后晋〕刘昫撰：《旧唐书》卷35，影印文渊阁《四库全书》本，"又诏令一行与梁令瓒及诸术士更造浑天仪，铸铜为圆天之象，上具列宿、赤道。及用天度数注水激轮令其自转，一日一夜，天转一周"。

它是全世界最早的机械钟。

梁令瓒善画，将天文学与绘画完美结合，绘制了《五星二十八宿神形图》①。《五星二十八宿神形图》是在佛教、道教文化盛行下，结合天文学知识完成的。该图现藏于日本大阪市立美术馆，题款："奉义郎守陇州别驾集贤院待制仍太史臣梁令瓒上。"五星二十八宿体系在战国时期即已形成了，《谷梁传疏》《三辅黄图》等均记载了五星二十八宿的相关内容。五星二十八宿是我国早期天文学确立的天象图，后来又逐渐演化为民间和道教流行的占卜术，成为古人占卜吉凶，劾鬼治病的术数之学。天象图、真形图、神形图诸宿图像的绘制也同时兴起。尤其自南朝梁至初唐，真形图、神形图诸宿图像的绘制更为兴盛；盛唐以来，随着佛教星象知识的流布，为天文图像类的绘画创作题材增加了更加丰富的内容。代表作有《五星八卦二十八宿图》《十二星宫图》《日月交会九道图》《黄石公五星图玄图》《二十八宿分野图》等。梁令瓒即在盛唐时期流行的有关经典和范本基础上创制了《五星二十八宿神形图》新图像。

《五星二十八宿神形图》中五星为水星、金星、火星、木星、土星，又被称为辰星、太白、荧惑、岁星、镇星；二十八宿，即东方角、亢、氐、房、心、尾、箕七宿，南方井、鬼、柳、星、张、翼、轸七宿，西方奎、娄、胃、昴、毕、觜、参七宿，北方斗、牛、女、虚、危、室、壁七宿。《五星二十八宿神形图》创作的星神形象，每星宿一图，并作篆文题赞说明。星神形象或作妇女，或作老人，或作少年，或兽首人身，对于二十八宿星神的姓名、形貌、职掌都有系统的规定、解释和说明。《五星二十八宿神形图》人物用游丝描，细劲秀逸，匀洁流畅，设色多具张僧繇以来的凹凸画法，平涂稍加明暗晕染，以表现衣纹明暗和物象凹凸之感，古雅精微，图中

---

① 以下参见赵启斌主编：《中国历代绘画鉴赏》，北京：商务印书馆国际有限公司，2013年版，第92~101页。

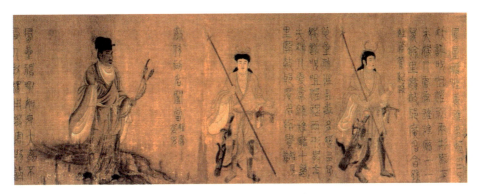

图3-6　《五星二十八宿神形图》局部

牛、马等动物形态亦生动传神。《五星二十八宿神形图》曾被《图绘宝鉴》《平生壮观》《大观录》《墨缘汇观》著录。

　　要之，"梁令瓒是在西汉落下闳制造的浑天仪、浑天象以及运算转历、实测天星的基础上，同时也是在李淳风天文历法的成就基础上，大大地前进了一步，并为宋人韩显符所推尊。因此，梁令瓒是我国天文发展史上，承先启后的一个重要人物"①，是蜀人的骄傲。

五、通天文星象、六壬五行——成都袁天罡

　　"名如皓月罩千秋，声似春雷震古今"②是对袁天罡天文星象、六壬五行成就的高度肯定与赞颂。

　　袁天罡，生卒年不详，益州成都人，原籍四川省江津县秦家坳乡（现重庆江津区石门镇永安村青岗堡），隋朝雅士袁守懿次子。叔父袁守诚，著名术士，在《西游记》中曾问卦赌雨算死泾河龙王。祖父袁嵩，周朝时先后

---

① 吕子方著：《中国科学技术史论文集》，成都：四川人民出版社，1983年版，第252页。
② 当代阴阳易辨派创始人高煜翔评价袁天罡之语。

图3-7 袁天罡画像

担任犍为地区浦阳、蒲江二郡的郡守和车骑将军。曾祖袁达，梁朝时做过江、黄二州的刺史，周朝时连续担任过天水、怀仁二郡的郡守。袁天罡父母早逝，在孤独与贫穷中度过了他的少年时代。他喜欢做学问和学习技艺，精通相术。隋开皇年间科举取士，袁天罡参加并中了明经科。仕于隋，为盐官令①。唐高祖武德年间担任过火井（临邛）令（隋朝大业十二年即公元616年设置火井县，袁天罡出任首任县令，后天宝年间，火井县改名临邛县）。袁天罡著有《六壬课》《五行相书》《推背图》《袁天罡称骨歌》等。《通志》著录，其有《易镜玄要》一卷，可惜已经亡佚。《新唐书·方技》记载了不少袁天罡的神奇故事，他是我国古代享有盛名的风水大师和天文学家。

《道光保宁府志·人物流寓》载："袁天罡，成都人。精数术，高宗时尝至阆州，居蟠龙山，筑台以占天象。"②

袁天罡在洛阳曾给杜淹、王珪、韦挺三人相面，预言杜淹将以文章显贵名扬天下；王珪不出十年将官至五品；韦挺面相如虎，将出任武官。并预言三人为官后都要遭贬谪，届时大家还会见面。果然在唐高祖武德年间，杜淹

① 〔宋〕欧阳修撰：《新唐书》卷204，北京：中华书局，1975年版，第5800页，"袁天纲，益州成都人。仕隋为盐官令"。

② 〔清〕黎学锦、〔清〕徐双桂修，〔清〕史观纂：《道光保宁府志》，清道光二十三年刻本，卷62。

以侍御史入选天策学士，王珪由太子李建成举荐当上五品太子中允，韦挺出任武官左卫率。三人仕途一帆风顺时，受宫廷政变牵连一起被贬嶲州，果然在这里又遇到了袁天罡。袁天罡再次相面预测"公等终且贵"①，最后都要官至三品，三人前程及结局后来验证都不出其所料。到唐太宗贞观初年，袁天罡的相术预测已是名扬天下，唐太宗李世民召见袁天罡对其术数之精奇深奥大为称赞，并问他："古有君平（汉朝严君平，术数大师），朕今得尔，何如？"②袁天罡回答说严君平是生不逢时，臣要比他强得多！③唐太宗在九成宫让他为贞观重臣张行成、马周等人看相，所预测后事无不准确。

　　袁天罡最传奇的故事就是西南断"龙脉"，和给武则天相面④。

　　阆中民间流传着"断龙脉"的传说，在阆中古城东南郊，有一奇异的山脉绕古城蜿蜒向南，其山形地貌如一条游龙，故名"蟠龙山"。在其"龙颈"处有明显被人工挖凿的痕迹，据当地老百姓说，这是被唐代风水大师袁天罡"断龙脉"时"锯"断的。据说唐贞观初年，太宗接到报告称西南千里之外有天子之气，恐有人谋权篡位。袁天罡遂奉命测王气到了西南，途经广元时，被利州路都督武士彠"拦截"，求其为家人看相。只有一岁的武则天

---

① 事见〔宋〕欧阳修撰：《新唐书》卷204，北京：中华书局，1975年版，第5800~5801页，"在洛阳，与杜淹、王珪、韦挺游，天纲谓淹曰：'公兰台、学堂全且博，将以文章显。'谓珪'法令成，天地相临，不十年官五品'；谓挺'面如虎，当以武处官'；'然三君久皆得谴，吾且见之'。淹以侍御史入天策为学士，珪太子中允，挺善隐太子，荐为左卫率。武德中，俱以事流嶲州，见天纲，曰：'公等终且贵。杜位三品，难于言寿，王、韦亦三品，后于杜而寿过之，但晚节皆困。'"

② 〔宋〕欧阳修撰：《新唐书》卷204，北京：中华书局，1975年版，第5801页。

③ 〔宋〕欧阳修撰：《新唐书》卷204，北京：中华书局，1975年版，第5801页，"对曰：'彼生不逢时，臣固胜之。'"

④ 事见〔宋〕欧阳修撰：《新唐书》卷204，北京：中华书局，1975年版，第5801页，"武后之幼，天纲见其母曰：'夫人法生贵子。'乃见二子元庆、元爽，曰：'官三品，保家主也。'见韩国夫人，曰：'此女贵而不利夫。'后最幼，姆抱以见，绐以男，天纲视其步与目，惊曰：'龙瞳凤颈，极贵验也；若为女，当作天子。'"

被保姆扮作男孩抱出。袁天罡端详片刻，惊呼："龙眼凤颈，若为女，当作天子。"[1]后袁天罡在阆中见大小蟠龙山如两条蛟龙盘绕其后，凤凰山高举凤头，左右张开两翅，若揽若抱，形成龙凤之势，于是便命人将大小蟠龙山结合部砍断以破龙脉，当时石脉凿破，短岩上水流如血，以此确保阆中方圆百里之内不出天子。时至今日，在阆中依然留有"锯山垭"遗迹。袁天罡破蟠龙山的"龙脉"后，被阆中的风水地脉所吸引，于是决定在阆中安度晚年，后李淳风访友也追随而至。

图3-8　阆中天宫院

袁天罡终老阆中，死后葬于天宫乡观稼山。据传袁李二人虽然交往甚密，但在选择自己将来阴宅之地上却互相保密，到了各自动工修建之时，才

---

① 〔宋〕欧阳修撰：《新唐书》卷204，北京：中华书局，1975年版，第5801页。

发现他们各自选择的阴宅位置，竟然在同一个"九龙捧圣"的风水之地。据说，袁天罡择墓至阆中天宫乡，看中其风水，随埋了枚铜钱作记。后李淳风也相中了这块地，并留下一枚金针作记。后两人相会时提起风水一事，都称已选中，两人出土记号时却发现，铜钱眼中正好插有一金针。于是两人相视而笑，在择地之处一起修建了保存至今的阆中天宫院。此后两人一直隐居在风景秀丽的阆中，修真养性、著书立传，至死都没有离开。天宫乡五里台山和观稼山半山腰上，袁天罡和李淳风的墓遥遥相对，比邻相守。阆中今存天宫院、天罡墓，是为后人纪念之所。

六、创制"太平浑仪"——巴中张思训

水银动力，平面模拟，创制天平浑仪。巴中张思训在继汉阆中落下闳、唐梁令瓒之后，为古代中国天文学研究再谱新篇。在我国古代科技史、天文史上留下了浓墨重彩的一笔，也为后人进一步的科学研究奠定了坚实基础。

张思训（公元947—1017），四川巴中（恩阳区）石城人。北宋时期著名的天文学家。自幼勤奋好学，博览群书，对日月星辰等天象有着浓厚的兴趣。宋太平兴国二年（公元977）宋太宗诏纳民间天文之才，张思训从巴州前往京都汴京，经过严格的考试，成为司天监（掌管观测天象，研制使用

图3-9 张思训塑像

修复改进天文仪器、推算创制历法的天文机构）学生，研习天文①。

宋太平兴国四年（公元979），张思训对浑天仪进行了重大的革新，宋太平兴国五年（公元980）制造完成了世界上第一台自动天象仪——太平浑仪，又称水运浑象。宋太宗因张思训创制仪器有功而升任他为司天浑仪丞。张思训改制的浑天仪，集报时、计时和演示天象、日月五星运行于一身，是世界上使用水银用于机械仪表的始祖，比意大利物理学家、数学家托里拆利于1643年利用水银气压计要早664年。英国著名科学家李约瑟在《中国科学技术史》一书中，对张思训改进浑天仪做出的杰出贡献给予了高度评价。

《宋史·天文志》记载："其制：起楼高丈余，机隐于内，规天矩地。下设地轮、地足；又为横轮、侧轮、斜轮、定身关、中关、小关、天柱；七直神，左撼铃，右扣钟，中击鼓，以定刻数。每一昼夜，周而复始。又以木为十二神，各直一时，至其时则自执辰牌，循环而出，随刻数以定昼夜短长；上有天顶、天牙、天关、天指、天托、天束、天条，布三百六十五度，为日、月、五星、紫微宫、列宿、斗建、黄赤道，以日行度定寒暑进

<hr>

① 〔清〕阮元撰：《畴人传合编校注》，郑州：中州古籍出版社，2012年版，第641页，"张思训，司天监学生。精思巧绝，本唐李淳风、梁令瓒之法作浑仪，日月行度，成于自然，不假人运，尤为精妙。太平兴国中，献其式于朝。帝深歆赏，命尚方官于禁中如式造之。四年己卯岁正月，仪成，诏置文明殿东南隅漏室中，以思训为浑仪丞。思训叙其制度云：'浑仪者，法天象地，数有三层，有地轴、地轮、地足，亦有横轮、倒轮、斜轮、定关、中关、小关、天柱。七直神，左撼铃，右扣钟，中击鼓，以定刻数。其七直神一昼夜方退。是日、月、木、土、火、金、水，中有黄道，天足，十二神报十二时刻数，定昼夜长短。上有天顶、天牙、天关、天指、天托、天束、天条，布三百六十五度，为日、月、五星、紫微宫及周天列宿，并斗建、黄赤二道，以太阳行度定寒暑进退。古之制作，运动以水，颇为疏略，寒暑无准。乃以水银代之，运动不差。旧制太阳昼行皆以手运，今所取取于自然。自东汉张衡始造，至开元中诏僧一行与梁令瓒造浑天仪，后铜钱渐涩，不能自转。'今思训所造，起为阁楼之状数层，高丈余，以木偶人为七直神，摇铃，扣钟，击鼓。又作十二神，各直一时，至其时则自执辰牌，循环而出。并著日月星辰，皆须仰视。其机转之用，俱隐楼中。制颇巧，得开元之遗法"。

退。"①后来宋太宗命人于皇宫内打造，一年有成，放置文明殿东鼓楼下，命名为"太平浑仪"。

自汉代阆中落下闳创造浑天仪之后，最初用人力推动其运转，后来改用水力。但是人们在实践中发现，"开元遗法，运转以水，至冬中凝冻迟涩，遂为疏略，寒暑无准"②。这对报时、定节气、造历的准确性影响极大，进而影响到人民的生产和生活。面对浑天仪动力出现的新问题，张思训进行了许多试验和探索，发现水银的内聚力很强，特别是具有在空中保持稳定的性能，可保证浑天仪正常的运转③，因此最终确定以水银代替水作动力。

浑天仪上安装计时器，是我国唐代天文学家僧一行、梁令瓒的发明。他们在水运浑天仪上安装擒纵器，指挥两个木人按时击鼓、敲钟，产生了世界上最早的机械时钟。张思训对这个机械计时钟也进行了较大改革。将擒纵器指挥的自动报时和击钟鼓的木人成倍增加，并把报时和击钟鼓分离为两个系统，即"七直神，左撼铃，右扣钟，中击鼓，以定刻数，每一昼夜，周而复始；又以木为十二神，各值一时。至其时则自执辰牌，循环而出，随刻数以定昼夜短长"④。通过七直神来摇铃、扣钟、击鼓报告刻数。此外，从浑象角度来看，它能显示太阳在黄道上的周年视运动位置，这是决定昼夜刻数、节气、寒暑的因素。日月的行度是由机构自动控制的。"并著日月象，皆取仰视"⑤可能指的是观测者能进入浑象腹里从内向外看，形如今日假天仪投影在天穹银幕上的星象，还能显示不同日期北斗七星斗柄的指向。

太平浑仪的特色在于不用球模型而用平面盖天模型，由此比较简单地

---

① 中华书局编辑部：《历代天文律历等志汇编》，北京：中华书局，1976年版，第797~798页。

② 中华书局编辑部：《历代天文律历等志汇编》，北京：中华书局，1976年版，第798页。

③ 中华书局编辑部：《历代天文律历等志汇编》，北京：中华书局，1976年版，第798页，"今以水银代之，则无差失"。

④ 中华书局编辑部：《历代天文律历等志汇编》，北京：中华书局，1976年版，第798页。

⑤ 中华书局编辑部：《历代天文律历等志汇编》，北京：中华书局，1976年版，第798页。

用绳轮传动完成日月模型自动运行的数学模拟。而在太平浑仪结构所使用和记述的一系列专用机件名词，多数被后来的苏颂、韩公廉在水运仪象台工程中沿用，影响极为深远。《宋史·天文志》称："新制成于自然，尤为精妙。"①令人叹息的是到了百余年后天文学家苏颂生活的时期（公元1088），太平浑仪已经毁损，而且无人知其制法。

张思训作为巴中俊才，受到人们的敬仰。今人即有诗称赞张思训："定时机械初成龙，声威赫赫震长空。一代仪型焕异彩，千秋天学奏奇功。三关摇定九州日，四轮转动万国风。今日古城誉名称，也因思训在巴中！"张思训逝世后，遵其"叶落归根"的夙愿，归葬于今恩阳区石城老龙潭畔张氏宗祠墓地。墓穴残碑碑文："……训，卒于宋天禧年冬，终年七十一岁。"

为了纪念他，现巴中市巴州区有一条街以张思训命名。1984年，在巴城南龛公园修建了一座"司天台"，对联赞曰：

问当年北宋天文学家谁优？是巴州人横操宇宙！
喜今日南龛司空仪台新建，唯张氏子独占江山！

七、大衍求一、正负开方——安岳秦九韶著《数书九章》

我国古代数学成就巨大，在世界数学史上占有重要地位。南宋时期蜀人秦九韶撰著的《数书九章》具有划时代的历史意义。我国数学史家梁宗巨评价道："秦九韶的《数书九章》（公元1247）是一部划时代的巨著，内容丰富，精湛绝伦。特别是大衍求一术（不定方程的中国独特解法）及高次代数方程的数值解法，在世界数学史上占有崇高的地位。那时欧洲漫长的黑夜犹

① 中华书局编辑部：《历代天文律历等志汇编》，北京：中华书局，1976年版，第798页。

未结束，中国人的创造却像旭日一般在东方发出万丈光芒！《九章算术》是中国古代最著名的传世数学著作，又是中国古代最重要的数学典籍，从它成书直到明末西方数学传入之前，它一直是学习数学者的首选教材，历史上多次作为朝廷颁定的首选数学教科书行用，对中国古代数学的发展起了巨大的作用。"[1]

秦九韶（约公元1202—约1261），字道古，普州安岳（今四川省安岳县）人，主要活动在南宋末年[2]。秦九韶祖籍鲁郡（今河南范县），其父秦季槱，字宏父，绍熙四年（公元1193）进士，后任巴州（今四川巴中）太守。嘉定十二年（公元1219）三月，兴元（今陕西汉中）军士张福、莫简等发动兵变，入川后攻取利州（今广元）、阆州（今阆中）、果州（今南充）、遂宁（今遂宁）、普州（今安岳）等地。在哗变军队进占巴州时，秦

图3-10　秦九韶塑像

① 梁宗巨、王青建、孙宏安著：《世界数学通史》，沈阳：辽宁教育出版社，2001年版，第181页。

② 〔清〕阮元撰：《畴人传合编校注》，郑州：中州古籍出版社，2012年版，第208~209页。

季櫹弃城逃走，携全家辗转抵达南宋都城临安（今杭州）。在临安，秦季櫹曾任工部郎中和秘书少监等官职。宝庆元年（公元1225）六月，秦九韶被任命为潼川知府，返回四川。秦九韶青少年饱经战争忧患，成年后被迫离开四川，在湖北、安徽、江苏、浙江等地做官，晚年受贾似道打击贬于梅州，"在梅治政不辍"，卒于任所[①]。

秦九韶自称年轻时在杭州"访习于太史，又尝从隐君子受数学"[②]。知识渊博，当时人们称他"性极机巧，星象音律算术以至营造等事无不精究"[③]。

秦九韶潜心研究数学，湖州守孝三年期间，写成了世界数学名著《数书九章》，《癸辛杂识续集》称作《数学大略》，《永乐大典》称作《数学九章》[④]。全书九章十八卷，分九大类："大衍类""天时类""田域类""测望类""赋役类""钱谷类""营建类""军旅类""市物类"，每类9题共计81题。该书内容丰富至极，上至天文、星象、历律、测候，下至河道、水利、建筑、运输，各种几何图形和体积，钱谷、赋役、市场、牙厘的计算和互易。许多计算方法和经验常数直到现在仍有很高的参考价值

---

① 参见李俨著，王云五主编：《中国算学小史》，上海：商务印书馆，1931年版，第48~49页，"秦九韶，字道古，自题鲁郡人，或称蜀人，或称秦凤间人，而清焦循《天元以释》谓秦凤间，乃指阶，成，岷，凤四州。年十八，在乡里为义兵首，既出东南，多交豪富，性极机巧，星象音律算术，以至营造等事，无不精究。早岁侍亲中都，因得访习于太史，又尝从隐君子受数学。父季櫹，宝庆中（1225—1228）官潼川，九韶随侍。又尝从李刘学骈俪诗词。《李梅亭集》有回秦县尉九韶谢差校正启云：善继人志，当为黄素之校雠；肯从吾游，小试丹铅之点勘；李刘为成都漕，九韶差校正，当在其时。或以历学荐于朝，得对。淳祐四年（1244）八月以通直郎通判建康府，十一月丁母忧，解官。宝祐间（1253—1258）九韶为沿江制置司参议官。七年（1247）九月成《数学九章》十八卷。尝知琼州数月，与吴潜交尤稔，景定元年（1260）四月吴潜罢相，十月窜吴潜于湖州，三年（1262）诏吴潜党人，永不录用。九韶窜之梅州，亦当在此时。九韶在梅治政不辍，竟卒于梅"。
② 李俨著，王云五主编：《中国算学小史》，上海：商务印书馆，1931年版，第48页。
③ 李俨著，王云五主编：《中国算学小史》，上海：商务印书馆，1931年版，第48页。
④ 关于《九章算术》的研究，参见钱宝琮著：《李俨钱宝琮科学史全集——中国数学史》，沈阳：辽宁教育出版社，1998年版，第9册，第614~665页。

和实践意义，被誉为"算中宝典"。该书著述方式，大多由"问曰""答曰""术曰""草曰"四部分组成："问曰"，是从实际生活中提出问题；"答曰"，给出答案；"术曰"，阐述解题原理与步骤；"草曰"，给出详细的解题过程。此书已为国内外科学史界公认的一部世界数学名著。秦九韶在数学上的主要成就是系统地总结和发展了高次方程数值解法和一次同余组解法，提出了相当完备的"正负开方术"和"大衍求一术"，达到了当时世界数学的最高水平。此书不仅代表着当时中国数学的先进水平，也标志着中世纪世界数学的最高成就之一。

大衍问题源于《孙子算经》中的"物不知数"问题："今有物，不知其数，三三数之剩二，五五数之剩三，七七数之剩二，问物几何？"[①]这是属于现代数论中求解一次同余式方程组问题。宋代数学家秦九韶在《数书九章》中对此类问题的解法作了系统的论述，并称之为大衍求一术。秦九韶所发明的"大衍求一术"，即现代数论中一次同余式组解法，是中世纪世界数学的成就之一，比西方1801年著名数学家高斯（Gauss，1777—1855）建立的同余理论早554年，被西方称为"中国剩余定理"。德国著名数学史家M.康托尔（Cantor，1829—1920）高度评价了大衍求一术，他称赞发现这一算法的中国数学家是"最幸运的天才"[②]。

秦九韶在《数书九章》中除"大衍求一术"外，还创拟了正负开方术，即任意高次方程的数值解法，秦九韶所发明的此项成果比1819年英国人霍纳（W. G. Horner，1786—1837）的同样解法早572年。秦九韶的正负开方术，列算式时，提出"商常为正，实常为负，从常为正，益常为负"的原则，纯用代数加法，给出统一的运算规律，并且扩充到任何高次方程中去。

此外，秦九韶还改进了一次方程组的解法，用互乘对减法消元，与现

① 〔唐〕李淳风注释：《孙子算经》卷下，上海：商务印书馆，1939年版，第26题。
② 转引自曲相奎著：《宋朝的那些科学家》，北京：中国言实出版社，2014年版，第243页。

今的加减消元法完全一致；同时秦九韶又给出了筹算的草式，可使它扩充到一般线性方程中的解法。在欧洲最早是1559年布丢（Buteo，约1490—1570年，法国）给出的，他开始用不很完整的加减消元法解一次方程组，比秦九韶晚了312年，且理论上的完整性也逊于秦九韶。

秦九韶还创用了"三斜求积术"等，给出了已知三角形三边求三角形面积公式，与古希腊数学家海伦（Heron，公元50年前后）公式完全一致。秦九韶还给出一些经验常数，如筑土问题中的"坚三穿四壤五，粟率五十，墙法半之"等。此外还在卷18的77问"推计互易"中给出了配分比例和连锁比例混合命题的运算方法，极为巧妙，至今仍有意义。卷七、卷八"测望类"又使《海岛算经》中的测望之术发扬光大，再添光彩。

《数书九章》是对《九章算术》的继承和发展，概括了宋元时期中国传统数学的主要成就，标志着中国古代数学的高峰。当它还是抄本时就先后被收入《永乐大典》和《四库全书》。1842年第一次印刷后即在民间广泛流传。秦九韶所创造的正负开方术和大衍求一术长期以来影响着中国数学的研究方向。焦循、李锐、张敦仁、骆腾凤、时曰醇、黄宗宪等数学家的著述都是在《数书九章》的直接或间接影响下完成的。秦九韶的成就也代表了中世纪世界数学发展的主流与最高水平，在世界数学史上占有崇高的地位。

清代陆心源（1834—1894）称赞说："秦九韶能于举世不谈算法之时，讲求绝学，不可谓非豪杰之士。"[1]美国著名科学史家萨顿（G. Sarton，

---

① 〔清〕陆心源、〔清〕丁丙撰：《仪顾堂题跋、续跋》卷8，清人书目题跋丛刊2，北京：中华书局，1990年版，《原本数书九章跋》："《数书九章》十八卷，题曰鲁郡秦九韶。旧抄本。《宋史·艺文志》不列其名，明《文渊阁书目》始列于录。以永乐大典本参校也。此则犹原本耳。鲁郡著旧望也。案：韶字道古，秦凤间人，年十八，为义兵首，后寓湖州，累官知琼州，与吴履斋契合，为贾似道所陷，谪梅州而卒。周密《癸辛杂识》叙其事甚详，毁之者亦甚至。焦里堂里力辨其诬。愚谓九韶既为履斋所重，为似道所恶，必非无耻之徒。能于举世不谈算法之时，讲求绝学，不可谓非豪杰之士。"

图3-11　线装《数书九章》书影

1884—1956）说过，秦九韶是"他那个民族，他那个时代，并且确实也是那个（所有）时代最伟大的数学家之一"[1]。

人们为了纪念秦九韶的伟大功绩，在安岳修建了秦九韶纪念馆，占地长宽均为81米，建筑面积1538平方米，为仿宋古建筑，馆内建有"数书九章""九韶故里"、天文台等景点，恢宏壮观，雄伟气派。

八、碑刻图绘天地人——宋广元黄裳

苏州石刻博物馆内现存有"四大宋碑"——"天文图""地理图""帝王绍运图""平江碑"，简称为"天、地、人、城"四大宋碑。这四大宋碑均为南宋刻石，其中"天、地、人"三碑皆为广元黄裳绘制[2]。

---

[1]　梁宗巨、王青建、孙宏安著：《世界数学通史》，沈阳：辽宁教育出版社，2001年版，第344页。

[2]　事见〔元〕脱脱撰：《宋史》卷393，北京：中华书局，1977年版，第12000页，"王意益向学。于是作八图以献：曰太极，曰三才本性，曰皇帝王伯学术，曰九流学术，曰天文，曰地理，曰帝王绍运，以百官终焉，各述大旨陈之"。

图3-12 黄裳画像

黄裳（公元1146—1194），字文叔，号兼山，四川剑州普成县（今剑阁县王河镇）人。黄裳少时虽家贫但天资聪颖，隆兴二年（公元1164），名列剑州学子试榜首，获文生头冠。乾道五年（公元1169）三月，黄裳到成都府路的贡院参加"类试"。黄裳在成都一举中额，发榜后的第三天，便启程赴京城临安（今杭州）参加殿试，金榜题名，二十四岁的新科进士黄裳一时间享誉剑门山区。《宋史》将其收入列传："黄裳，字文叔，隆庆府普成人。少颖异，能属文。"①清代学者全祖望在《宋元学案》补订中，将其列入《二江诸儒学案》，并称其为蜀中砥柱。

三千年以前的殷商时代就有了关于天文星象的文字记载，绘画和雕刻天文星象也有悠久的历史。"天文图碑"是中国现存较早且富有系统性的一块天文图石刻。此图不仅是重要的科学史料及文化遗产，也是世界著名的天文文物，引起了世界各国学者的高度重视。

黄裳曾经被选为南宋皇太子赵扩的老师，为了向这位皇太子教授天文、地理知识，他绘制了八幅天文、地理图。现存的"天、地、人"三碑即是南

---

① 〔元〕脱脱撰：《宋史》卷393，北京：中华书局，1977年版，第11999页。

宋绍熙元年（公元1190）由黄裳描绘[①]，淳祐七年（公元1247）苏州著名刻工王致远[②]从四川得来，带回苏州刊石[③]。

此图观测年代在北宋元丰年间（1078—1085），天文图碑碑额刻"天文图"三字，碑高2.16米，宽1.08米，碑分上、下两部分，上为星图、下为释文，画法是按照中国古代传统的"盖图"方式绘制。以天球北极为圆心，用三个同心圆加宿度线来表示的。全天星图外圈直径约91.5厘米，内圆称为"内规"，直径19.9厘米，是北纬约35°地方的恒显圈。中圆直径52.5厘米，为天球赤道。外圆称为"外规"，直径85厘米，相当于上述地方恒隐圈的范围。有28条辐射状线条与三圆正向交接，分别通过二十八宿的距星。线端界外注有二十八宿宿度数据。两圈间交叉密注与二十八宿相配合的十二辰、十二次和州、国分野等各12个名称。星图分天体、地体、北极、南极、赤道、日、黄道、月、白道、经星、纬星、天仪、十二次、十二分野，二十八宿内刻有标明星名的星339颗，加上无名的星，共计1440颗。河带斜贯星图，黄道为一偏心圆与赤道相交于奎宿和角宿范围内的两点。图下方有两千多字的说明，概括地叙述当时所知的一些天文知识。它保存了我国在11

---

① 〔清〕严可均撰：《严可均集》，杭州：浙江古籍出版社，2013年版，第380~381页，《黄裳绘进嘉邸帝王绍运等图》淳祐七年十一月："右《帝王绍运图》、《天文图》、《地理图》。淳祐七年刻，立在苏州府学，俗称'天地人三图'。据《地理图》末王致远跋，知淳祐刻石原有四图，不知佚失者何图也。《宋史》本传：黄裳，隆庆府普成人。乾道五年进士，光宗登极，迁嘉王府翊善，作八图以献，曰《太极》、曰《三才本性》、曰《皇帝王伯学术》、曰《九流学术》、曰《天文》、曰《地理》、曰《帝王绍运》，以《百官》终焉，各述大旨陈之。初，裳制浑天仪、舆地图，侑以诗章，欲王观象，则知进学如天运之不息，披图则思祖宗境土半陷于异域而未归。是此图之进，在光宗初年，下距淳祐七年凡五十七八年，其时宁宗未立，理宗未生。今此《绍运图》已称理宗为今上皇帝，当由致远刻石，复加增补，非黄裳原本矣。摹绘微误，《地理》略于西南，时滇中未入版图也。"

② 王致远，南宋永嘉县人，自署籍贯为"东嘉"。

③ 参见丁海斌著：《中国古代科技文献史》，上海：上海交通大学出版社，2015年版，第280~281页。并见潘鼐著：《中国恒星观测史》，上海：学林出版社，2009年版，第345页，第5节，"苏州天文图碑的考释"。

图3-13 天文图石碑

世纪恒星观测的部分资料，提供了古代星宿位置的重要讯息，有极高的科学研究价值，是中国现存较早较系统亦较准确的星图石刻，也是世界上现存最古老的根据实测绘制的全天石刻星图①。

"地理图碑"，碑额篆刻"墜理图"（即地理图）3字，碑长180厘米，宽103厘米，厚22厘米，分地理图和图说两部分。地理图绘制了我国海岸的轮廓，主要山川、河流、湖泊的布局，以及长城和全国各级行政机构——路、府、州、军、监的位置，共有22路、34府、32州、44军、1监。所绘江、河、海岸的轮廓大体正确。图上山脉与现代地图上的自然描景法相似。山脉上有森林，还绘有森林符号。

所有的路、府、州、军、监名和山名均套以方框，所有的水名皆用椭圆形圈标示，以资醒目。《地理图》非常重视各路首府的地位，将它们刻成阳文。图上标注名称的山脉共120多座，江河60多条（其中长江、黄河的发源地不清），行政区名约410个。图说共36行，每行22字，书体为正书小楷，作者黄裳。图说以宋代现有版图为例，分析了我国历代政治地理的变迁情况，并为当时金兵南侵、国土破碎而伤怀。另外，紧接图说末尾处，有王致远行书草跋，共47字。跋文记载了《地理图》《天文图》《帝王绍运图》等的简要沿

① 以上详细参见潘鼐著：《中国恒星观测史》，上海：学林出版社，2009年版，第346~349页。中国社会科学院考古研究所编：《中国古代天文文物论集》，北京：文物出版社，1989年版，第314页，《苏州南宋天文图碑考释》。

革及刻石原因①。

"帝王绍运图碑"，碑石碑额篆刻
"帝王绍运图" 5字，碑长177厘米，宽
100厘米，厚25厘米。刊刻了中国自黄帝
至宋理宗历代王朝更替的图表。世系图
刻有我国自黄帝至宋理宗这段历史中的
帝王世系，共计195君。该图表的特点
是世系脉络清楚，经纬分明。图表以朝
代更替为主要框架，每个朝代的国君依
在位先后次序从左到右排列。汉族政权
朝代列于图表正中央，如夏、商、周、
秦、汉、三国、晋、隋、唐及五代的
梁、唐、晋、汉、周以及北宋等。对从
主要朝代中分离出来的国家或地区，则
按时间顺序列于该朝代的两侧，如周代

图3-14 地理图石碑

（东周）的"春秋十二国"和"秦六国"。汉族与少数民族各自为政的朝代
（非大一统朝代）也位于两侧，如南北朝（南朝的宋、齐、梁、陈和北朝的
后魏、东魏、西魏、北齐、北周）。对于少数民族独掌政权的国家也作如此
安排，如"东晋夷狄游处中国"，即历史上的五胡十六国。图表作者有自己
的政治评判标准，例如，虽是汉族朝代的"五代十国"，但由于"非正统之
故"，作者就特意在图表左侧注明"五代（十国）僭伪"等字样，注明僭伪
的国君和国家有十三国、十三君，杭州的吴越国国王钱镠排在首位。

图说共36行，每行16字，字体为正楷，以"自古及今，治不能十一，

① 以上参见郭声波著：《四川历史地理与宋代蜀人地图研究——附历代地理指掌图点
校》，西安：西安地图出版社，2014年版，第三章"黄裳《地理图》研究"。

145

而乱常八九，为君者亦可以知所戒矣"为论点，规劝大宋皇帝应吸取"治与乱""离与合"的经验教训，进而维护和巩固封建统治。

"天、地、人"三碑保存在江苏省苏州市人民路三元坊北文庙内。文庙始建于北宋景祐元年（公元1034），现存建筑除大殿为明正德元年（公元1506）重建外，大部分系清同治三年（公元1864）重建，戟门内保存着宋代线刻的天文图碑、地理图碑、帝王绍运图碑和平江图碑，是研究古代科技史等方面的重要实物资料。1961年评定为全国重点文物保护单位。

图3-15　帝王绍运图石碑

黄裳一生不仅是卓越的科学家，还是优秀的政治家、教育家、思想家。

黄裳为官二十年，辅佐过孝宗、光宗、宁宗三朝皇帝，无论在地方任职，还是在京城皇帝身边供职，他都克己奉公，忠君爱国，关心人民，政绩卓著，如写《汉中行》长诗罢籴，为民排忧。淳熙十年（公元1183），献策论《论蜀兵民大计》①，用事实直陈四川民穷兵困的困境与原因；为固边防，对"常年救济"提出了"丰欠互补""丰凶迭用"的新理论②。又向光宗撰奏了《大业守成，当恢

① 参见〔宋〕楼钥撰：《攻媿集》卷99，北京：中华书局，1985年版，第1384页。
② 〔元〕脱脱撰：《宋史》卷393，北京：中华书局，1977年版，第11999页，"时蜀中饷师，名为和籴，实则取民。裳赋《汉中行》，讽总领李蘩，蘩为罢籴，民便之。改兴元府录事参军。以四川制置使留正荐，召对，论蜀兵民大计。迁国子博士，以母丧去"。并见中国人民政治协商会议四川省广元市委员会编：《广元市文史资料第17辑历史人物专辑》，2007年版，第25页。

张制度为先疏》，建议在汉中、襄阳、江陵、鄂渚（今武昌市）、京口（今镇江市）设立五个重镇，分派大将固守，建立起一条牢固的防线，保障南方不受侵犯；同时富国强兵，争取收复失地，统一国家①。作为教育家，他在为母亲守孝期间，在家乡收徒讲座，增进了当地的读书求学之风。作为思想家，北宋到南宋中期，思想学术界出现了难得的繁荣局面，黄裳出自强烈的爱国主义之心，立志恢复国家（宋）失去的半壁河山，于是顺应当时的思潮，提出"三才本性论""三心论""持心说"②等哲学思想。

黄裳去世后灵柩由监葬官左史刘光祖护送回四川隆庆府（公元1191年剑州升为隆庆府）普成县，后葬于普成东郊，即今剑阁县公兴镇九龙村公子梁下。黄裳的葬礼、坟墓的修建规格与宰相等同，乡里人称黄裳的坟茔为"黄夫子坟"。黄裳死后，赵扩为表达对尊师黄裳的追慕之情，于嘉定六年（公元1213）赠黄裳谥号忠文。随着宋明理学的兴盛，世人把黄裳曾向光宗皇帝荐举朱熹入朝列作头等大功，挂上"荐贤举能"的桂冠，受到推崇和膜拜。

黄裳对剑阁的影响广泛而深远，家乡人民对他更是充满了怀念和赞美之情。首先是读书向学的影响十分深远。受其影响，剑州一带求学读书之风盛行，文化得到极大繁荣，当时仅普成县的进士就有12人。其次是立德修身的影响十分深刻，长期以来剑阁民风淳朴，人们重孝倡廉，为人厚道，这与

① 事见〔元〕脱脱撰：《宋史》卷393，北京：中华书局，1977年版，第12000页，"时光宗登极，裳进对，谓：'中兴规模与守成不同，出攻入守，当据利便之势，不可不定行都。富国强兵，当求功利之实，不可不课吏治。捍内御外，当有缓急之备，不可不立重镇。'其论行都，以为就便利之势，莫若建康。其论吏治，谓立品式以课其功，计资考以久其任。其论重镇，谓自吴至蜀，绵亘万里，曰汉中，曰襄阳，曰江陵，曰鄂渚，曰京口，当为五镇，以将相大臣守之，五镇强则国体重矣"。

② 事见〔元〕脱脱撰：《宋史》卷393，北京：中华书局，1977年版，第12000页，"王意益向学。于是作八图以献：曰太极，曰三才本性，曰皇帝王伯学术，曰九流学术，曰天文，曰地理，曰帝王绍运，以百官终焉，各述大旨陈之。每进言曰：'为学之道，当体之以心。王宜以心为严师，于心有一毫不安者，不可为也。'且引前代危亡之事以为儆戒"。

黄裳的示范作用是分不开的。三是立功建业、造福苍生的影响很大，黄裳之后，剑阁又走出了赵炳然、李榕等杰出人物。

为了纪念黄裳，隆庆府太守赵大全于庆元元年（公元1195）在隆庆府城普安镇修葺"明善堂"。后来在剑州治地普安城之南修建黄裳祠庙，又名兼山书院①。明清时期，在修建和重建兼山书院的同时，还整修了黄裳读书台和讲书台。人们对黄裳墓更是爱护有加，几十年后，黄夫子坟成了一片柏木林区。如今，在凉山乡境内尚有黄裳的"讲书台"遗址，在剑阁县汉阳镇有兼山学馆碑记遗迹。

黄裳是世界公认的中国古代著名的科学家，是宋代著名的政治家、教育家和思想家，也是一位有德行而又有才华的中国历史文化名人，他对剑阁的影响更是广泛而深远，黄裳不仅是剑阁，更是四川的重要文化符号。

九、蕙质兰心——江津江蕙制《天文扇》，考订《中星图》

自古蜀地多天文俊才，至清代则出现了一位女天文学家，"深闺几见谈天女，纤手挥毫万象成"。她所绘制的《天文扇》精妙奇巧，考订的《中星图》则较前贤更加准确，她就是《畴人传》②中的"兰陵女史"——江津江蕙③。

江蕙（公元1839—？），字次兰，清代女天文学家，四川江津人④。她

---

① 四川省广元市政协文史委员会主编：《蜀道神韵广元名胜诗词选注》，上海：上海三联书店，2015年版，第922页，〔明〕陈叔美《兼山书院落成因示诸子》："兼山遗范在，更读八图篇。"

② 〔清〕阮元撰：《畴人传合编校注》，郑州：中州古籍出版社，2012年版，第718页，"兰陵女史，不详其姓字。著有《中星歌》并图，行于世。每一月一歌，共十二歌，歌后各附以图"。

③ 参见沈雨梧编著：《清代女科学家》，杭州：浙江教育出版社，2011年版，第58~64页。

④ 刘泽嘉等撰：《民国〈江津县志〉》，民国十三年刻本，第812页。

的父亲江海平曾编辑《楞园丛书》二十五种，学养深厚，对天文学有浓厚的兴趣，在父亲的影响熏陶下，江蕙对天文学产生了浓厚的兴趣，并在少年时期即开始有不小创获。

我们都知道地球绕太阳公转，因此夜间如果连续观察同一星座，就会发现这一星座出现的时间越来越早，整个天空也会呈现向西前进的现象，每天前进一度左右，经过一个回归年循环一周，这一星座的出现又会恢复到原来的时间。可是在江蕙的时代，她没有条件学习到这种系统知识，但她从不断观察中，掌握了星辰运转一年循环一次的规律，因而自己能按节气的变化推测出天象的变化，并且她发现所见到的古代星图，与实际天象在远近、大小、明暗等方面都不完全一致，于是她决心绘制一幅与天象一致的星象图。

江蕙十二岁的时候，就按自己观察到的实际天象，绘制了一幅小小星象图，图形像扇面，取名《天文扇》[①]。《天文扇》每幅扇面布列一部分天区，要扇面合拢，就拼成一个圆形球面，扇柄部位聚合而为天轴形象逼真。但一幅扇面的圆形组合毕竟只能显示天球一半，而不是完整的圆球。为了显示地平以下南天极附近恒影圈内的星座，江蕙以赤道界南北，别出心裁地设计制作为两幅扇形组合的圆面，一为北天，一为南天，两幅扇柄位聚合的天轴，分别为北天极和南天极，外圈即代表赤道。满天星斗错落有致地被浓缩安排于扇幅，粲然可据；各星区宿位紧密衔接，走向清楚，易于推步辨认。扇面所绘宫垣列宿，校正古星图的差错，使用渐变准确，奇巧称绝。[②]父亲对她的《天文扇》很赞赏，认为准确无误，要设法为她刊印出版，但江蕙觉得自己年龄小，见闻不广，不敢随便将作品印刷出版送给人家看，于是自己

---

① 参见钟永毅主编，江津县志编辑委员会编著：《江津县志》，成都：四川科学技术出版社，1995年版，第811~812页。

② 参见雷喻义主编，四川省人民政府参事室、四川省文史研究馆编：《巴蜀文化与四川旅游资源开发》，成都：四川人民出版社，2000年版，第382页。

收藏起来。

咸丰四年（公元1854），江蕙十五岁时与父亲隐居在四川江津龙菁砦，偶然买到一部手抄本的《中星图考》，无序无凡例无作者。江蕙对这册书仔细学习，发现书中内容与实践天象很多地方不相符合。于是就开始对这古代星图加以考订校正，加以修正充实，经数十次修改书稿而成。

《心香阁考定中星图》中，江蕙根据对天象长期观测积累的大量数据，对不同季节时令恒星出没于中天（昏、旦之时出现在正南方的星宿，即中星）的方位变化，经过推步逐一考订进行记录，借此探求整个星空状况及其变化规律。全书绘星图26幅，每幅星图都附有叙天的文章。第一幅为《紫微垣图》。依据古星图，紫微垣属于中宫拱极星区，星座靠近北天极，终年位于地平线上常见不隐，为中央天区。紫微垣与张、翼、轸三宿以北的太微垣和房、心、箕四宿以北的天市垣各星座虽同属一宫，但相距甚远，故另立系统，单独列为天区，分别为三垣宫。江蕙的《天星图》于此则将天市、太微两垣宫的星系列入同一图中，星图边缘到达赤道星区，极大地扩展了中央天区的范围，这与隋朝丹元子《步天歌》星图所布列之天区划分不同，因此被很多天文学家所批评。其实江蕙所绘《紫微垣图》应该看作是一幅赤道北星图。

最后一幅是《月行九道图》，沿用了古法，但是由于和天象严重不符，因此历来备受争议。除了这两幅星图外的二十四幅星图则与二十四节气相对应，每一节气绘星图一幅，考订了二十四节气中星的名称及其出没规律，一一配有"中星歌"，以便于推步辨认。这二十四幅星图是整个《心香阁考定中星图》的核心构成。江蕙通过长期对天象的观察，逐渐摸清了恒星中天的运行规律，将每个节气什么星座什么时间经过上中天的视运动情况一一编成了歌词，做到了句中有图，言中有象，并绘成相应的二十四节气星空图相与配合，这样就可以"按图索骥"地找到有关星区星座，并掌握其运行情况。《心香阁考定中星图》是一部独具特色的观天指南，时至今日，按岁差更改一下时间，它所积累的天文数据对民间的农事安排与历法考订仍然具有重大的参考价值。

江蕙在完成《中星图》的考订之后，与川东人宋柟（字松存）结为夫妻。宋柟是一位开明的读书人，对妻子艰辛探索编撰而成的书稿十分珍惜。同治十三年（公元1874），他将妻子手稿拿给同乡学者姚彦侍看，姚彦侍对此书大加赞赏，挥笔题词："旦尾暨昏参，历历可指数。推步及闺门，古来谁与伍。我欲传畴人，于今增列女！"①光绪六年（公元1880）春，宋柟到白下

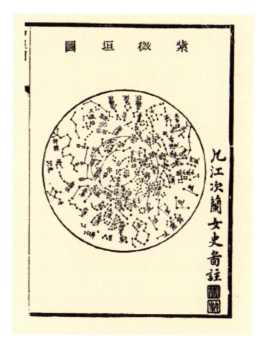

图3-16 心香阁考定中星图

（今南京）做官，江蕙随宦居南京，并与丈夫畅游北京。后宋柟好友罗云樵读到《中星图》后，惊异其才，极力劝说宋柟为其妻子刊刻出版。于是，同年江蕙的《中星图》手稿以《心香阁考定中星图》②为书名刊行。

江蕙作为一位女天文学家，是四川的骄傲，在中国古代天文学史、科技史中留下了浓墨重彩的一笔。

---

① 参见钟永毅主编，江津县志编辑委员会编著：《江津县志》，成都：四川科学技术出版社，1995年版，第812页。

② 潘鼐著：《中国古天文图录》，上海：上海科技教育出版社，2009年版，第141页，有图；另第339~344页附录有《心香阁考定二十四节气中星图》扇面星图，插图即出自此书。

十、启发民智、改造乡村——平民教育家晏阳初

普及教育，启发民智，改造乡村，救国图强，有一个人用自己一生的才能和热血在中华大地上种下了智慧的种子，他就是被誉为"平民教育家"的四川巴中人晏阳初①。

晏阳初（公元1890—1990），曾名遇春、兴复、云霖，原巴中县巴州镇人。出身书香门第，五岁入塾，由父教授。清光绪二十九年（公元1903）赴保宁府入华英学堂求学。光绪三十三年（公元1907）考入成都华英中学，宣统二年（公元1910）毕业，受聘成都一中，任英文教师，并协助英国传教士史梯瓦特创办"辅仁学社"，任副主任。宣统三年（公元1911），晏阳初返乡，受聘于巴州中学堂，任英文教师。民国5年（公元1916），转赴美国，入耶鲁大学半工半读，攻政治经济学。同年冬，被选为耶鲁华人协会会长。民国9年（公元1920）初夏，取得普林斯顿大学硕士学位，并当选为北美基督教中国学会会长②。

图3-17　晏阳初塑像

晏阳初回国后于1920年在上海基督

① 主要参考张衡主编：《民国科教精英百人传》，南京：南京出版社，2013年版，第227页，《晏阳初——平民教育家》。杨华军著：《教育家晏阳初研究》，济南：山东人民出版社，2016年版。

② 参见吴相湘著：《民国人物列传》，北京：东方出版社，2015年版。

教青年会全国协会智育部主持平民教育工作，并编制刊行了《平民千字科》等教材。到了民国11年（公元1922），晏阳初先后游历19省调查平民教育状况，了解后根据民情国势，提出推行平民教育的整套方法。晏阳初认为中国的大患是民众的愚、贫、弱、私"四大病"，主张通过办平民学校对民众，首先是对农民先教识字，再实施生计、文艺、卫生和公民的"四大教育"，培养知识力、生产力、强健力和团结力，以造就"新民"，并主张在农村实现政治、教育、经济、自卫、卫生和礼俗的"六大整体建设"，从而达到强国救国的目的。

1922年晏阳初发起全国识字运动，号召"除文盲、做新民"，3月转到湖南长沙组织平民教育讨论会，并在长沙推行《全城平民教育运动计划》。他将长沙分为52个单位，发动400名小学教师以游行、散发传单等方式宣传平民教育。不久他筹资组建了200所平民学校，先后招生2500余人，在长沙实行的全国识字运动是晏阳初平民教育理论的第一次大规模试验，产生了重大的影响。1923年在长沙获得成功的晏阳初来到北京，在张伯苓、蒋梦麟、陶行知以及时任北洋政府总理熊希龄夫人朱其慧等人的支持下，于3月26日组织成立中华平民教育促进会，任总干事。平教会成立后先后在华北、华中、华东、华西、华南等地开展义务扫盲活动。

晏阳初在工作中认识到中国平民教育的重点在农民教育，平教会设立了乡村教育部，经历了两年的实地调查，平教会选择河北定县作为平民教育的实验试点。1926年晏阳初与志同道合的一批知识分子来到定县翟城村，推行他的乡村教育计划，1929年平教总会迁往定县，全力以赴地在这里开展乡村教育实践。晏阳初认为中国农民问题的核心是"愚、贫、弱、私"四大病，提出以"学校式、社会式、家庭式"三大方式结合并举，"以文艺教育攻

愚，以生计教育治穷，以卫生教育扶弱，以公民教育克私"①四大教育连环并进的农村改造方案。晏阳初在河北定县推行的各项平民教育活动都从农民的切身需求出发，着眼于小处：为减少通过饮用水传染的疾病，平教会指导农民修建井盖与围圈，适时消毒灭菌；训练公立师范学生与平民学校学生进行免疫接种；训练助产士代替旧式产婆，向旧式产婆普及医学常识；建立各区保健所，培训合格医生；从平民学校毕业生中培训各村诊所的护士与公共卫生护士；为村民引入优良棉花和蛋鸡品种；组织成立平民学校同学会，建立村民自治组织；改组县乡议会，改造县乡政府。②

20世纪30年代初，晏阳初在定县的乡村教育实践得到国民政府民政部次长的肯定，并决定将晏阳初的经验向全国推广，在中国各省划出一个县进行乡村教育试点，其间先后成立了定县实验县、衡山实验县、新都实验县和华西实验区等乡村教育实验区。20世纪40年代初，晏阳初在重庆北碚歇马乡，创建了中国乡村建设育才学院，1945年扩充为独立学院，改名为中国乡村建设学院，院长由平教会干事长晏阳初兼任。

1945年抗日战争结束后，晏阳初曾试图游说蒋介石为乡村教育投入更多资源，但是由于内战的爆发而遭到蒋的拒绝，在蒋介石处碰壁的晏阳初转而寻求美国的支持，他游说杜鲁门总统和美国国会议员为中国乡村教育运动提供资助，最终美国国会通过了一条名为"晏阳初条款"③的法案，法案规定"四亿二千万对华经援总额中须拨付不少于百分之五、不多于百分之十的额度，用于中国农村的建设与复兴"④。

---

① 参见张衡主编：《民国科教精英百人传》，南京：南京出版社，2013年版，第228页。
② 参见李秀忠、李妮娜编著：《当代中国乡村文化建设问题研究》，济南：山东人民出版社，2014年版，第27页。
③ 宋恩荣编：《晏阳初全集》第3卷，天津：天津教育出版社，2013年版，第513页，《与儿子晏振东、晏新民的谈话记录》。
④ 参见熊贤君著：《晏阳初画传》，济南：山东教育出版社，2015年版，第235页。

　　1949年晏阳初辗转到了中国台湾地区，不久即离台赴美，在美国他协助南美、非洲和东南亚的发展中国家推进平民教育运动。1956年在晏阳初的帮助下菲律宾建立了国际乡村改造学院，并实现了真正的民选议会。国际乡村改造学院运行至今，专门向第三世界国家推广晏阳初的平民教育思想，协助第三世界国家培训平民教育教师。晏阳初移民美国后，致力于向世界推广他的乡村教育理念，并担任联合国教科文组织的顾问。在他的协助下，菲律宾、加纳、哥伦比亚等欠发达国家纷纷推行类似计划。晏阳初自20世纪20年代开始致力于平民教育七十余年，与陶行知先生并称"南陶北晏"。晏阳初还撰写了《平民教育的真义》《农村运动的使命》等著作。

　　1980年成立的四川晏阳初研究学会不断继承和发扬晏阳初精神，在乡村开展了一系列教育和乡村建设活动。1993年，晏阳初的长女晏群英遵照遗嘱将他的一部分骨灰送回巴中安葬，1997年晏阳初的陵墓在巴中东郊的塔子山建成。2003年在晏阳初文化公园的基础上建立晏阳初博物馆，供人们永久纪念。

第 四 章

学究天人，思想巨匠传天下——
名儒名师

四川名人读本

一、蜀中八仙——成都严君平著
《老子指归》

　　齐鲁之学而外，可与之比肩又有所创新者当首推蜀学。蜀学之发端、兴盛、薪火相传造就了巴蜀大地的贤俊之才。西汉时期被誉为"蜀中八仙"①之一的严君平即是其中的重要代表。

　　严君平（公元前86—公元10），名遵，字君平。原本姓庄，本名庄遵，字君平，后来《汉书》讳汉明帝刘庄的名，才改名为严遵。成都人。汉成帝时隐居成都市井中，常以占卜为业，兼授《老子》《庄子》，尤精《易》。"因势导

---

　　① 张林岚著：《一张文集》卷6，上海：上海三联书店，2013年版，第267页，蜀中八仙"谯秀《蜀记》载蜀有八仙，首仙为容成公，隐于鸿蒙，即今之青城山。次为李耳，生于蜀。三董仲舒，也是青城山隐士。四张道陵在鹤鸣观修仙得道。五庄君平，卜肆成都。六李八百，在新都龙门洞。七范长生，也隐于青城山。八尔朱先生，居雅州。好事者曾绘蜀八仙图，今已失传"。

图4-1 严君平画像

之以善"①，宣扬老子《道德经》，以惠众人。以老子哲学思想为本，严君平著书十余万言，写出了一生最重要的著作——《老子指归》。②

《老子指归》以韵文形式阐发《老子》思想，文辞古奥、句式相骈。先引用老子观点原文，然后进行指归分析，条理清晰，义理深邃博大。严君平继承老子"道生万物"的思想，提出"气化分离"。认为"道德"本为混沌未分之气，经分离而化生万物，"道德变化，陶冶元首，禀受性命乎太虚之域，玄冥之中，而万物混沌始焉。神明交，清浊分，太和行乎荡荡之野，纤妙之中，而万物生焉"③。强调"道德虚无"，主张"有

---

① 事见〔汉〕班固撰：《汉书》卷72，北京：中华书局，1962年版，第3056页，"君平卜筮于成都市，以为'卜筮者贱业，而可以惠众人。有邪恶非正直问，则依蓍龟为言利害。与人子言依于孝，与人弟言依于顺，与人臣言依于忠，各因势导之以善，从吾言者，已过半矣'"。

② 事见〔汉〕班固撰：《汉书》卷72，北京：中华书局，1962年版，第3056页，"蜀有严君平……君平卜筮于成都市，以为'卜筮者贱业，而可以惠众人。有邪恶非正直问，则依蓍龟为言利害。与人子言依于孝，与人弟言依于顺，与人臣言依于忠，各因势导之以善，从吾言者，已过半矣。'裁日阅数人，得百钱足自养，则闭肆下帘而授《老子》。博览亡不通，依老子、严周之指著书十余万言。扬雄少时从游学，以而仕京师而显名，数为朝廷在位贤者称君平德。杜陵李强素善雄，久之为益州牧，喜谓雄曰：'吾真得严君平矣。'雄曰：'君备礼以待之，彼人可见而不可得诎也。'强心以为不然。及至蜀，致礼与相见，卒不敢言以为从事，乃叹曰：'杨子云诚知人！'君平年九十余，遂以其业终，蜀人爱敬，至今称焉。及雄著书言当世士，称此二人"。

③ 〔汉〕严遵撰，王德有点校：《老子指归》，卷8，北京：中华书局，1994年版。

生于无，实生于虚”①。肯定“天道自然无为”：“道德无为而神明然矣，神明无为而太和自起，太和无为而万物自理。”②要求因时顺理，“奉道顺天，与物相参”③。提出“审实定名”，认为事物的“名”须合乎“实”，“一名一实，平和周密，方圆曲直，不得相失”④。视“虚静”为得“道”的工夫，“守静致虚，我为道室”⑤。

《老子指归》在汉代乃至整个道家思想史中有着重要地位。它是西汉道家思想的代表作之一，在中国哲学的发展史中承前启后。它涵盖了世界观、人生观、辩证法等思想内容，而世界观是其最重要的组成部分，是本源性理论，使道家学说更系统和条理化。

《老子指归》的道论与哲学思想为扬雄、王弼、成玄英等人继承，成为魏晋玄学主张的“贵无”“自然为本”的本体论与重玄学的萌芽。它与《唐玄宗御注道德真经》《老子河上公章句》和王弼的《道德经注》并驾齐驱，是诠释《道德经》最为准确的注本之一。由于原本姓庄，所以，生前生后也都一直被人称之为庄子。

严君平五十岁后归隐著述，设馆授徒于郫县平乐山，宣讲《老子》，并在山上写下了“王莽服诛，光武中兴”的预言，提前二十多年预测了“王莽篡权”和“光武中兴”两个重要的历史事件。除了《老子指归》之外，严君平还撰写了《易经骨髓》一书。他在平乐山生活了四十多年，有一说认为严君平去世后即葬于平乐山。严君平还是一位伟大的教育家，培育了被誉为“西道孔子”的扬雄。扬雄从小随严君平学习易老之学，称赞严君平：“不

---

① 〔汉〕严遵撰，王德有点校：《老子指归》，卷8，北京：中华书局，1994年版。
② 〔汉〕严遵撰，王德有点校：《老子指归》，卷8，北京：中华书局，1994年版。
③ 〔汉〕严遵撰，王德有点校：《老子指归》，卷12，北京：中华书局，1994年版。
④ 〔汉〕严遵撰，王德有点校：《老子指归》，卷10，北京：中华书局，1994年版。
⑤ 〔汉〕严遵撰，王德有点校：《老子指归》，卷9，北京：中华书局，1994年版。

作苟见，不治苟得，久幽而不改其操，虽随、和，何以加诸！"①由于扬雄的推崇，严君平学说开始在中国各地流传开来，甚至影响到了后来道教的产生，如道教中的"太上老君"神位，与川人崇敬严君平有很大关系。

严君平去世后，葬于何处众说纷纭，现严君平墓有两处，一是位于郫县平乐山的平乐村。该墓坐北朝南，为砖室墓，墓冢为圆形，周长约80米，封土堆高约2米。墓前有石碑一通，高2米，宽1.2米，上书"西汉严君平先生之墓"，据载为民国时崇宁县知事黄承熙所立。

图4-2　郫县严君平之墓

图4-3　严君平墓铭文

除了墓外还有纪念严君平的君平塔。

另一处是位于邛崃市南君平乡，其地名曰万石坝严河湾，墓高3米，宽4米，纵长6米。墓碑上刻有"汉隐士严君平先生墓"。

此外严君平在四川地区留下了众多历史遗迹，备受后人敬仰崇拜。成都人民公园后的君平街，就是为纪念严君平而命名的。相传严遵为传播老子教

① 〔汉〕班固撰：《汉书》卷72，北京：中华书局，1962年版，第3057页。

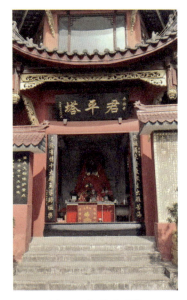 

图4-4　郫县君平塔　　　　　　　图4-5　邛崃严君平墓

义，住在这条街上，以占卜耆龟给人看相为名，宣扬老子《道德经》。每天他为人们看相，只要收够一百个铜钱能维持生活，就收起摊子，回家闭门读书。成都另有一条支矶石街（也称"支机石街"），得名也与严君平相关。在《蜀中广记·严遵传》①中说汉张骞出使大夏（现阿富汗北部），历尽艰辛，走到河的尽头。回来时船上载了块大石头，送给严君平看。严君平观察很久后说："去年八月，客星侵犯牛郎星、织女星，难道会是这块石头吗？它是天上织女的支矶石啊！"支矶石街便富有了浓厚的神话色彩②。

由于严君平到处游走卖卜于郫县、彭州、邛崃、广汉、绵竹等地，因此

---

① 〔明〕曹学佺撰：《蜀中广记十二种一百零四卷》，影印文渊阁《四库全书》本。

② 参见城固县文化馆编：《张骞传说》，西安：三秦出版社，2015年版，第40~41页，《成都支矶石的传说》。

在四川境内成都以外的地方还有很多关于他的历史遗迹和神话传说。如绵竹市的严仙观，又名君平庄，位于距绵竹市区10公里的武都镇，是严君平居住之地。道观最初由严君平之父——严子希创建，距今已有两千多年的历史。书圣王羲之在此留下了众多墨宝：观门"严仙观"斗大三字和左阙草书"君平庄"、右阙草书"武都山"，"静""定"二字分开写就的楷书以及山门楹联"儒而升仙天下名山跋此地，汉之隐士蜀中易学首先生"等皆表达了他对严君平的高度尊崇！现存观宇系清康熙四十三年（公元1704）重建，乾隆二十三年（公元1758）又扩建增修。山门正中上方有"严仙观"三字，左边墙上书"君平庄"，右墙上写"武都山"，墨迹犹存。民国6年（公元1917）住持向明初，曾"开七"传道，并组织"道教会"。观内原保存有木刻《道藏经》一部、木刻《皇经》一部、《君平指》一部以及扬雄的《太玄经》。

今广汉市飞鸿桥西北、广木公路左侧十米处为严君平卜卦台遗址。《蜀中名胜记》："东有严君平卜处，土台高数丈。宋郭印《卜台记》云：'故老相传州治形势南高而北下，多火灾，真君凿井廛间上宪七星，杓指南方，以压胜之。越千百年，卜台即已毁落，而井之应辅星者亦多淹塞矣。'"①

严君平的风教和品格，足以激浊扬清，为后世敬仰。故后人善其住处，取名君平街，在卖卜处建卜台。明万历年间，知州王大才建君平祠。李白、岑参、陆游、李调元等，均作有诗纪念他。若李白诗曰："君平既弃世，世亦弃君平。观变穷太易，探元化群生。寂寞缀道论，空帘闭幽情。驺虞不虚来，鸑鷟有时鸣。安知天汉上，白日悬高名。海客去已久，谁人测沉冥。"②

民国时，四川第十三区行政督察专员钟体道，在卜亭下立石碑，上刻

---

① 〔明〕曹学佺撰：《蜀中名胜记三十卷》卷9，上海：商务印书馆，民国26年（1937）版，第137页。
② 〔唐〕李白的《古风》。

"严君平卖卜处"，并建有方形卜亭，亭高两米七。20世纪50年代初，县文物部门曾拍下卜台照片。卜台两米见方，高约米许，可惜今不存。

严君平作为"蜀中八仙"之一，精《易》，注《老子》，培育人才，是四川名人中风采卓然者。

二、"西道孔子"——扬雄撰《法言》《太玄》

"南阳诸葛庐，西蜀子云亭"[①]是唐代以来备受人们向往的贤人居所。其中子云亭就是"西道孔子"扬雄撰写《太玄经》的亭子，虽为陋室，但是其思想和文化影响却彪炳千古。扬雄还是当时著名的文学家，文采焕然，学问渊博，有"歇马独来寻故事，文章两汉愧扬雄"之语。韩愈赞他是大纯而小疵的"圣人之徒"；司马光更推尊他为孔子之后，超荀越孟的一代大儒。

图4-6　扬雄画像

扬雄（公元前53—公元18），字子云，西汉蜀郡成都（今四川成都郫都区）人。少好学，口吃，博览群书[②]。由于仰慕大才子司马相如，因此以相如赋为榜样进行创作[③]。四十多岁的时候才到京师长安，因长于辞赋，文采

---

① 出自〔唐〕刘禹锡的《陋室铭》。

② 〔汉〕班固撰：《汉书》卷87上，北京：中华书局，1962年版，第3514页，"雄少而好学，不为章句，训诂通而已，博览无所不见。为人简易佚荡，口吃不能剧谈，默而好深湛之思，清静亡为，少嗜欲，不汲汲于富贵，不戚戚于贫贱，不修廉隅以徼名当世。家产不过十金，乏无儋石之储，晏如也。自有大度，非圣哲之书不好也；非其意，虽富贵不事也。顾尝好辞赋"。

③ 〔汉〕班固撰：《汉书》卷87上，北京：中华书局，1962年版，第3515页，"先是时，蜀有司马相如，作赋甚弘丽温雅，雄心壮之，每作赋，常拟之以为式"。

飞扬而被汉成帝召见，奏《甘泉》《河东》等赋。后来扬雄认为辞赋为"雕虫篆刻""壮夫不为"，转而研究哲学①，仿《论语》作《法言》，模仿《易经》作《太玄》。扬雄作为一代大儒、"西道孔子"对儒学文化做出了巨大贡献。②

《法言》本于《论语·子罕篇》："法语之言，能无从乎。"和《孝经·卿大夫章》："非先王之法言不敢道。"③法，准则、使物平直，所以"法言"就是作为准则而对事情的是非给以评判之言。该书形式上类似语录。全书共13类，每卷30条左右，最后有一篇自序，述说每篇大意和写作意旨，但并不能完全概括各卷的内容。各卷内容也有交叉。所以自序实际上是扬雄更进一步阐述自己的思想。

《法言》核心思想有反对方士巫术、龙致雨、神仙不死等，对人类能否成仙而长生不死明确否定，他认为"有生者，必有死；有始者，必有终。自然之道也"④。同时他对传统的天命思想表示不满，也不赞成古代流行的

---

① 〔汉〕扬雄传：《法言》，影印文渊阁《四库全书》本，《吾子》卷第1："或问'吾子少而好赋'。曰：'然。童子雕虫篆刻。'俄而，曰：'壮夫不为也。'"

② 事见〔汉〕班固撰：《汉书》卷87下，北京：中华书局，1962年版，第3583页，"初，雄年四十余，自蜀来至京师，大司马车骑将军奇其文雅，召以为门下史，荐雄待诏，岁余，奏《羽猎赋》，除为郎，给事黄门，与王莽、刘歆并。哀帝之初，又与董贤同官。当成、哀、平间，莽、贤皆为三公，权倾人主，所荐莫不拔擢，而雄三世不徙官。及莽篡位，谈说之士用符命称功德获封爵者甚众，雄复不侯，以耆老久次转为大夫，恬于势利乃如是。实好古而乐道，其意欲求文章成名于后世，以为经莫大于《易》，故作《太玄》；传莫大于《论语》，作《法言》；史篇莫善于《仓颉》，作《训纂》；箴莫善于《虞箴》，作《州箴》；赋莫深于《离骚》，反而广之；词莫丽于相如，作四赋：皆斟酌其本，相与放依而驰骋云。用心于内，不求于外，于时人皆忽之；唯刘歆及范逡敬焉，而桓谭以为绝伦"。

③ 〔汉〕班固撰：《汉书》卷87下，北京：中华书局，1962年版，第3580页，"雄见诸子各以其知舛驰，大氐诋訾圣人，即为怪迂析辩诡辞，以挠世事。虽小辩，终破大道而惑众，使溺于所闻，而不自知其非也。及太史公记六国，历楚、汉，讫麟止，不与圣人同是非，颇谬于经。故人时有问雄者，常用法应之，撰以为十三卷，象论语，号曰《法言》"。

④ 〔汉〕扬雄传：《法言》，影印文渊阁《四库全书》本，《君子》。

天命五百岁一循环，五百岁而有圣人出的神秘主义思想。反对生而知之，强调后天的学、习和行。反对没有验证的妄言，认为君子之言，"幽必有验乎明，远必有验乎近，大必有验乎小，微必有验乎著"①。《法言》的重大贡献和影响在于，一是表达了对以董仲舒哲学和谶纬经学为代表的神学目的论的怀疑和不满，为后世的唯物主义哲学家所继承和发扬，促进了我国古代唯物主义哲学和无神论思想的发展，对科学技术的发展起了积极作用；二则在于捍卫正统儒学的精神，对后世儒家道统的建立有重要的启发作用。扬雄在《法言》中认为，孟子在他的时代为捍卫孔子学说做出了重大贡献，他要学习孟子，在汉代担负起捍卫正统儒学、批判诸子异说的任务。②

《太玄》模仿《周易》体裁而成。分一玄、三方、九州、二十七部、八十一家、七百二十九赞，以模仿《周易》之两仪、四象、八卦、六十四重卦、三百八十四爻。其赞辞，相当于《周易》之爻辞。《周易》有《彖传》《象传》等"十翼"作补充说明。《太玄经》亦作《玄冲》《玄摛》等十篇做补充说明。"玄"，意为玄奥。源出《老子》"玄之又玄"。《太玄》的思想内核即将"玄"作为最高范畴，并在构筑宇宙生成图式、探索事物发展规律时，以玄为中心思想，糅合儒、道、阴阳三家思想，成为儒家、道家及阴阳家之混合体。扬雄在《太玄》中对浑天说进行了发展，其中一些论述诸如"……大潭思浑天，参摹而四分之，极于八十一"③，"夫玄也者，天道也、地道也、人道也"④。这些理论都以浑天说为基础。扬雄的浑天说上接巴蜀学派，下启张衡《灵宪》中对天地结构的进一步认识，意义可谓重大。

扬雄在《太玄》中运用阴阳、五行思想及天文历法知识，以占卜之形式，

① 〔汉〕扬雄传：《法言》，影印文渊阁《四库全书》本，《问神》。
② 以上参见韩敬著：《韩敬学术文选》，昆明：云南大学出版社，2015年版，第134~135页，《〈法言〉及其作者扬雄》。
③ 〔汉〕班固撰：《汉书》卷87下，北京：中华书局，1962年版，第3575页。
④ 〔汉〕扬雄撰，郑万耕校释：《太玄》，北京：北京师范大学出版社，1989年版，第358页。

为我们描绘了一个世界图示。《太玄》含有一些辩证法观点，对祸福、动静、寒暑、因革等对立统一关系及其相互转化情况均作了阐述。认为事物皆按九个阶段发展，在每一首"九赞"中，皆力求写出事物由萌芽、发展、旺盛到衰弱以至消亡的演变过程，甚至说天有"九天"，地有"九地"，人有"九等"，家族有"九属"。凡事都用"九"，反映了扬雄的形而上学观点。

《太玄》是扬雄精研《周易》二进制后演绎而出的三进制体系。充分诠释了"天""地""人"的互动理念，是世界上最早的三进制体系著作。该书在当世不为人理解，并被众人言语嘲笑，于是他写了一篇《解嘲》[1]。为了宽慰自己，又写了一篇《逐贫赋》。东汉宋衷及三国吴人陆绩曾为《太玄经》作注。晋人范望又删定二家之注，并自注赞文。另有北宋司马光《太玄经集注》、清人陈本礼《太玄阐秘》等。

扬雄去世后葬于成都市郫都区友爱镇子云村南一公里处，又名子云坟[2]。墓为汉代砖室墓，呈圆形，封土堆高出地面约6米，墓周长81米。该墓葬早期曾被扰乱破坏，后历代多次维修。墓南侧有小河一条，据载咸丰末，河水冲坍墓足，乡人周子升伐石培护，并将河道改向，扬雄墓始得完整[3]。

除了扬雄墓之外在四川还有三处子云亭：一处是成都扬雄故居的"子云亭"，此亭早已不存，遗址亦众说纷纭；另一处是修建在郫都区城郊扬雄故

---

① 事见〔汉〕班固撰：《汉书》卷87下，北京：中华书局，1962年版，第3566页，"哀帝时丁、傅、董贤用事，诸附离之者或起家至二千石。时雄方草《太玄》，有以自守，泊如也。或嘲雄以玄尚白，而雄解之，号曰《解嘲》。其辞曰：'客嘲扬子曰：吾闻世上之士，人纲人纪，不生则已，生则上尊人君，下荣父母……顾而作《太玄》五千文，枝叶扶疏，独说十余万言，深者入黄泉，高者出苍天，大者含元气，纤者入无伦，然而位不过侍郎，擢才给事黄门，意者玄得毋尚白乎？何为官职拓落也？'扬子笑而应之曰：'客徒欲朱丹吾毂，不知一跌将赤吾之族也！……今子乃以鸱枭而笑凤皇，执蝘蜓而嘲龟龙，不亦病乎！子徒笑我玄之尚白，吾亦笑子之病甚，不遭俞跗、扁鹊，悲夫！'……'仆诚不能与此数公者并，故默然独守吾《太玄》'"。

② 参见郫县政协文史资料委员会编印：《扬雄专辑》，1997年版，第77页，《子云亭沧桑》、第82页《今昔"子云坟"》。

③ 参见〔清〕陈庆熙修，〔清〕高升之等纂：同治《郫县志》四十四卷，清同治九年刻本。

图4-7 扬雄墓文物保护碑

图4-8 扬雄墓

乡友爱镇的子云亭，清代乾隆年间迁建于扬雄墓侧，亭已不存在，只剩下土台一座。至今犹存的是绵阳市人民政府在西山景区修建的子云亭。在这个景区内有一大一小、一新一旧两座子云亭，旧亭修建于盘石之上，不知最早建于何年。《绵阳县志》①记载民国6年（公元1917）重修的子云亭是木结构的长方形亭台，在20世纪60年代初期被毁。到了70年代，绵阳县城建局在原址上又重建了一座砖混结构的六角亭，至今犹存。新亭子是1987年绵阳市人民政府在凤凰山凤头上修建。新子云亭的楹柱上楹联中，有一副由高显齐先生撰联白允叔先生书写的长联：

　　八百里飞天大道，袖拂云霞，高歌过剑门，翠廊连新市。看旗山雄，鼓岭峻，宝塔秀，神龟灵，西蜀名亭，蓬荜辉新，须知铭陌刘郎早

---

① 蒲殿钦、崔映棠：《绵阳县志》，民国21年印本。

向先生深致敬；

两千年吐凤奇才，胸罗宇宙，余韵腾涪水，书台仰古风。想长卿赋，子安文，少陵诗，永叔史，中华贤哲，词章卓古，尚有赏心介甫犹令后进倍倾城。

图4-9 绵阳子云新亭

此外，扬雄在离家往京时，曾经滞留涪县。现在，在绵阳市西山和涪城区永兴境内的古钟阳镇遗址尚有"扬子云读书台"和"洗墨池"遗迹。

扬雄学问渊博，才识绝伦，著述宏富，他不仅是著名的哲学家、天文历法家和语言学家，也是著名的文学家。可以说是一位继承先秦诸子百家学术、思想、精神的文化巨人，对后世影响深远。

清代四川大学者李调元十六岁时作《西山观砚石壁所刻扬子云真像歌》：

西山冤鸟清昼闻，攀藤觅路松颠分。

中有石像须眉古，擘窠书题扬子云。

嗟公吾蜀词坛祖，前无相如竟谁伍？

惜未抽身居摄年，至今后人称党羽。

笑公口吃谈非便，我为公辩当云然。

当年石牛符命起，井边鬼梦呼天子。

市上小儿皆王侯，独君三世官不徒。

可惜著述皆穷居，倘使窜名缘献匮，肯教投阁为校书。

君不见，虞帝匕首竟无凭，渐台美人呼不应。

铜人夜徒哀长乐，恩晓望哭延陵。

奸雄气焰空复尔，藏热妆身正为此。

早知一跃能赤族，悔不来参太玄理。

始信虬螭腾九阊，龙蛇不蛰必湛身。

眼前垣子真知己，身后侯芭是解人。

拜罢灵祠宿鸟吟，似诉长歌明我心。

君不见，佐命刘甄何其荣？祸至犹看太白星。[1]

三、南轩学派之祖——绵竹张栻

南宋时期，理学发展迅速，"东南三贤"[2]是当时翘楚。除了朱熹、吕祖谦外，另一重要代表学者即为四川绵竹张栻。朱熹对张栻推崇备至，"敬夫

① 贾峡斌等选注：《剑门蜀道诗选》，成都：巴蜀书社，1989年版，第356页。
② 南宋理学大家朱熹、张栻、吕祖谦。

图4-10 张栻画像

学问愈高，所见卓然，议论出人表"①。

张栻（公元1133—1180），字敬夫，后避讳改字钦夫，又字乐斋，号南轩，学者称南轩先生，谥曰宣，后世又称张宣公。南宋汉州绵竹（今四川绵竹市）人，用功早慧，博学多才。张栻以恩荫入仕，勤职忠君，历任直秘阁，知抚州、严州，吏部郎兼侍讲、左司员外郎，知袁州、靖江府，荆湖北路转运副使，知江宁府，右文殿修撰等职。南宋理宗淳祐初年（公元1241）从祀孔庙，后与李宽、韩愈、李士真、周敦颐、朱熹、黄榦同祀石鼓书院七贤祠，世称"石鼓七贤"。

张栻自幼从父受家学，绍兴二十九年（公元1159），张栻二十七岁，辑录孔子大弟子颜渊的言行作《希颜录》上下篇，以颜渊为楷模，致知力行，求得孔子之道。绍兴三十一年（公元1161），张栻二十九岁，遵父命前往衡山拜见五峰学派胡宏②从学二程理学，受到胡宏赞赏③。

---

① 〔宋〕朱熹撰：《晦庵先生朱文公文集》卷24，《与曹晋叔书》，北京：北京图书馆出版社，2006年版。

② 胡宏（公元1105—1161），字仁仲，崇安（今属福建）人，南宋著名理学家，师事二程门人杨时及侯仲良，是二程的再传弟子。以父胡安国荫补右承务郎。力主抗金，不与秦桧交往，隐居湖南衡山二十余年。是宋代理学中"开湖湘之学统"的人物。其哲学以性、道为最高范畴。著作有《知言》《五峰集》等。

③ 〔元〕脱脱撰：《宋史》卷429，北京：中华书局，1977年版，第12770页，"张栻字敬夫，丞相浚子也。颖悟夙成，浚爱之，自幼学，所教莫非仁义忠孝之实。长师胡宏，宏一见，即以孔论仁亲切之旨告之。栻退而思，若有所得焉，宏称之曰：'圣门有人矣。'栻益自奋厉，以古圣贤自期，作《希颜录》"。

张栻以古代圣贤为榜样，奋发读书，他的学问虽然主要源自胡宏，但是却比胡宏更加纯粹。南宋孝宗乾道元年（公元1165）张栻应聘主持湖南岳麓书院教事，教学思想主张追求真理。不为"名人"所惑，谓"观书当虚心平气，以徐观义理之所在，如其可取，虽世俗庸人之言有所不废；如其可疑，虽或传为圣贤之言，亦须更加审择"①。从学者达数千人，初步奠定了湖湘学派规模，成为一代学宗。

南宋孝宗淳熙七年（公元1180）迁右文殿修撰，提举武夷山冲祐观。又与朱熹、吕祖谦、赵汝愚、潘畤、吴松年、张杰、陈傅良、胡大中、张寓等为友，相互讲究，去短集长，终于形成了自己的学派——南轩学派，南轩学派为南宋重要学派之一，其学说始行于湖南，奠定宋代理学"湖湘学派"之规模。再盛于四川，轰动一时。而张栻也成了南轩学派之祖，学者称南轩先生。除了主讲岳麓书院外，还曾创建善化（今长沙）城南书院，并先后在宁乡道山、衡山南轩、湘潭碧泉等书院聚徒讲学，声名极一时之盛。乾道九年（公元1173），张栻四十一岁，在主持岳麓书院，教授后学期间，抄有《南轩书说》。同年先后改定了自己的代表著作《南轩论语解》和《南轩孟子说》。这两部书的写作延续多年，它们的完成标志着张栻理学思想的最后确立和趋于成熟。

张栻学术上虽承二程，但有别于二程。《宋史·道学传序》称："张栻之学，亦出程氏，既见朱熹，相与博约又大进焉！"②他的学术思想的重要内涵包括：首先，以二程理学为正宗，而又有所发挥。重在明人伦，尤其是义利之辨，剖析精明，以"天理"为"义"，"人欲"为"利"，强调"学莫先于义利之辨"，认为"义者，本心之当为，非有为而为之也。有为而

---

① 〔南宋〕张栻撰：《张栻集》，长沙：岳麓书社，2010年版，第681页。
② 〔元〕脱脱撰：《宋史》卷427，北京：中华书局，1977年版，第12710页。

为，则皆人欲，非天理"①。以"存天理，去人欲"为治学宗旨。以"理"为万物本体，"仁"为"圣学之枢"。认为"凡非天理，皆己私也。己私克则天理存，仁其在是矣"②。只有克服私利，保存天理，才能做到"仁"。其次，主张性善说，认为人之所以有不仁、不善，主要是因为"气禀之性"所致。又认为"气禀之性可以化而复其初"③，通过内心涵养功夫，重新达到善。此派特别强调"心"的主宰作用，认为心"贯万事，统万理"④，以至主宰万物。以上两条之外，还特别强调"持养省察"⑤"居敬主一"，以消磨"本心"中的"私意"，认为"居敬，必以动容貌、整思虑为先"⑥。

"居敬有力，则其所穷者益精；穷理寖明，则其所居者益有地。"⑦较之朱熹，更强调"心"的作用，可以视为是"理"朝"心学"转向的发端。宋代

---

① 〔元〕脱脱撰：《宋史》卷429，北京：中华书局，1977年版，第12775页。

② 〔南宋〕张栻撰：《张栻集》，长沙：岳麓书社，2010年版，第737页，"如克己复礼之说，所谓礼者天之理也，以其有序而不可过，故谓之礼。凡非天理，皆己私也。己私克则天理存，仁其在是矣。然克己有道，要当深察其私，事事克之。而今但指吾心之所愧者必其私，而其所无负者必夫礼，苟功夫未到，而但认己意为，则且将以私为非私，而谓非礼为礼，不亦误乎？又如格物之说，格之为言至也，理不循乎物，至极其理，所以致其知也"。

③ 〔南宋〕张栻撰：《张栻集》，长沙：岳麓书社，2010年版，第344页，"如羊舌虎之生，已知其必灭宗之类，以其气禀而知其末流之弊至此。谓恶亦不可不谓之性者，言气禀之性也。气禀之性，可以化而复其初。夫其可以化而复其初者，是乃性之本善者也，可补察哉！"

④ 〔南宋〕张栻撰：《张栻集》，长沙：岳麓书社，2010年版，第595页，"孟氏没，圣学失传，寥寥千数百载间，学士大夫驰骛四出以求道，泥传注，溺文辞，又不幸而高明汩于异说，终莫知其所止。……而人为天地之心，盖万事具万理，万理在万物，而其妙著于人心。一物不体则一理息，一理息则一事废。一理之息，万理之紊也；一事之废，万事之堕也。心也者，贯万事，统万理，而为万物之主宰者也。致知所以明是心也，敬者所以持是心而勿失也"。

⑤ 〔南宋〕张栻撰：《张栻集》，长沙：岳麓书社，2010年版，第760页，"如三省四勿，皆持养省察之功兼焉。大要持养是本，省察所以成其持养之功者也"。

⑥ 〔南宋〕张栻撰：《张栻集》，长沙：岳麓书社，2010年版，第776页，"某详程子教人居敬，必以动容貌、整思虑为先。盖动容貌、整思虑，则其心一，所以敬也"。

⑦ 〔南宋〕张栻撰：《张栻集》，长沙：岳麓书社，2010年版，第733页，"窃考二先生所以教学者，不越居敬、穷理二事，取其书反复观之，则可见。盖居敬有力，则其所穷者益精；穷理寖明，则其所居者益有地。二者盖互相发也。为人之要，孰尚于此！"

理学自北宋开创，到南宋前期发展到了最高峰，其标志之一是朱熹集"理学"之大成，其二是陆九渊开创了"心学"。这是中国儒学史上的两件大事，也是中国思想发展史上的两件大事。在推动新儒学走向最高峰的过程中，张栻占有重要的地位。

张栻通过注经来阐发哲理，其经学著作既是理学著作，亦是哲学著作。张栻的哲学与其理学紧密联系，其思想通过对儒家经典的阐释而表达。张栻的哲学体系，是由一系列哲学范畴及由范畴组成的命题所构成，离开了范畴便无法进行理论思维。而这些范畴、概念、命题的提出，大多是通过经学注解的方式。张栻在对儒家经典《周易》《论语》《孟子》等的诠释中，把哲学诠释与经学诠释结合起来，通过对儒家经典的注解，在二程思想的基础上，加以理论创新，提出了系统、完整的以天理论为主体，贯通道本体、性本体和心本体的本体论诠释学，从而丰富并发展了巴蜀文化和中国哲学。[①]

南轩学派著名弟子有胡大时、彭龟年、游九言、游九功、宇文绍节、范于长、宋德之、曾集、曾梦泉、詹仪之、虞刚简、魏了翁、李大有等，他们成为湖湘学派的中坚力量。门生们的学术和政治活动使南轩学派更加流光溢彩。

张栻政治上主张修德立政、用贤养民、选将练兵，誓不与秦桧为伍，力主抗金。"慨然以奋战仇虏，克服神州为己任。"[②]张栻深受父亲张浚影响，张浚是南宋中兴名相，字德远，徽宗时进士，做过南宋高宗、孝宗两期的丞相，一生以恢复中原为职志，在他主持政务和执行军务时期，力主抗金，反对议和，并选拔重用韩世忠和岳飞等抗金名将，对稳定南宋统治做出了贡献。张栻曾因军事入奏，进言孝宗，激励孝宗"上念宗社之仇耻，

---

① 参见胡昭曦等著：《宋代蜀学研究》，成都：巴蜀书社，1997年版。

② 〔宋〕朱熹撰：《晦庵先生朱文公文集》卷89，《右文殿修撰张公神道碑》，北京：北京图书馆出版社，2006年版。

下闵中原之涂炭"①，要求孝宗励精图治，革除因循之弊，报仇雪耻，匡复社稷。这次入奏，得到孝宗赏识，于是定君臣之契。南宋隆兴元年（公元1163），张浚再度被主和派排斥下台，于第二年含恨去世。张栻办完丧事，又屡次上疏言事，鼓励孝宗坚持抗战决心，总结失败之教训，明赏罚，悦人心，充士气，"誓不言和，专务自强，虽折不挠"②。其后，又多次上疏，要求坚持抗金，反对和议。张栻的主战，同那些不切实际空喊抗金或寄希望于侥幸取胜者不同，他认为，要取得抗金战争的胜利，必须增强自己的实力，要"专务自强"③，其关键是得民心，他说："夫欲复中原之地，先有以得中原之心，欲得中原之心，先有以得吾民之心。求所以得吾民之心者，岂有他哉？不尽其力，不伤其财而已矣。今日之事，固当以明大义，正人心为本。"④从根本上考虑问题，就是要得到人民的支持，而要得到人民的支持，就必须爱护民力，减轻其劳役负担，并且"不伤其财"，减轻其经济负担，让老百姓好好生活下去，如果不爱护民力，减轻人民负担，使老百姓生活不下去，大后方不稳，就谈不上抗金复仇。由此可见，张栻的建议是很有卓识远见的。他居官期间，廉明清正，关心人民。

张栻跟随父亲游宦于川外，因此在他去世后，陪伴父亲长眠于湖南宁乡沩山（又名官山，为衡山之麓）。现存张浚、张栻墓，位于湖南省长沙市宁

① 〔元〕脱脱撰：《宋史》卷429，北京：中华书局，1977年版，第12770页，"时孝宗新即位，浚起谪籍，开府治戎，参佐皆极一时之选。栻时以少年，内赞密谋，外参庶务，其所综画，幕府诸人皆自以为不及也。间以军事入奏，因进言曰：'陛下上念宗社之仇耻，下闵中原涂炭，恻然于中，而思有以振之。臣谓此心之发，即天理之所存也。愿益加省察，而稽古亲贤以自辅，无使其或少息，则今日之功可以必成，而因循之弊可革矣。'孝宗异其言，于是遂定君臣之契"。

② 〔元〕脱脱撰：《宋史》卷429，北京：中华书局，1977年版，第12771页。

③ 〔元〕脱脱撰：《宋史》卷429，北京：中华书局，1977年版，第12771页，"时浚已没，栻营葬甫毕，即拜疏言：'吾与金人有不共戴天之仇……继今以往，益坚此志，誓不言和，专务自强，虽折不挠，使此心纯一，贯彻上下，则迟以岁月，亦何功之不济哉？'"

④ 〔元〕脱脱撰：《宋史》卷429，北京：中华书局，1977年版，第12771页。

乡县巷子口镇官山乡官山村罗带山。张栻居长沙，其故宅在妙高峰之阳，后人即其地建城南书院，今第一师范学校，即其遗址。但是张栻家族的先世及后代均有墓葬留绵竹故里大柏林。

张栻在四川的历史遗迹也有不少[①]：

1. 南轩先生故居在紫云岩。这座略成"旷形"的山脉又称紫岩山，张栻之父张浚因此以紫岩为号，本有怀念故乡山水之情。四川绵竹县北十五里九龙乡无为山上原有读书台遗址，据县志载为张栻幼年读书处。县南郊南轩洗墨池为张栻遗迹。

2. 进德堂于宋孝宗淳熙年间为纪念张浚而建，在建进德堂之后不久，又在其侧近建造敬夫室一所以奉张栻，到清代改建为南轩祠。遗址在今南轩中学校处。

3. 紫岩书院，原在县北二十里紫云岩（九龙无为山），因山上原有读书台遗址，因而建造书院，始建于元延祐（公元1314—1320）年间，新中国成立后，改为绵竹中学。现校内尚存古迹月波井、止止亭、回澜塔、湖桥。

4. 城南南轩祠，又称张宣公祠。清咸丰三年（公元1853）知县吕华宾捐资，在进德堂和敬夫室遗址处新建，占地面积14300平方米，建筑面积2600平方米，假山曲池，环境幽美，即今南轩中学校址。

5. 县城祥符寺侧尚有南轩遗迹"桂香亭"。

德阳市人民政府为纪念张浚、张栻两父子，为其父子在公园内树立了一座单体雕塑。

---

① 详细参见周景耀主编：《斯文张栻儒学与家国建构》，北京：光明日报出版社，2016年版，第160~169页，宁志奇，《绵竹南轩故里史迹新考》。

四、鹤山学派之祖——蒲江魏了翁

彭仲麟曰："道学伪乎？问当日众口峨眉，谁享孔庭俎豆；精灵归否？料故山一声鹃血，未忘宋室江淮！"[1]振起道学之衰，胸怀家国天下，这就是鹤山学派之祖——四川蒲江人魏了翁。"三千年经义重明，湖湘江浙丕振儒风，即此邦才重马、扬，谁复词华艳西汉；四百里大贤踵起，濂洛关闽力肩道统，虽当时谤兴朱、李，何梦俎豆续南轩。"[2]这些是他一生的真实写照。

魏了翁（公元1178—1237），字华父，号鹤山，宋邛州蒲江（今蒲江县）人。魏了翁数岁即跟随诸位兄长入学，稍微大一点，聪明颖悟特出，日读千余言，过目不忘，乡里称他为神童。十五岁撰写《韩愈论》，文章抑扬

图4-11　魏了翁塑像

---

① 裴国昌主编：《中国名胜楹联大辞典》，北京：中国旅游出版社，1993年版，第1631页。
② 蒲江魏公祠内四川提学使高赓恩书写的楹联，上联已佚，下联存于蒲江县文管所。

顿挫，有写作者的风范。庆元五年（公元1199）中进士，授签书剑南西川节度判官。历任国子正、武学博士、试学士院，以阻开边之议忤韩侂胄，改秘书省正字，出知嘉定府。史弥远当国，力辞召命。起知汉州、眉州。嘉定四年（公元1211），擢潼川路提点刑狱，历知遂宁府、泸州府、潼川府。嘉定十五年（公元1222），召为兵部郎中，累迁秘书监、起居舍人。宝庆元年（公元1225），遭诬陷后黜至靖州居住。绍定五年（公元1232），起为潼川路安抚使、知泸州。端平元年（公元1234），召权礼部尚书兼直学士院，以端明殿学士、同签书枢密院事之职督视江淮京湖军马。嘉熙元年（公元1237）卒，年六十，赠太师、秦国公，谥文靖[①]。藏书极富，自称"余无他嗜，惟书癖殆不可医，临安人陈思多为余收揽"[②]。先后收藏有10万卷，与叶梦得并称为南宋著名藏书家。后来为了创办鹤山书院，将其藏书大半捐献

①　事见〔元〕脱脱撰：《宋史》卷437，北京：中华书局，1977年版，第12965~12971页，"魏了翁，字华父，邛州蒲江人。年数岁从诸兄入学，俨如成人。少长，英悟绝出，日诵千余言，过目不再览，乡里称为神童。年十五，著《韩愈论》，抑扬顿挫，有作者风。庆元五年，登进士第。时方讳言道学，了翁策及之。授佥书剑南西川节度判官厅公事，尽心职业。嘉泰二年，召为国子正。明年，改武学博士。开禧元年，召试学士院。……改秘书省正字。御史徐楠即劾了翁对策狂妄，独侂胄持不可而止。明年，迁校书郎，以亲老乞补外，乃知嘉定府。……会史弥远入相专国事，了翁察其所为，力辞召命。丁生父忧，解官心丧，筑室白鹤山下，以所闻于辅广、李燔者开门授徒，士争负笈从之。由是蜀人尽知义理之学。差知汉州，汉号为繁剧，了翁以化善俗为治。……主管建宁府武夷山冲佑观。复元官知眉州。……嘉定四年，擢潼川路提点刑狱公事。八年，兼提举常平等事，迁转运判官。……十年，迁直秘阁，知泸州，主管潼川路安抚司公事。丁母忧，免丧，差知潼川府。……十五年，被召入对，疏二千余言。……十七年，迁秘书监，寻以起居舍人，再辞而后就列。……宁宗崩，理宗自宗室入即位，时事忽异，了翁积忧成疾，三疏求间不得请，迁起居郎。……改元宝庆……诏降三官，靖州居住。……绍定四年复职，主管建宁府武夷山冲佑观。五年，改差提举江州太平兴国宫，寻知遂宁府，辞不拜。进宝章阁待制、潼川路安抚使、知泸州。……进文华殿待制，赐金带，因其任。……诏以资政殿大学士、通奉大夫致仕。"并参考吴枫、宋一夫主编：《中华儒学通典》，海口：南海出版公司，1992年版。
②　潘美月著：《宋代藏书家考》，台北：学海出版社，1980年版，第222页。

给书院，供生员阅读。宋理宗特御书"鹤山书院"①四字为赠。魏了翁能诗词，善属文，其词语意高旷，风格或清丽，或悲壮。著有《鹤山全集》《九经要义》《古今考》《经史杂钞》《师友雅言》等，词有《鹤山长短句》。其中《九经要义》是其儒学思想的核心体现。

《九经要义》二百六十三卷，最初刊刻于南宋，今仅存《周易要义》十卷、《仪礼要义》五十卷为全本，余下多缺失。书将诸种经典注疏之文，删繁举要，根据事别类而录之，而且在每条之前，冠以标题。所撷取的注疏文字删除了孔颖达《五经正义》所引用的谶纬内容。

魏了翁一生推尊程朱理学，与真德秀并称"西山、鹤山"。他曾大量刊印朱熹的著作，在蜀中广为散发，倡言推尊理学，以改变社会风气。上奏朝廷建议为周敦颐、张载、程颢、程颐定爵谥，表彰周、程开创理学之功。此举获得宋宁宗恩准②，使得理学从此成为官方显学，大行天下！魏了翁在地方和京城做官都将理学作为正人心、治国平天下的工具，并付诸实践。他认为要"使人人知其礼义廉耻之实，知有君臣父子之亲"③，非大兴理学不可。他将理学思想贯穿在自己的政事中，为改变现实而奋斗。他向宋理宗进对，亦以修身齐家，选贤建学为宗旨，理宗敛容以听，温语相对。他直言不隐，先后向皇帝上书二十余次，针砭时弊，倡贤人政治，减轻民众负担。

---

① 见〔元〕脱脱撰：《宋史》卷437，北京：中华书局，1977年版，第12970页，"面赐御书唐人严武诗及鹤山书院四大字，仍赐金带鞍马，诏宰臣饮饯于关外"。

② 见〔元〕脱脱撰：《宋史》卷437，北京：中华书局，1977年版，第12966页，"上疏乞与周敦颐、张载、程颢、程颐锡爵定谥，示学者趣向，朝论韪之，如其请"。

③ 〔宋〕魏了翁撰：《鹤山先生大全集》，四部丛刊初集，上海：商务印书馆据刘氏嘉业堂缩印本，卷15《论敷求硕儒开阐正学疏》："敷求硕儒，开阐正学。使人知其有礼义廉耻之实，知有君臣父子之亲，知此身之灵于物而异于禽兽也，则见得必思义，见危必致命。如是而君享用贤之福，为人臣者亦职有利焉。"

"凡得民之事，知无穷"①，深得君信人心。

魏了翁主张反复研读六经，不赞成"多看先儒解说"②。始习朱熹、张栻之说，后又尊信心学。他发挥了邵雍"心为太极"的思想，提出"心者，人之太极，而人心又为天地之太极"③。指出"然则心者神明之舍，所以范围天地，出入古今，错综人物，贯通幽明"④。如果"盖人心迁于物则蔽暗"⑤，这就需要下一番"正心""养心""明心"的功夫。要做到"心之神明"⑥，就要"寡欲"。提倡"寡欲"，而不提倡"无欲"，认为"圣贤言寡欲矣，未尝言无欲也"⑦，"天理人欲同行异情，以此求之，则养心之说备矣"。

魏了翁反对佛、老"无欲"之说，认为圣贤只言"寡欲"，不言"无欲"，指出"虚无，道之害也"。史弥远专擅朝政之时，他辞官回乡筑室于白鹤山下授徒讲学，讲解周敦颐、二程、朱熹理学，着重读书明理，观察事物以穷其理，向学生传授陆九渊"心学"——"心即理也，宇宙便是吾心，吾心

---

① 见〔元〕脱脱撰：《宋史》卷437，北京：中华书局，1977年版，第12966页，"十五年，被召入对，疏二千余言。首论人与天地一本，必与天地相似而后可以无旷天位，并及人才、风俗五事，明白切畅。又论郡邑强干弱枝之弊，所宜变通。盖自了翁去国十有七年矣，至是上迎劳优渥，嘉纳其言"。

② 〔宋〕魏了翁撰：《鹤山先生大全集》，四部丛刊初集，上海：商务印书馆据刘氏嘉业堂缩印本，卷36《答周监酒》："向来多看先儒解说，近思之，不如一一自圣经看来。盖不到地头亲自涉历一番，终是见得不真。又非一一精体实践，则徒为谈辨文采之资耳。"

③ 〔宋〕魏了翁撰：《鹤山先生大全集》，四部丛刊初集，上海：商务印书馆据刘氏嘉业堂缩印本，卷16《论人主之心义理所安是之谓天》。

④ 〔宋〕魏了翁撰：《鹤山先生大全集》，四部丛刊初集，上海：商务印书馆据刘氏嘉业堂缩印本，卷49《心远堂记》。

⑤ 〔宋〕魏了翁撰：《鹤山先生大全集》，四部丛刊初集，上海：商务印书馆据刘氏嘉业堂缩印本，《选左举》："盖人心迁于物则蔽暗，止其所则光明。"

⑥ 〔宋〕魏了翁撰：《鹤山先生大全集》，四部丛刊初集，上海：商务印书馆据刘氏嘉业堂缩印本，卷16《论人主之心义理所安是之谓天》。

⑦ 〔宋〕魏了翁撰：《鹤山先生大全集》，四部丛刊初集，上海：商务印书馆据刘氏嘉业堂缩印本，卷44《合州建濂溪先生祠堂记》。

便是宇宙"①。又传授浙东学派陈亮、叶适的"功利学",推叶适为"道学正宗"。学习方法上强调"审问"和"笃行"。"士争负笈从之,由是蜀人尽知义理之学"②,学者称"鹤山先生",因此称其所创学派为"鹤山学派"。

魏了翁为二江学派范子长、范子该所传。范氏师事南轩学派张栻,了翁从中接受了张栻学说,既而潜心研究张栻、朱熹之学,成为二人私淑弟子。又与高载、高稼、高崇、高定子、真德秀、辅广、李燔、张冶、李坤臣、李从周为友,互相切磋学术,逐步形成了自己的思想体系③。魏了翁一传数传弟子甚多,著名者有郭黄中、吴泳、游似、牟子才④、王万、史守道、蒋公顺、税与权、滕处厚、蒋重珍、许月卿、史绳祖、叶元老、严植、张端义、赵范、赵葵、牟应龙等。⑤

鹤山学派治学旁搜诸家,广取博收,以钻研儒家经典为主,融合朱熹、陆九渊两派学说,形成自己驳杂的思想体系。他们反对虚无之说,谓"虚无,道之害也"。主张通过修养变化气质,谓"志有所守,而大本先立,则气得其养,而生生不穷。夫如是,可以变化气质,愚明柔强,虽引为圣贤可也"⑥。鹤山学派重视读书穷理工夫,谓"益知读书穷理工夫无穷,此不是

① 〔宋〕陆九渊撰:《陆九渊集》卷36,北京:中华书局,1980年版,第482页。

② 见〔元〕脱脱撰:《宋史》卷437,北京:中华书局,1977年版,第12965页,"丁生父忧,解官心丧,筑室白鹤山下,以所闻于辅广、李燔者开门授徒,士争负笈从之。由是蜀人尽知义理之学"。

③ 见〔元〕脱脱撰:《宋史》卷437,北京:中华书局,1977年版,第12965页,"丁生父忧,解官心丧,筑室白鹤山下,以所闻于辅广、李燔者开门授徒,士争负笈从之。由是蜀人尽知义理之学。……"

④ 见〔元〕脱脱撰:《宋史》卷437,北京:中华书局,1977年版,第12966页,"若游似、吴泳、牟子才,皆蜀名士,造门受业"。

⑤ 参见王云五主编,黄宗羲著:《宋元学案》卷80,《万有文库第一集一千种》,上海:商务印书馆,1929年版,第72~76页《鹤山学案表》。

⑥ 〔宋〕魏了翁撰:《鹤山先生大全集》,四部丛刊初集,上海:商务印书馆据刘氏嘉业堂缩印本,卷44《资州省元楼记》。

矜奇衒博，义理所系，世变所关，不容草草"。读书穷理的目的是"涵养气质"，转变社会风气。宣扬天人合一的思想，强调人的贵贱贫富的界限是不侵犯的"天险"。特别重视学校教育，认为"崇学校在于养士气"[①]，"涵养气质以成其材，而待国家之用"[②]。主张多读原著，谓"读书虽不可无注，然有不可尽从者"[③]。指出"多看先儒解说，近思之，不如一一自圣经看来，盖不到地头亲自涉历一番，终是见得不真"[④]。主张"不于卖花担上看桃李，须树头枝底，方见得活精神也"[⑤]。鹤山学派直到明清在四川仍然影响巨大。

魏了翁去世后葬于今吴县枫桥镇高景山金盆坞，1960年被列为吴县文物保护单位，1995年因所在地划入苏州市区，改为苏州市文物保护单位。

四川境内的魏了翁墓位于蒲江县城东北4公里处的高桥乡潘沟村潘家山山坡上，此为魏了翁的衣冠冢。墓前原有清代乾隆四十二年（公元1777）秋重树的墓碑，现已毁，仅存残破片段。

附近公路旁原有明万历三十年（公元1602）蒲江知县王有仙（宣城人）、清道光十九年（公元1839）蒲江知县何咸亭（松江人）所立的"宋魏文靖公先茔神道碑"两通（清碑今运蒲江县文管所保存）。墓前原为清代光绪年间兴建的魏公祠。墓南50米处过山溪小桥，即为魏公祠龙门，过小

---

① 〔宋〕魏了翁撰：《鹤山先生大全集》，四部丛刊初集，上海：商务印书馆据刘氏嘉业堂缩印本，卷86《太常博士知绍兴府朝散郎王聘君墓志铭》。

② 〔宋〕魏了翁撰：《鹤山先生大全集》，四部丛刊初集，上海：商务印书馆据刘氏嘉业堂缩印本，卷86《太常博士知绍兴府朝散郎王聘君墓志铭》。

③ 〔宋〕魏了翁撰：《鹤山先生大全集》，四部丛刊初集，上海：商务印书馆据刘氏嘉业堂缩印本，卷35《答李遂宁室》。

④ 〔宋〕魏了翁撰：《鹤山先生大全集》，四部丛刊初集，上海：商务印书馆据刘氏嘉业堂缩印本，卷36《答周监酒》。

⑤ 〔宋〕魏了翁撰：《鹤山先生大全集》，四部丛刊初集，上海：商务印书馆据刘氏嘉业堂缩印本，《答周子口书》。

桥，进龙门，上石梯，即有房屋5间，正中1间为楼阁。再上石级，为东、西耳房。耳房再登石级为大殿，左右为厢房。正中悬"魏公祠"匾额，内供宋魏文靖公牌位。四周筑有土墙围护。魏公祠内有光绪年间蒲江知县凤全书的"理学名臣"匾，还有光绪十八年（公元1892）六月蒲江妇女郑李氏等人送的"学冠全川"匾，二匾今存蒲江县文管所。另还有光绪丙子科（公元1876）翰林、四川提学使高赓恩（北平人）书"倡道四南"匾及楹联，蒲江县秀才彭钟麟撰楹联1副。魏公祠于民国14年（公元1925）曾培修，现仅存第一台平房5间，已成为民居，幸存的匾额、楹联收存于蒲江县文管所。1982年，蒲江县人民政府公布魏了翁墓及魏公祠为县级文物保护单位。1985年，成都市人民政府公布为市级文物保护单位。

魏了翁一生救国拯民，发展理学，为中国哲学史、思想史、儒学史的发展做出了巨大贡献，被后世敬仰。

五、一门三杰——三苏父子与《苏氏易传》

宋代是蜀学发展的巅峰，学者辈出，经常出现地域性家族式学者群体。眉山苏氏一门三杰真可谓千古风流人物。宋王辟之《渑水燕谈录》卷四"才识条"说："苏氏文章擅天下，目其文曰'三苏'，盖洵为老苏，轼为大苏，辙为小苏也。"[1]唐宋八大家，三苏皆位列其中，所谓："一门父子三词客，千古文章四大家！"[2]

苏洵（公元1009—1066），字明允，自号老泉。眉州眉山（今属四川）人，祖籍河北栾城。幼时好嬉恶学，年过弱冠仍不读书，二十七岁始发愤攻

① 〔宋〕王辟之、〔宋〕陈鹄撰，韩谷、郑世刚校点：《渑水燕谈录、西塘集耆旧续闻》卷4，上海：上海古籍出版社，2012年版，第31页。
② 眉山三苏祠门上的楹联。

图4-12　三苏父子塑像

读。后报考进士、茂才异等，皆不中。遂闭门伏案，潜读经史百家之说，五六年绝笔不写文章。至博览群书之后，文才大增，下笔为文，顷刻千言。雅州太守雷简夫把他推荐给成都府尹张方平。在张方平的鼓励下，苏洵于嘉祐元年（公元1056）赴汴京，将所著《权书》十篇、《衡论》十篇、《几策》两篇呈翰林学士欧阳修，深受赞赏，遂文名盛传。嘉祐五年（公元1060），任秘书省校书郎，旋改任霸州文安县主簿，与陈州项城令姚辟同修礼书。后写成《太常因革礼》一百卷，书成不久即病逝[1]。

---

[1]　参见〔宋〕王辟之、〔宋〕陈鹄撰，韩谷、郑世刚校点：《渑水燕谈录、西塘集耆旧续闻》卷4，上海：上海古籍出版社，2012年版，第30页："眉山苏洵少不喜学，壮岁犹不知书。年二十七始发愤读书，举进士，又举茂才，皆不中，曰：'此未足为吾学也。'焚其文，闭户读书，五六年，乃大究六经、百家书说。嘉祐初，与二子轼、辙至京师，欧阳文忠公献其书于朝，士大夫争传其文，二子举进士亦皆在高等，于是父子名动京师，而苏氏文章擅天下，目其文曰三苏，盖洵为老苏，轼为大苏，辙为小苏也。"

图4-13　苏洵画像

苏洵以散文见长，亦擅史论、策论。《权书》中的《六国》（选本多改题为《六国论》）最有代表性。该文观之上古，鉴以当世，以六国灭亡的道理，指斥宋王朝屈贿辽夏之不当。作《审势》《审政》《广土》《田制》等文，主张抵抗辽的攻掠，对大地主兼并土地及其政治特权亦甚不满。为文纵横捭阖，老辣简奥，语言明畅，笔透意深，风格近于《战国策》，又自有特色。著有《嘉祐集》二十卷，及《谥法》三卷，均与《宋史》本传并传于世①。

苏洵在谱学领域贡献巨大，他创造了现代修谱方法之一的苏氏谱例，影响巨大，时至今日仍然是许多地方和姓氏的修谱范例。其体平列，世序直陈，用表格的形式记述先祖世系。在表中人名下注出其仕宦、行迹、配偶、死葬、享年并依次书写子孙后代，各代标明辈分。其谱例以五世为表，以宗法为则，详近而略远，尊近而贬远，主张睦族、恤族、化俗。其特点是篇幅大，记载内容多。苏氏谱例与欧阳修创立的另一谱例一道，被世人称为"欧苏体例"②。

苏轼（公元1037—1101），字子瞻，又字和仲，号铁冠道人、东坡居

---

① 参见〔元〕脱脱撰：《宋史》卷443，北京：中华书局，1977年版，第13093~13097页。
② 欧苏体例指欧阳修、苏洵开创的修谱范例。"欧体"采用世系图，"苏体"采用世系表，均为五世则迁的小宗谱法，重在谱系表的创新，每图只谱五世，五代世系依次为天祖之父、高祖、曾祖、祖父、父，自右至左为同辈兄弟由大到小排列。五世以后另起。在形式上，"欧体"为左右横排，每图五栏；"苏体"是上下直行，每图只到五世。相比之下，"苏体"区分世系的原则较"欧体"更为严格，更强调宗法。"欧、苏"体例主要由谱序、谱例、世系图、世系录、先世考辨等五项内容构成。记述原则为：只书男与嫡妻，不书生女、不书继娶、不书妾。并参见香斋译评：《典藏文化经典·唐宋八大家》，北京：中国纺织出版社，2015年版，第157页。

士，世称苏东坡、苏仙。名"轼"原意为车前的扶手，取其默默无闻却扶危救困，不可或缺之意，一生仕途坎坷。嘉祐二年（公元1057），苏轼进士及第。宋神宗时曾在凤翔、杭州、密州、徐州、湖州等地任职。元丰三年（公元1080），因"乌台诗案"受诬陷被贬黄州任团练副使。宋哲宗即位后，曾任翰林学士、侍读学士、礼部尚书等职，并出知杭州、颍州、扬州、定州等地，晚年因新党执政被贬惠州、儋州[①]。宋徽宗时获大

图4-14 苏轼画像

赦北还，途中于常州病逝。宋高宗时追赠太师，谥号"文忠"。[②]

　　政治上苏轼属于旧党[③]，但也有改革弊政的要求。其文汪洋恣肆，明白畅达，为"唐宋八大家"之一。其诗清新豪健，善用夸张比喻，在艺术表现方面独具风格。词开豪放一派，对后代很有影响。擅长行书、楷书，用笔

① 事见〔元〕脱脱撰：《宋史》卷338，北京：中华书局，1977年版，第10817页。

② 参见〔元〕脱脱撰：《宋史》卷338，北京：中华书局，1977年版，第10809页，苏轼与王安石，"道过金陵，见王安石，曰：'大兵大狱，汉、唐灭亡之兆。祖宗以仁厚治天下，正欲革此。今西方用兵，连年不解，东南数起大狱，公独无一言以救之乎？'安石曰：'二事皆惠卿启之，安石在外，安敢言？'轼曰：'在朝则言，在外则不言，事君之常礼耳。上所以待公者非常礼，公所以待上者，岂可以常礼乎？'安石厉声曰：'安石须说。'又曰：'出在安石口，入在子瞻耳。'又曰：'人须是知行一不义，杀一不辜，得天下弗为，乃可。'轼戏曰：'今之君子，争减半年磨勘，虽杀人亦为之。'安石笑而不言"。

③ 参见〔元〕脱脱撰：《宋史》卷338，北京：中华书局，1977年版，第10802页，"熙宁二年，还朝。王安石执政，素恶其议论异己，以判官告院。四年，安石欲变科举、兴学校，诏两制、三馆议。轼上议曰：'……今所欲变改不过数端：或曰乡举德行而略文词，或曰专取策论而罢诗赋，或欲兼采誉望而罢封弥，或欲经生不帖墨而考大义，此皆知其一，不知其二者也。愿陛下留意于远者、大者，区区之法何预焉。……'安石不悦，命权开封府推官，将困之以事。……时安石创行新法，轼上书论其不便，曰：'臣之所欲言者，三言而已。愿陛下结人心，厚风俗，存纲纪。'"

丰腴跌宕，有天真烂漫之趣，与黄庭坚、米芾、蔡襄并称"宋四家"。能画竹，也喜作枯木怪石，主张"神似"。诗文有《东坡七集》等，书迹有《前赤壁赋》等，画迹有《枯木怪石图》等。苏轼"自为举子至出入侍从，必以爱君为本，忠规说论，挺挺大节，群臣无出其右。但为小人忌恶排挤，不使安于朝廷之上"①。

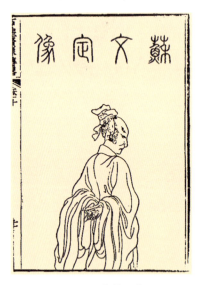

图4-15 苏辙画像

苏辙（公元1039—1112），字子由，一字同叔，晚号颍滨遗老。名字"辙"的意思是天下的车没有不顺着辙走的，虽然论功劳，车辙是没份的，但如果车翻马毙，也怪不到辙的头上。虽然"辙"不易致福，却也难以招灾。

嘉祐二年（公元1057），苏辙登进士第，初授试秘书省校书郎、充商州军事推官。宋神宗时，任制置三司条例司属官，因反对王安石变法，出为河南留守推官。此后随张方平、文彦博等人历职地方。宋哲宗即位后，召苏辙为秘书省校书郎。元祐元年（公元1086），任右司谏，历官御史中丞、尚书右丞、门下侍郎。绍圣元年（公元1094），因上书劝阻起用李清臣而忤逆哲宗，落职知汝州。此后连贬数处。崇宁年间，蔡京当国，再降朝请大夫，遂以太中大夫致仕，筑室于许州，号颍滨遗老。政和二年（公元1112），苏辙去世，年七十四，追复端明殿学士、宣奉大夫。宋高宗时累赠太师、魏国公，宋孝宗时追谥"文定"。苏辙亦善书，其书法潇洒自如，工整有序。著有《诗传》《春秋传》《栾城集》等

---

① 〔元〕脱脱撰：《宋史》卷338，北京：中华书局，1977年版，第10817页。

行于世。

王安石变法，出台青苗法，苏辙对此法提出了自己的看法："以钱贷民，使出息二分，本以救民，非为利也。然出纳之际，吏缘为奸，虽有法不能禁，钱入民手，虽良民不免妄用；及其纳钱，虽富民不免逾限。如此，则恐鞭棰必用，州县之事不胜烦矣。"①王安石听后，亦颇觉有理。宋哲宗初年"元祐更化"，苏辙在京师，多所论议。当时司马光变熙宁之法，废除雇役法，恢复差役法，苏辙极言不可②。他的这类政治主张，与其兄苏轼基本相同。《宋史》称："辙性沉静简洁，为文汪洋澹泊，似其为人，不愿人知之，而秀杰之气终不可掩，其高处殆与兄轼相迫。"③

治理黄河水患的问题上，苏辙与右相范纯仁等主张维持北流④，反对文彦博等回河东流之议。苏辙虽多次上疏反对，但以高太后为主的中枢始终倾向东流，虽时停时作，至元祐七年（公元1092）十月河水已大部东流。绍圣元年（公元1094），"筑金堤七十里，尽障北流，使全河东还故道"⑤。这次黄河回复东流，不过仅仅五年时间，至元符二年（公元1099），黄河于内黄决口，东流断绝，主流又趋向北流，乃至乾宁军一带入海。积极主张回河

---

① 〔元〕脱脱撰：《宋史》卷339，北京：中华书局，1977年版，第10822页，"时王安石以执政与陈升之领三司条例，命辙为之属。吕惠卿附安石，辙与论多相牾。安石出青苗书使辙熟议，曰：'有不便，以告勿疑。'"

② 〔元〕脱脱撰：《宋史》卷339，北京：中华书局，1977年版，第10824页，苏辙认为："自罢差役仅二十年，吏民皆未习惯。况役法关涉众事，根芽盘错，行之徐缓，乃得审详。若不穷究首尾，忽遽便行，恐既行之后，别生诸弊。今州县役钱，例有积年宽剩，大约足支数年，且依旧雇役，尽今年而止。催督有司审议差役，趁今冬成法，来年役使乡户。但使既行之后，无复人言，则进退皆便。"

③ 〔元〕脱脱撰：《宋史》卷339，北京：中华书局，1977年版，第10835页。

④ 〔元〕脱脱撰：《宋史》卷339，北京：中华书局，1977年版，第10825页，"朝廷议回河故道，辙为（吕）公著言：'河决而北，自先帝不能回。今不因其旧而修其未至，乃欲取而回之，其为力也难，而为责也重，是谓智勇势力过先帝也。'公著悟，竟未能用"。

⑤ 〔元〕脱脱撰：《宋史》卷93，北京：中华书局，1977年版，第2307页。

的吴安持、郑佑、李仲、李伟等被朝廷加罪，结束了第三次回河的争论①。

思想上，苏辙生平学问深受其父兄影响，他在《历代论引》中说："予少而力学，先君，予师也；亡兄子瞻，予师友也。父兄之学，皆以古今成败得失为议论之要。"②在《历代论》中多论古今得失成败，又撰有《古史》③，用意亦在于此。苏辙对于前辈学人，推尊韩、欧，政治思想，近于欧。但韩、欧辟佛道，而苏辙不然。苏辙的文章，与父兄并称宋代大家，与父兄相比，虽有所不及，但亦自有特点。

关于苏轼、苏辙同时中进士之事，还有不少轶事。北宋嘉祐二年（公元1057），翰林学士欧阳修知贡举，梅圣俞参与其事。他们读了苏轼的程文"以为异人"；欧阳修对苏辙也颇欣赏，"亦以谓不忝其家"④，于是兄弟俩同第进士高等。苏轼当时二十一岁，苏辙十九岁。由于苏氏兄弟一起高中，还曾引起一场风波，落第的考生有表示不服的，甚至怨谤纷纷。但三苏却因此很快成名。苏辙兄弟正是这样在"士人"的"怨谤"中脱颖而出。这时欧阳修又特别赞赏苏洵的文章，誉为"孙卿子之书"，并献诸朝廷⑤。于

---

① 事见〔元〕脱脱撰：《宋史》卷93，北京：中华书局，1977年版，第2309页，"辛丑，左司谏王祖道请正吴安持、郑佑、李仲、李伟之罪，投之远方，以明先帝北流之志。诏可"。

② 〔宋〕苏辙撰，陈宏天、高秀芳点校：《苏辙集》卷7，北京：中华书局，1990年版，第958页。

③ 〔宋〕苏辙撰，陈宏天、高秀芳点校：《苏辙集》卷7，北京：中华书局，1990年版，第958页，"其后作《古史》，所论益广，以为略备矣"。

④ 〔宋〕苏辙撰，陈宏天、高秀芳点校：《苏辙集》卷23，北京：中华书局，1990年版，第1137页，《欧阳文忠公神道碑》："公之在翰林也，先君子文安先生以布衣隐居乡间，闻天子复用正人，喜，以书遗公，公一见其文曰：'此孙卿子之书页。'及公考试礼部，亡兄子瞻，以进士试稠人众，公与梅圣俞得其程文，以为异人。是岁，辙亦中下第，公亦以谓不忝其家。先君不幸捐馆舍，亡兄与辙皆流落不偶。元祐初，会于京师，公家以公碑诿子瞻，子瞻许焉，既又至于大故。辙之不敏，以父兄故，不敢复辞。"

⑤ 〔元〕脱脱撰：《宋史》卷443，北京：中华书局，1977年版，第13093页，"至和、嘉祐间，与其二子轼、辙皆至京师，翰林学士欧阳修上其所著书二十二篇，既出，士大夫争传之，一时学者竞效苏氏为文章"。

是，"一日父子隐然名动京师，而苏氏文章遂擅天下"①。许多考生，争读他们的文章，甚至学习他们朴实高古的风格。当时有谚语说："苏文生，吃菜根；苏文熟，吃羊肉。"②是说精熟三苏的文章，就能登科及第，享有富贵，足见三苏文章受世人重视的程度。据说，苏辙兄弟登科时，苏洵对两个儿子一举成功，而自己却曾是科场败将有所感触："莫道登科易，老夫如登天，莫道登科难，小儿如拾芥。"③

三苏父子，以才名动天下，除了以上历史事迹及影响外，他们还对儒学、哲学做出了重大贡献，撰著了《苏氏易传》。《苏氏易传》是三苏父子最为重要的经学著作，集中体现了父子三人的儒学思想和取得的重大成就，是宋代四川义理易学的代表作，构建了苏氏蜀学的哲学体系。

《苏氏易传》又称《毗陵易传》《东坡易传》，凡九卷。《四库全书总目》谓："苏籀《栾城遗言》，记苏洵作《易传》，未成而卒，属二子述其志。轼书先成，辙乃送所解于轼，今《蒙卦》犹是辙解，则此书实苏氏父子兄弟合力为之。题曰轼撰，要其成耳。"④最初是苏洵作《易传》，治平三年（公元1066）苏洵去世，

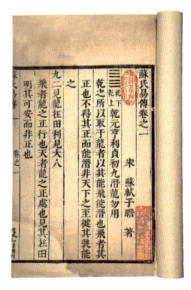

图4-16　《苏氏易传》书影

①　曾枣庄、刘琳主编，四川大学古籍整理研究所编：《全宋文》第18册，成都：巴蜀书社，1991年版，第361页，欧阳修撰《故霸州文安县主簿苏君墓志铭并序》。

②　〔宋〕陆游撰，李剑雄、刘德权点校：《老学庵笔记》卷8，北京：中华书局，1979年版。

③　丁传靖辑：《宋人轶事汇编》卷12，北京：中华书局，1981年版。并参见肖东发主编，胡元斌编著：《天府之国·蜀文化的特色与形态》，北京：现代出版社，2015年版，第58页。

④　〔清〕纪昀撰：《四库全书总目》卷2，北京：中华书局，1964年版，第6页。

书未完成，命苏轼、苏辙述其志。当时苏轼三十岁，直到四十五岁被贬黄州时，才赓继其父著《易传》。苏辙也将自己的见解寄给兄长，如书中的蒙卦即是苏辙所解。故而《苏氏易传》是父子三人合著，最终由苏轼完成定稿。书成后，苏辙是它最早的评论者，在他撰写的《亡兄子瞻端明墓志铭》中言："千载之微言，焕然可知也！"[1]后自撰《易说》三篇阐发自己的易学思想。

该书不谈象数，专论义理，吸收老、庄哲学的"道"作为宇宙观的最高范畴，认为"道"是万物根源。解《易》多切人事，而杂以佛、老。提出以"无"为"大始"的哲学观点，把宇宙的发展视为由"无"到"有"的过程，认为宇宙是"神之所为"而"不可知"，只能"观变化而知之"。《苏氏易传》在很多问题的阐述上与程朱理学格格不入，因此受到了不少理学家的攻击，朱熹更是作《杂学辨》予以首攻，最终形成了程朱理学是宋学唯一正宗显学的局面。

《苏氏易传》的流传历经坎坷，苏轼去世后将书稿托付给钱济明保存。由于政局日非，党禁益严，苏学遭到朝廷禁止。苏辙在晚年即命子辈将自己和亡兄的学术著作以抄录的方式予以保存。在北宋晚期，《苏氏易传》才有刊本行世。陆游《跋苏氏易传》称："此本，先君宣和中入蜀时所得也。方禁苏氏学，故谓之毗陵先生云。"[2]宣和为宋徽宗（公元1119—1125）年号，因此书在此前刊行出版了，刊行该书的是苏轼日夜眷念的四川父老。当时四川为全国著名刻书中心，所刻之书被称为"蜀本"，质量上乘。刊刻时

---

[1] 〔宋〕苏轼撰，李之亮笺注：《苏轼文集编年笺注》，成都：巴蜀书社，2011年版，第588页，"先君晚岁读《易》，玩其爻象，得其刚柔远近喜怒逆顺之情，以观其词，皆迎刃而解。作《易传》未完，疾革，命公述其志。公泣受命，卒以成书，然后千载之微言，焕然可知也"。

[2] 钱忠联、马亚中主编，马亚中校注：《陆游全集校注》，杭州：浙江教育出版社，2011年版，第188页，"绍熙辛亥七月二十日，陆某识"。

巧妙避开时讳，以苏轼仙逝之地命名，改题《毗陵易传》。

三苏的历史遗迹有苏洵墓，别名苏坟山，位于四川眉山市东坡区土地乡公益村西，为苏洵及夫人程氏、苏轼原配夫人王弗的墓地，始建于宋代，清嘉庆年间进行过大修。欧阳修《苏洵墓志铭》称"苏君，讳洵，字明允……葬于彭山之安镇乡可龙里"①。早在北宋嘉祐二年（公元1057），苏洵为葬亡妻程氏，便在武阳县（属眉州）东北安镇乡可龙里的"老翁井"侧面，距"老翁井"仅十余步的地方寻得墓地。宋英宗治平二年（公元1065）苏轼的妻子王弗病逝于京师，公元1066年苏洵亦病逝于京城。苏轼、苏辙扶柩归蜀，将苏洵、王弗葬于此。②

另有三苏祠，位于四川省眉山市城西，是苏氏故居。原为五亩庭院，元代改宅为祠，明末毁于兵火，清康熙四年（公元1665）在原址模拟重建。

图4-17　眉山三苏祠

---

① 曾枣庄、刘琳主编，四川大学古籍整理研究所编：《全宋文》第18册，成都：巴蜀书社，1991年版，第362页，欧阳修撰《故霸州文安县主簿苏君墓志铭并序》。

② 参见四川省眉山三苏博物馆、四川师范大学学报编辑部编：《三苏散论·纪念苏东坡诞辰九百五十周年》，四川师范大学学报丛刊，1987年版，第100页，彭泽良撰《苏洵夫妇墓及王弗墓——眉山土地乡苏坟村》。

经历代增修扩建，现占地86亩。祠内供奉陈列有三苏及子孙、女眷塑像，还供奉有眉山苏氏始祖苏味道画像和列代先祖牌位；有木假山堂、古井、洗砚池、荔枝树等苏家遗迹；有三苏祠沿革展、碑廊苏轼手迹刻石80多通，宋、明、清、民国碑约30通。

六、清初"蜀中三杰"——新繁费密，倡实学著《弘道书》

倡实学，导先路，新繁费密著《弘道书》，是明末清初著名学者、诗人和思想家，他为巴蜀文化的发展做出了卓越的贡献。

图4-18　费密画像

费密（公元1623—1699），字此度，号燕峰，四川新繁人，费经虞子。奉父流寓泰州，其父邃于经学，尽传父业，工诗文，究心兵农礼乐等学，以教授、卖文为生，当道拟举鸿博，荐修《明史》，都力辞不就①。费密守志穷理，讲学著述，在文学、史学、经学、医学、教育和书法等方面都有很高的造诣。费密与遂宁吕潜、达川唐甄合称清初"蜀中三杰"。费密是蜀中杨升庵之外，著述最为丰富，对后世影响巨大的又一重要人物。

费密出身于书香世家，祖父嘉诰为四川大竹县训导，父经虞为云南昆明知县。他六岁从师读书，好学穷理，深得长辈的赞赏。二十岁时，张献忠率领的农民起义军打到成都。他只身去昆明探望父亲，途中被掳劫，幸为父亲赎回，受到镇守嘉定的明将杨展任用。后来杨展被投降张献忠的武林定所

---

① 参见胡适著：《胡适文存二集》，上海：上海书店，民国13年版，民国丛书第1编94综合类，第81页，《费密传》。

杀，费密也曾被俘①。顺治九年（公元1652），费密回故乡新繁，见祖传房屋已成灰烬，遂北行到陕西沔县（今陕西省汉中市勉县的旧称）定居。在沔县，他谢绝了当地总兵官和重金聘用，而专心研究医学。顺治十四年（公元1657），他又携家到江苏扬州。当时海内名流钱谦益、屈大均、万斯同、朱彝尊、孔尚任等都与他交往密切。为了不断增长学识，他于康熙十二年（公元1673）徒步数千里专程到河南卫辉苏门山问学于儒学名士孙奇逢，得其真传②。次年春他又到浙江与思想家吕留良切磋学问。费密一生学而不厌，诲人不倦，直至老死，葬于扬州野田村。③

费密学识渊博，诗文亦颇有建树。他的诗题材广泛，法度谨严，"以深厚为本，和平为调，以善寄托为妙，常戒雕巧快心之语"。清初蜀中谈诗者，首推费氏为大家。费密的诗现存55首，大多抒写亲身经历，感情真挚，

---

① 〔清〕王士禛撰，〔清〕惠栋、金荣注，宫晓卫、孙言诚、周晶、闫昭典点校整理：《渔洋精华录集注》上，济南：齐鲁书社，2009年版，第304页，惠栋注："《池北偶谈》：'费密，字此度，成都人。少遇逆献之乱，窜身西域不毛之地。已乃溯汉江下，游吴楚，居淮南老焉。密跛一足。后往苏门谒孙钟元，称弟子，著《鹿峰集》。'"即《清史稿》所载被武大定兵俘获，以计得脱之事。
② 〔清〕赵尔巽撰：《清史稿》卷501，北京：中华书局，1977年版，第13857页，"密一足跛，后往苏门谒孙奇逢，称弟子"。
③ 事见〔清〕赵尔巽撰：《清史稿》卷501，北京：中华书局，1977年版，第13856~13858页，"费密，字此度，新繁人。父经虞，明代云南昆明县知县。密年十四，父病，医言尝粪甘苦，可知生死，密尝而苦，父病果起。未几，流贼张献忠犯蜀，密上书巡按御史刘之勃，陈战守策，不省。已而全蜀皆陷，密辗转穷山中，会有人传其父滇中消息，闻之痛哭，遂去家入滇。历蛮峒中，奉父自滇归蜀。至建昌卫，为凹者蛮所得，父赂蛮人，始脱归。明将杨展闻密名，遣使致聘，密乃说展曰：'贼乱数年，民且无食，今非屯田，无以救蜀民，且兵不能自立。'展纳其言，……后展为袁韬、武大定所杀，密与璟整师为复仇计，尝与贼战，躬自擐甲，左手为刃所伤。……后密还成都省墓，至新津，为武大定兵所掠，知密尝参展军事，欲杀之，以计得免。密叹曰：'既不能报国，又不能庇亲及身，不如舍而他去！'遂奉父由成都北行入秦，溯汉江，下吴、越，流寓泰州，老焉。经虞邃于经学……以汉儒注说为宗。密尽传父业，又博证学士大夫，与王复礼、毛甡、阎若璩交。密一跛足，后往苏门谒孙奇逢，称弟子。工诗、古文，俯仰取给于授徒、卖文，人咸重其品，悲其遇。州守为之除徭役，杜门三十年，著书甚多"。

意境深远，文笔清新，朴实自然。他的《朝天峡》一诗深受当时著名学者兼诗人王士禛的赞赏，称其中"大江流汉水，孤艇接残春"两句为"十字须千古，何为失此人？"①1958年，毛泽东主席在成都会议期间，所圈阅唐、宋、明朝人歌咏四川的一些诗词中，就有费密的《朝天峡》。费密之子锡琮、锡璜也都以诗文著称于世，锡琮有诗集《白鹤楼稿》，锡璜有《掣鲸堂诗集》和《贯道堂文集》。

学术上，费密以汉儒为宗，力倡实学，反对宋儒空虚疏狂的积习，对他们抹杀汉唐诸儒的功绩表示异议。费密肯定汉唐诸儒在学术上的成就和贡献，对宋明理学的"道统论"进行深刻的批判②，在开创清代学风上起了"导夫先路"的作用，在清代学术史上具有重要的地位。梁启超认为费密"是对于宋元学术革命的急先锋。这部书（《弘道书》）惊心动魄直之言，不在颜习斋《四存编》之下。其最不同之点，则习斋连汉唐学派一概排斥，燕峰则提倡注疏"③。杨向奎在《清儒学案新编》中称誉费密是"有见解反理学的进步思想家，虽然以帝王为道统所系乃囿于成见，但反理学倡中实，与当时反理学诸大家汇百川为大海，遂使理学不振，而中国学风走上较健康的道路"④。

《弘道书》分上中下三卷，十五篇。《统典论》《辅弼录论》《道脉谱录》《古经旨论》《原教》《圣人取人定法论》为上卷，礼乐祀典议五

---

① 〔清〕王士禛撰，〔清〕惠栋、金荣注，宫晓卫、孙言诚、周晶、闫昭典点校整理：《渔洋精华录集注》，济南：齐鲁书社，2009年版，第304页，《读费密诗》："成都跛道士，万里下峨岷。虎口身曾拔，蚕丛句有神。大江流汉水，孤艇接残春。十字须千古，何为失此人？"

② 〔清〕赵尔巽撰：《清史稿》卷501，北京：中华书局，1977年版，第13858页，"密谓宋人以周、程接孔、孟，尽黜二千余年儒者为未闻道，乃上稽古经、正史，旁及群书，作《中传正纪》百二十卷，序儒者授受源流，自子夏始"。

③ 梁启超著：《中国近三百年学术史》，北京：中国和平出版社，2014年版，第198~199页。

④ 杨向奎著：《清儒学案新编》第1卷，济南：齐鲁书社，1985年版，第147页。

篇及《先王传道述》《圣门传道述》《吾道述》为中卷，圣门定旨两变序记一篇为下卷。又有附表十张，图三幅，分表一张。意旨在说明儒家文、行、忠、信四教并非"高远绝伦杳渺难知之微妙也"[1]，它体现在日常生活和兵农礼乐中，反对宋儒的禁欲主义，反对空谈道德性命的理学。以弘扬孔子之道、纠正宋明儒"弃实就虚"的倾向为主。倡导"经传即道传"[2]"舍经无所谓圣人之道"[3]，主张"直从古经就论注发明吾道"[4]，称"圣人之道，著在《六经》，七十子传之，汉唐先儒继之，以实学裁成英俊，各适于用，长久治安也"[5]。并以此为根据批评宋明诸儒违背先儒"经传"之统，指出"盖自道德性命之理出而人才失，濂洛关闽之说行而经术变，学者皆弃实就虚"[6]。用"中实之道"概况孔子学说的旨意，称其"通诸四民之谓中"，"见诸日用常行之谓实"[7]，强调"既重且实，吾道事也"。力图将孔子儒学发展成明清之际的实学。[8]

《弘道书》的重大贡献在于：

"一、创立了'道脉论'，推翻'道统论'。道统论创自南宋朱熹，以他为代表的思想家断言孟子亡，圣人之道绝，幸得北宋周敦颐发掘流失千年的绝学，复经二程兄弟发展，经朱熹集其大成。而费密是态度坚决、旗

---

① 〔清〕费密撰：《弘道书》，民国初年大关唐氏刻本，康熙间张含章《序》；并见杨向奎著：《清儒学案新编》第1卷，济南：齐鲁书社，1985年版，第151页，《弘道书序》。

② 〔清〕费密撰：《弘道书》卷上，民国初年大关唐氏刻本，《道脉谱论》。

③ 〔清〕费密撰：《弘道书》卷上，民国初年大关唐氏刻本，《道脉谱论》。

④ 〔清〕费密撰：《弘道书》，民国初年大关唐氏刻本，康熙间蔡廷治《题辞》。

⑤ 〔清〕费密撰：《弘道书》，民国初年大关唐氏刻本，康熙间张含章《序》；并见杨向奎著：《清儒学案新编》第1卷，济南：齐鲁书社，1985年版，第151页，《弘道书序》。

⑥ 〔清〕费密撰：《弘道书》，民国初年大关唐氏刻本，康熙间张含章《序》；并见杨向奎著：《清儒学案新编》第1卷，济南：齐鲁书社，1985年版，第151页，《弘道书序》。

⑦ 〔清〕费密撰：《弘道书》卷中，民国初年大关唐氏刻本，《吾道述》。

⑧ 参见张莉红、张学君著：《成都通史·清时期》，成都：四川人民出版社，2011年版，第438~440页。

帜鲜明地反对宋明理学的干将。二、主张光大先秦、汉唐儒学真谛，还儒学原貌。在《道传》篇述明七十子及汉唐诸儒功不可没，阐述汉唐以来学制不可废，先儒不可黜，决不可厚宋儒而薄汉唐诸儒。致力于古经注疏，实事求是。三、大力提倡明道行道，唯中唯实。费密看清了明末一个严重的社会问题，即士风浮而不实。他认为士风颓势始于魏晋，流行于唐尚且浮实参半，到了宋代则浮多实少，语录无稽之言泛滥，反为世人尊为圣贤，于是圣门'中实'之旨反而晦暗不明，后世杂入释、道之儒为政天下，沦落到伦常日用皆无规矩可言。四、讲求欲不可纵，亦不可禁。这样的观点在'存天理、灭人欲'的社会里具有特殊意义。动摇了程朱理学的地位，尤其是在此基础上萌发的以礼代理的思想对乾嘉时期扬州学派——阮元、焦循、凌廷堪大张旗鼓地推行以礼代理，起到了发其先声的作用！"①

图4-19　新繁四费祠

费密生逢战乱，长期寓居江南，不能回归故乡，曾请著名画家石涛绘《繁川春远图》寄托乡思。故乡人民也没有忘记这位先贤。道光八年（公元

---

① 王章涛著：《扬州学术史话》，扬州：广陵书社，2014年版，第100页。

1828），新繁知县马裕霖在新繁城南建费公祠。1922年，新繁知事刘咸煊将费公祠移建于东湖，扩大规模，更名"四费祠"，以纪念费氏四代六位乡贤。

七、清初"蜀中三杰"——达川唐甄与《潜书》

"权衡天下"到"潜存待用"[①]，"蜀中三杰"之达川唐甄撰著《潜书》成巨制。章太炎称此书直接孟子、孙卿、王守仁，下启戴震，是我国启蒙思想史上的重要著作，开后世资产阶级思潮之先河。

唐甄（公元1630—1704），初名大陶，字铸万，号圃亭。四川省达县（今四川省达州市通川区蒲家镇）人，帝师唐瑜的第十一代孙，中国明末清初的思想家和政论家。唐甄与遂宁吕潜、新都费密，合称清初"蜀中三杰"，与王夫之、黄宗羲、顾炎武并称明末清初"四大著名启蒙思想家"，被中宣部、国家教委列为对中国历史有重大影响的"杰出思想家"。

顺治十四年（公元1657）唐甄中举人，任山西长子县知县不到10个月，因受逃犯牵连被革职。后曾经商，因赔本乃流寓江南[②]，靠

图4-20 唐甄画像

---

① 〔清〕唐甄撰：《潜书》，北京：中华书局，1963年版，第225页，"《潜书》者，《衡书》之改名者也"；第228页，《西蜀唐圃亭先生行略》："乃研精覃思，著《衡书》九十七篇。天道，人事，前古，后今，具备其中。曰'衡'者，志在权衡天下也。后以连蹇不遇，更名《潜书》。"

② 事见〔清〕唐甄撰：《潜书》，北京：中华书局，1963年版，第213~215页，《唐阶泰墓表》；并参见贾大泉、陈世松主编：《四川通史》卷6，成都：四川人民出版社，2010年版，第573页，"在仕途失败之后，唐甄辗转于晋、冀、豫、皖等地谋生，均不遂愿。后变卖旧产事贾，仍不景气，从事牙行中介亦遭厄运，只得又回吴江业儒"。

讲学卖文维持生活。代表著作即历经三十年而成的《潜书》。唐甄于康熙四十三年（公元1704）卒，年七十五岁。其父唐阶泰，曾任明朝吴江县知县。唐甄性至孝，服侍亲疾，衣不解带，等到父亲去世，独处殡室三年，因为故乡沦陷，遂卜地葬于虎丘。①

唐甄的祖父唐自采为官清廉自守，地方为政多惠民，尤其重视文化教育事业；他的父亲唐阶泰则为人刚毅，独立坚定，从未依附朋党。出身于这样的家庭，在他的著作中提出许多独到具有前瞻性的观点与见解就是顺理成章的事了。②

《潜书》是唐甄遗世的唯一著作，也是他最重要的著作。起初名叫《衡书》，初刻只有13篇，署名唐大陶。后来逐渐增加到97篇，并改名《潜书》，署名唐甄。唐甄在《潜存》篇中说，他撰述此书"历三十年，累而存之，分为上下篇"③。

康熙间江南督学使者韩城张廷枢《序》言其书："唐君之书，分为上下

① 参见〔清〕唐甄撰：《潜书》，北京：中华书局，1963年版，第229页，《清史列传·唐甄传》："唐甄，字铸万，四川达县人。父阶泰，明吴江知县。甄性至孝，侍亲官舍。亲疾，衣不解带，及居丧，独处殡室三年，枕块席苫。痛哭故乡沦陷，遂卜地葬吴门之虎丘。顺治十四年举人，选山西长子县知县。导民蚕桑，以身率之，日省于乡，三旬而树桑八十万本，民业利焉。甫十月，以逃人诖误去官。僦居吴市，仅三数椽，萧然四壁，炊烟尝绝，日采废圃中枸杞叶为饭。衣败絮，陶陶然振笔著书不辍，曰：'君子当厄，正为学用力之时；穷阨生死，外也，小也。岂可求诸外而忘其内，顾其小而遗其大哉！'"见〔清〕赵尔巽：《清史稿》，北京：中华书局，1986年版，第13356页。并参贾大泉、陈世松主编：《四川通史》卷6，成都：四川人民出版社，2010年版，第573页。
② 此处经济思想论述参见秦佩珩著：《秦佩珩学术文集》，郑州：中州古籍出版社，1999年版，第435~444页。
③ 〔清〕唐甄撰：《潜书》，北京：中华书局，1963年版，第205页，"不忧世之不我知，而伤天下之民不遂其生。郁结于中，不可以已，发奋为言。有见则言，有闻则言。历三十年，累而存之，分为上下篇：言学者系于上篇，凡五十篇；言治者系于下篇，凡四十七篇；号曰《潜书》"。此处论述参见冯克诚主编：《清代前期教育思想与论著选读》，北京：人民武警出版社，2010年版，第311~315页，《唐甄〈潜书〉与唐甄教育思想》。

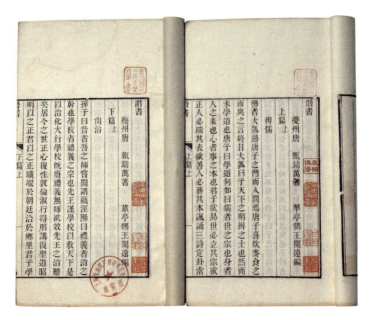

图4-21　《潜书》书影

篇。其论心性，则尊崇孟子而及陆子静王阳明；夫先立乎其大与致良知，皆孟子之学。其言政治，则以返朴崇俭，棉桑树牧富民为先……"①

据有关资料考证，《潜书》的刊刻时间是清康熙四十四年（公元1705），由唐甄的女婿王闻远刊刻行于世②，这是最早的刻本。《潜书》是唐甄的论文集，在体例上模仿汉代王充的《论衡》。全书的内容不在于引经注典，更不同于汉后诸儒的文字章句之学，而在于针对时弊抨击君权专制，期望可以吸取明末政治腐败导致农民起义的教训，并且提出以民为本的政教观点和主张，旨在善政养民，摒弃程朱理学，以实学济世扶危，治国平

---

①　〔清〕唐甄撰：《潜书》，北京：中华书局，1963年版，第4~5页。

②　〔清〕唐甄撰：《潜书》，北京：中华书局，1963年版，第6页，潘耒序："先生蜀人，父亨予，曾宰吾邑，有贤声，遭乱转侧兵间，赍志以没，家族燔于贼。先生侨居吴中，酷贫无子，遗文将就湮灭，赖有佳婿哀集梓行，其可幸也夫，其可慨也夫！"

天下。

《潜书》97篇，分上、下篇，上篇又分上、下两部分，上篇上共21篇，自"辨儒"至"劝学"；上篇下共29篇，自"取善"至"博观"。下篇亦分为上、下两部分，下篇上自"尚治"至"柅政"共24篇；下篇下自"惰贪"至"潜存"共23篇。全书主要是政论文，一部分是教育著作。论述教育的有：辨儒、宗孟、法王、知行、性才、自明、敬修、讲学、劝学、取善、五经、得师、太子、诲子、博观、用贤、全学、审知等诸篇①。

上篇论学术，重在阐发"尽性"与"事功"相互统一的心性之学；下篇论政治，旨在讲求实治实功抑尊富民的治世之术。潘耒称其"论学术则尊孟宗王，贵心得，贱口耳，痛排俗学之陋；论治道则崇俭尚朴，损势抑威，省大吏，汰冗官，欲君民相亲如一家，乃可为治"②。因此，《潜书》"上观天道，下察人事，远正古迹，近度今宜，根于心而致之行，如在其位而谋其政，非虚言也"③。是书不仅奠定了唐甄在清初启蒙思潮中的历史地位，而且对当时的儒学思想发展也产生了深远的影响。

《潜书》高度重视教育，主张：其一，以"尽性达才""明功辨义"的观点重新解释儒家教育的目的与作用。其二，提出"全学"教育内容，把传统学校教学内容由单纯的书本知识扩大到现实生活与生产以及军事知识技能范围，以培养"全学人"为教育目标。其三，提出尊师重傅以加强皇太子教育的主张。其四，提出治化之源在于吏治的政教思想，批评学校教育的局限性。

唐甄重视理财，核心经济观点在于富民，他说："财者，国之宝也，民之命也；宝不可窃，命不可让。"④唐甄认为，财必存之于民，国富必先

---

① 〔清〕唐甄撰：《潜书》，北京：中华书局，1963年版。
② 〔清〕唐甄撰：《潜书》，北京：中华书局，1963年版，第6页，松陵潘耒序。
③ 〔清〕唐甄撰：《潜书》，北京：中华书局，1963年版，第205页。
④ 〔清〕唐甄撰：《潜书》，北京：中华书局，1963年版，第105页。

民富。这样才能使国民经济富裕起来。他反对统治阶级以及豪强巨室对民间财富的虐取。他认为"为政之道，必先田市"①。只要"农安于田，贾安于市"则"财用足"。否则"农不安田，贾不安市，其国必贫"②。唐甄的富民之说，言人所不敢言，自成一家。

唐甄重视农业生产，谷物生产外，农、林、牧、副、渔中，尤其重视养蚕业。这和他曾任长子县知县以及重视事物的哲学观是分不开的。言经济则注重生产，棉桑树牧富民为先，返朴崇俭，无不有益于经国济世。诚如张廷枢所说："其文驰骋反复，如列子御风，翩然骞举，又如淮阴将兵，多多益善。本其自得于心者，畅所欲言，无艰难劳苦之态，而与道大适。"③实乃公允之论。

唐甄重视商业。他反对过去传统的抑商政策。在唐氏看来，商人的地位，并不比农民低些。以田市并列，农贾并称。在《达政》中说："养民之善政，十有八焉：劝农丰谷，土田不荒芜，为上善政一。……居货不欺，商贾如归，为中善政一……学校殿庑常新，春秋享祀必敬，为下善政一。……"④唐甄的货币观，直接体现在《更币》《存言》等篇中。清朝入关后，江南的反剃发斗争，闽广的反迁海斗争，导致剧烈的地方动乱，货币贬值，物价高涨，民不聊生。

唐甄在对传统儒学的反思认识中，提出尽性与事功相互统一的心性学说。他继承发扬了从孟子到王守仁的尽性事功的心学思想，尖锐批判了程朱理学末流只谈心性、不重事功的空疏。唐甄最为推崇孟子的思想，孟子的思

---

① 〔清〕唐甄撰：《潜书》，北京：中华书局，1963年版，第83页。

② 〔清〕唐甄撰：《潜书》，北京：中华书局，1963年版，第83页，"农不安田，贾不安市，其国必贫。无残而民多死亡，无盗而室多空虚。农安于田，贾安于市，财用足，礼义兴，不轻犯法，是去残去盗之本也"。

③ 〔清〕唐甄撰：《潜书》，北京：中华书局，1963年版，第5页。

④ 〔清〕唐甄撰：《潜书》，北京：中华书局，1963年版，第139页。

想集中体现了圣人治天下的理论，"甄虽不敏，愿学孟子焉"①。同时，他又认为，自孟子以后，最能领悟圣人之学的人，当推陆九渊、王守仁二人。他还批判了道家只重"养生"和佛家但求"明死"的出世思想，又揭斥了程朱之学"但明己性，无救于世"的空疏。唐甄认为，尽性与事功二者是彼此统一的。

唐甄一生"困于远游，厄于人事"②，他的思想对后世产生了深远影响。主要表现在他猛烈抨击了封建专制制度下的君主专制与官吏的残暴罪行，提倡抑制君主至尊权势、倡导社会人人平等的观点，主张实治实功，倡导富民立国。提出了"治道贵致其实"③"立国惟在富民"④。他不仅继承发扬了明清之际启蒙思想家的经世传统和批判精神，而且具体提出了救治社会弊端的实际措施，位列明末清初四大启蒙思想家之一。

八、"清代四川三才子"——眉山彭端淑

"天下事有难易乎？为之，则难者亦易矣；不为，则易者亦难矣。人之为学有难易乎？学之，则难者亦易矣；不学，则易者亦难矣！"⑤"清代四川三才子"——眉山彭端淑撰《为学》以劝学，成名篇传后代。

彭端淑（约公元1699—约1779），字乐斋，号仪一，眉州丹棱（今四川

---

① 〔清〕唐甄撰：《潜书》，北京：中华书局，1963年版，第205页。此处儒学思想参见刘蔚华、赵宗正主编：《中国儒家学术思想史》，济南：山东教育出版社，1996年版，第1502~1505页。

② 〔清〕唐甄撰：《潜书》，北京：中华书局，1963年版，第205页。

③ 〔清〕唐甄撰：《潜书》，北京：中华书局，1963年版，第116页。

④ 〔清〕唐甄撰：《潜书》，北京：中华书局，1963年版，第114页，"立国之道无他，惟在于富。自古未有国贫而可以为国者。夫富在编户，不在府库。若编户空虚，虽府库之财积如丘山，实为贫国，不可以为国矣"。

⑤ 方铭选析：《明清散文选析》，天津：天津人民出版社，1981年版，第224页。

丹棱县）人。与李调元、张问陶一起被后人并称为"清代四川三才子"。彭端淑出身于一个富庶家庭。其祖父彭万昆为明末怀远将军，清初为简州（今四川简阳市）判官，以军功勇著，授四川都督佥事（都督佥事是正二品）。彭端淑的8位叔父，多为举人、知县。彭端淑从小聪敏颖异，十岁能文，常受先辈家训"崇实黜浮，又宜力学，毋自弃"的教诲。与兄彭端洪、弟彭肇洙、彭遵泗在丹棱萃龙山的紫云寺

图4-22　彭端淑画像

读书，五六年不曾下过山，得学识渊博的父亲彭珣亲授，还得益于其外祖父、进士出身的夹江名儒王庭诏[①]的教益，长进不小。十二岁入县学，再得合江进士、蜀中制义（八股文）匠手董新策[②]点拨，学业立就。[③]

雍正四年（公元1726），彭端淑乡试中举。雍正十一年（公元1733）与孪生弟弟彭肇洙同榜登进士第，授吏部主事[④]。乾隆十年（公元1745）升吏部员外郎，旋迁文选司（负责人事任免）郎中。乾隆十二年（公元1747）充任顺天府（今北京市）乡试同考官[⑤]。乾隆二十年（公元1755）出署"三江

---

① 王庭诏，字子宣，号遁庵，四川夹江人。康熙十年进士，授湖南江华知县。后辞官回籍主讲书院，士子受其教泽，登科第者20余人。经常黄冠草履往来于川西名山大川之间。

② 董新策，字嘉三，一字雪耕，号樗斋，四川合江人。康熙三十九年进士，选翰林院庶吉士，散馆，授编修。晚年主讲锦江书院。

③ 参见彭开富著：《大彭史记》，南昌：江西人民出版社，2013年版，第175页，《端淑公巴蜀才子，抒抱负写诗作赋》。

④ 王钟翰点校：《清史列传》，北京：中华书局，1987年版，第5849页，"雍正十一年进士，授吏部主事，迁员外郎、郎中"。

⑤ 王钟翰点校：《清史列传》，北京：中华书局，1987年版，第5849页，"乾隆十二年，充顺天乡试同考官"。

要口，五州之屏藩重地"①的广东肇罗道署察使②。

彭端淑待民宽厚，为官一心为民，以"清慎"自励。每次出巡议事察访，必轻衣减从，并明令所经各州县一律禁止迎接款待，违者严惩，深得百姓之心。彭端淑断案明决果断，对民间诉讼的误断，无不一一更正，使百姓相安。初到粤东，遇积案3000余件，他立即调集各州县案卷，会同幕僚开诚布公，明断有声。不到一月，全部结案，吏民无不惊佩，朝廷大吏"深相倚重"。又督修省城书院，延请名师月课，亲为指授，士风甫振。彭端淑在广东做官约六七年光景，这是他一生仕途生活中最为显赫的时期③。

彭端淑为官期间，力求进取，决心兴利除弊，上报朝廷，下慰民望，不愿碌碌终此一生。当时的清王朝虽已进入极为兴盛的乾隆时代，经济文化也出现了相当繁荣的兴旺景象，但是各种矛盾也日益尖锐复杂了起来。彭端淑在多年的为官生涯中，看到了清王朝民生维艰的社会现实，官场中的明争暗斗，最高统治者的好大喜功，因而内心逐渐滋生了一种愤懑和惆怅之情，隐退思想也逐渐地发展了起来。

乾隆二十六年（公元1761），彭端淑随船督粤西粮运，船行在南海中，不慎失足坠水，虽被搭救脱险，但他却认为这是大难临头的预兆。他感叹："人于宦途不满意，辄以咎人，此谁挤之者！今不葬鱼腹，天于我厚矣！复何望焉。"④此时的彭端淑已对官场的尔虞我诈有了充分认识，决意隐退，遂借口此事，辞官归蜀，隐于成都白鹤堂，入主锦江书院（今成都石室中

① 王钟翰点校：《清史列传》，北京：中华书局，1987年版，第5849页。

② 参见何崇文著：《巴蜀文苑英华》，成都：四川人民出版社，1984年版，第278页。

③ 王钟翰点校：《清史列传》，北京：中华书局，1987年版，第5849页，"端淑至省，察政治，黜陟能否，每按部，驺从不过一二人。罢州县送迎馈犒，吏民称歌。又延名宿何梦瑶主讲端溪书院，暇复选开敏有才者，亲自饬厉，成就甚众。时州县积案三千余，端淑权情事轻重，依律断理，旬月之间，积案为清。大吏由是深相倚重"。

④ 王钟翰点校：《清史列传》，北京：中华书局，1987年版，第5849页。

学），走上了课士育贤的道路①。

锦江书院是康熙四十三年（公元1704）由四川按察使刘德芳在成都原文翁石室遗址上建立的省立最高学府。学员选自省内秀才以上人员，学员学费、生活费由清政府拨给该院的学田供给，在院学生有两百人左右的规模。彭端淑在该院任主讲、院长20年。执教锦江书院后，其门下更是人才辈出，李调元、张翯、钟文韫等皆为其学生。彭端淑把他一生中的最后二十余年的时间，全部贡献给了四川的文化教育事业。他在《戊戌草·寒食》一诗中有明确的记载："锦江栖迟二十年，每逢寒食一清然。"②

彭端淑一生很注意对人才的培养，造士甚多。为考官时，对才识俱佳之士，亲自考核，极力提拔，不拘一格地量才录用。清代名臣、《四库全书》总纂官纪昀为解元时即得彭端淑提携，后成为清代学术界权威。

在清代丹棱彭氏诸兄弟中，彭端淑是最著名的，但他的成就并不是靠先天的才气，而主要是靠后天的踏实勤学，他写的《为学一首示子侄》（简称《为学》），可以说就是他踏实勤学的心得感悟。

　　天下事有难易乎？为之，则难者亦易矣；不为，则易者亦难矣。人之为学有难易乎？学之，则难者亦易矣；不学，则易者亦难矣。

　　吾资之昏，不逮人也，吾材之庸，不逮人也；旦旦而学之，久而不怠焉，迄乎成，而亦不知其昏与庸也。吾资之聪，倍人也，吾材之敏，倍人也；屏弃而不用，其与昏与庸无以异也。圣人之道，卒于鲁也传之。然则昏庸聪敏之用，岂有常哉？

---

① 王钟翰点校：《清史列传》，北京：中华书局，1987年版，第5849页，"遂请告归，家居十余年，主锦江书院讲席，以实学课士"。
② 参见李殿元、李松涛著：《巴蜀高劭振玄风·巴蜀百贤》，成都：四川人民出版社，2001年版，第200~203页。

蜀之鄙有二僧：其一贫，其一富。贫者语于富者曰："吾欲之南海，何如？"富者曰："子何恃而往？"曰："吾一瓶一钵足矣。"富者曰："吾数年来欲买舟而下，犹未能也。子何恃而往！"越明年，贫者自南海还，以告富者，富者有惭色。

西蜀之去南海，不知几千里也，僧富者不能至而贫者至焉。人之立志，顾不如蜀鄙之僧哉？是故聪与敏，可恃而不可恃也；自恃其聪于敏而不学者，自败者也。昏与庸可限而不可限也；不自限其昏与庸而力学不倦者，自力者也。

这个故事，生动扼要地论述了做任何事情，难与易、主观与客观之间有着辩证关系，特别强调它们是可以转化的，转化的条件就是人们主观上刻苦努力、顽强奋斗的精神。彭端淑正是从立志苦行的僧人那里，领悟到普遍性的道理。彭端淑在这篇文章中提到了他对"聪与敏""昏与庸"这些先天条件的看法。他说："天下事有难易乎？为之，则难者亦易矣；不为，则易者亦难矣。人之为学有难易乎？学之，则难者亦易矣；不学，则易者亦难矣。"

彭端淑的主要成就还体现在文学方面，他的诗歌和散体古文及文学批评理论在当时的影响都非常大[1]。他与李调元、张问陶以文名鼎立蜀中，被誉为清代"四川三才子"。彭端淑早年曾醉心制义（也称制艺），技压蜀中，是继韩琢庵、董新策后的又一位制义大家。刚入京，即以制义名噪京师，深得蔡寅斗、胡稚威、沈适芳等的推崇。但制义这种形式主义的创作倾向，在很大程度上限制了彭端淑在文学道路上的发展，直到50岁他才挣脱

---

[1] 王钟翰点校：《清史列传》，北京：中华书局，1987年版，第5850页，"蜀诗自费密父子后，奉节傅作楫、铜梁王恕继之，皆能步武唐贤，古文则罕问津者，惟端淑为崛起云"。

束缚，"诗学汉魏，文学左史"①，文风为之大变。辞官后，他主动与百姓接近，充分了解了百姓疾苦，以无比忧愤的心情，写出了一首首含蓄沉凝、脍炙人口的传世佳作。其现存作品有《白鹤堂文集》四卷、《雪夜诗谈》二卷、《粤西纪草》一卷、《曹植以下八家诗选》若干卷、《蜀名家诗抄》二卷以及《晚年诗稿》《碑传集》《国朝文录》《小方壶斋舆地丛书》《广东通志》等。其中《白鹤堂文集》最为有名，议论小品文《为学一首示子侄》（简称《为学》）即出自本书。

乾隆四十四年（公元1779），八十一岁的彭端淑病故于成都南郊白鹤堂。今天四川眉山市彭山区尚有彭端淑的坟台遗址。

九、融道入儒，会通禅佛——
"川西夫子"刘沅与"槐轩学"

他是历史上少有的被人奉为通天教主的学问大家，著有《槐轩全书》，以儒学元典为根本，融道入儒，会通禅佛。又创立槐轩学派，名震蜀中。他还是名医郑钦安的老师，被后世尊为"火神之祖"②。他就是双流刘沅。

萧天石《道海玄微》论刘沅之学，谓："其学既直探洙泗心传，复深得玄门秘钥，融道于儒，援儒说道；复会通禅佛，并涉密乘，博学多方，虽较庞杂，然以其能障百川而东之，汇万流于一海，故最后仍归本于儒，不失孔门矩矱。以其一生行事及其等身著作之内容性质而言，则称之为道化儒家可，称之为儒化道家亦可。其内养及修持方法，则又纯用道家金丹宗手眼。

---

① 王钟翰点校：《清史列传》，北京：中华书局，1987年版，第5850页，"端淑博洽，工诗文，诗学汉魏，文学左史，皆诣极精微"。

② 双流县社会科学界联合会、双流传统文化研习会编：《槐轩概述·川西夫子刘沅与槐轩学说》，上海：上海科学技术文献出版社，2015年版，第138页，"先生弟子郑寿全（1804—1901），字钦安，出生于邛州，后为中医火神派开山祖师"。

而略带少分藏密色彩。故自创'刘门'以后，则又纯属道家人物。……讲学规模，以儒家为主；功夫修炼，以道家为本。不奉佛氏，亦不诋排，间举扬之以助传心，期融会三家而贯通之。"①

图4-23　刘沅画像

刘沅（公元1767—1855），字止唐，一字纳如，号清阳居士。祖籍湖北麻城刘家沟，先祖于明末迁蜀，先居于眉山、长洲、温江，后迁双流。刘沅生在双流，嘉庆丁卯（公元1807）迁居成都南关纯化街。

双流的刘氏自曾祖刘家珍开始，四世研经，三世习《易》，家学以先天易学为特色。刘沅的祖父刘汉鼎，幼年丧父，"至孝，喜读《易》，兼习文武事，于是遂为瞿上望族"②，"日以读《易》为事……作《易蕴发明》一书，

为人窃去。嗣欲补辑，而适患毒疮，遂卒。先君子犹记其一二以训沅等。有云：'乾坤坎离，是一是二。乾坤在天地之初，阳健阴顺，即是太极之体。乾坤在坎离之后，阳施阴育，即是太极之用。先天后天，止一太极。理、气、象、数，绎之万端，括之浑然。'其语至精，惜不复睹其全书矣"③。刘沅的父亲刘汝钦继承和发展了祖父刘汉鼎的先天易学。史称"父汝钦精易学，洞彻性理，谓：河出《图》，洛出《书》，圣人则之，实天启圣人以明

①　萧天石著：《道海玄微》，北京：华夏出版社，2007年版，第514~518页，《刘止唐与四川刘门道》。
②　〔清〕刘沅：《刘氏族谱》，道光间刻本，《君谟讳汉鼎》。
③　〔清〕刘沅：《刘氏族谱》，道光间刻本，《君谟讳汉鼎》。

道化，不仅在数术也。伏羲主乾南坤北，文王主离南坎北，即先天后天所由分。且《连山》首艮，《归藏》首坤，艮止坤藏之义，即《大学》止至善、《中庸》致中和之学，文王之缉熙敬止、成王之基命宥密胥不外此"①。刘氏家学奠定了刘沅学术的重要基础。

刘沅幼年体弱，但聪敏过人，七岁能文，有神童之誉。少年时，与兄刘芳皋在乡云栖里中元寺私塾就读。过了几年，有古淳者，字鹤峰，致仕后还籍牧马山，在板桥梓地方文昌宫开馆蒙训。刘沅弟兄对鹤峰先生的道德文章极为敬仰，相率负笈于此，执弟子礼，后成为古淳师最为器重的门人。少年时代的刘沅一帆风顺，十八岁离开文昌宫，清乾隆五十年（公元1785），以冠军入选双流县庠生，又于乾隆五十二年（公元1787）因文行兼优选拔为廪生。于乾隆五十三年（公元1788）选拔为明经，次年父亲去世。乾隆五十七年（公元1792）由拔贡中试举人。②清乾隆五十八年（公元1793）、乾隆六十年（公元1795）、嘉庆二十四年（公元1819），刘沅三次参加会试，皆名落孙山。其兄刘濖中进士后，刘沅自言"显扬之事，兄已遂矣，犬马之养，愿得身任之"③，于是便留守成都侍奉母亲。此后又连遭厄运，一连串的打击使得刘沅身心疲惫，常有朝不保夕的感觉。恰在此时，他巧遇了野云老人，于是便随野云潜心性命双修之道八年之久，其后，他不仅走出了生命最黑暗的时期，而且还创造了许多传奇。

刘沅五十九岁的时候，因学问、教学、德行的杰出，获得了"列贤书之

①　〔清〕刘沅撰，谭继和、祁和晖笺解：《十三经恒解笺解》卷10，成都：巴蜀书社，2016年版，第255页，《国史馆本传》。

②　参见中国人民政治协商会议四川省双流县委员会文史资料研究委员会：《双流县文史资料选辑》第3辑，1984年版，第20页。

③　双流县社会科学界联合会、双流传统文化研习会编：《槐轩概述·川西夫子刘沅与槐轩学说》，上海：上海科学技术文献出版社，2015年版，第137页。

荐……截取正选知县"①的殊荣。六十岁以后，连得八子，堪称传奇。刘沅"在京数月，当得天门县知县，念捧檄愿违，改授京职而归"②。嘉庆十二年（公元1807），刘沅从双流县柑梓乡三圣村（旧名云栖里）祖宅移居成都南门淳化街（又名三巷子，1959年修建锦江大礼堂时拆除殆尽），自建房屋，新立门户。因新宅院中有三株老槐树，浓荫掩映，雍穆恬静，刘沅遂名宅曰"槐轩"。

此后四十八年，刘沅一直在"槐轩"讲学治学，直至八十八岁谢世。他有教无类，教学不计报酬多寡，家贫学子，无钱一样可以就学。教学内容，除了传统经史书籍之外，还传授静养之道，以强健身体。常年求学的学生三百人以上，前后学习的有数千人，刘沅先生也被誉为"塾师之雄"。其生徒中既有农工商贾，亦有科甲仕宦、社会名流，他们都以自己是槐轩门人自矜。据《国史馆刘沅本传》记载，"成进士登贤书者百余人，明经贡士三百余人，薰沐善良，得为孝子悌弟，贤名播乡闾者，指不胜屈"③。刘沅在成都淳化街设馆讲学，门生弟子遍布省内外，桃李满天下，世称"槐轩学派"，亦称"刘门"（如孔门、程门一样的学术团体），其代表人物有刘咸炘、刘咸荣、刘咸焌、颜楷、钟瑞廷、刘芬等。刘沅在世之时，学术已经远播他省，被尊为"川西夫子"④。刘沅身后形成了一个民间宗教派别即刘门教。刘沅于咸丰五年（公元1855）逝世，逝世后，其子及门人将他一生著述详加整理考订，总其名曰《槐轩全书》，刊行于世。

---

① 〔清〕刘沅：《刘氏族谱》，道光间刻本，《刘沅》。
② 〔清〕刘沅撰：《槐轩杂著》卷4，咸丰间刻本，《自叙示子》。
③ 〔清〕刘沅撰，谭继和、祁和晖笺解：《十三经恒解笺解》卷10，成都：巴蜀书社，2016年版，第255页，《国史馆本传》。
④ 〔清〕刘沅撰，谭继和、祁和晖笺解：《十三经恒解笺解》卷10，成都：巴蜀书社，2016年版，第255页，《国史馆本传》，"咸丰中，侯官林鸿年为云南布政使，至蜀，得沅书，读之惊喜，求问。时沅已死，因受业于沅弟子内阁中书刘芬，尽购其书去。及罢官归，遂以其学转相传习，闽人称沅为川西夫子"。

《槐轩全书》收录了《大学恒解》《中庸恒解》《论语恒解》《孟子恒解》《周易恒解》《诗经恒解》《尚书恒解》《礼记恒解》《仪礼恒解》《周官恒解》《春秋恒解》《孝经恒解》《子问》《又问》《槐轩约言》《正讹》《俗言》《大学古本质言》等主要著作。槐轩学说集中体现在《槐轩全书》中，大体上概括为天人性命、学术教化与伦常实践。天人性命讲求"大学实工，止于至善；静存动察，内外交修"。性命之学是槐轩学派的根本

图4-24　刘沅著作《槐轩全书》书影

学问。学术教化则包括《槐轩全书》、推十巨著、兴教办学、订正善书。伦常实践则包括慈善公益、保护古迹、槐轩医道、礼乐感化。《槐轩全书》中对十三经的《恒解》所占比重最大。十三经是儒学原典，刘沅旨在回到儒家原典，驳正先儒，正本清源。他还反对唐代以来韩愈的"道统"，揭破宋儒周程朱张邵的"理学"，于破中求立，立中求破，以发先儒所未发，成一家之言。《槐轩全书》是难得一见的博通儒释道三家精要并具完整学术体系的珍贵文献。

光绪末年，翰林院编修、成都尊经书院山长邛州伍松生（肇龄）和华阳颜楷等，通过四川总督锡良启奏朝廷，恳请将刘沅一生事迹付史馆立传，"奏为故绅学行可风，恳恩宜付史馆立传，以励儒修"①。

中华人民共和国成立前，双流黄水板桥梓文昌宫西墙，曾有一通高约一丈的大石碑，上面镌刻有"儒林刘止唐弟兄读书处"十个鎏金大字，光灿夺

---

① 锡良撰：《锡良遗稿奏稿》，北京：中华书局，1959年版，第511页，《请将故绅刘沅事实宣付国史馆立传折》。

图4-25　刘沅及其家族墓地

目，可惜后来被毁。

　　刘沅去世后，咸丰六年（公元1856）葬于双流县西十里彭家场云栖里墓祠之右。墓碑题"清处士刘止唐先生之墓"。大弟子刘芬撰并书丹"清处士刘止唐先生墓志铭"曰：

　　　　图书之粹，天地之精。赫赫肃肃，万物同仁。名论杰然，一扫浮云。式侔往圣，邹鲁同伦。旃檀被风，历久愈芬。后有作者，不没斯文。山川白虹，云栖归神。奕世而下，俎豆惟馨。①

　　今墓地仍存，受到当地政府的良好保护。

　　张舜徽、南怀瑾、萧天石、肖萐父、吴天墀、李学勤等学者都对刘沅的学

① 双流县社会科学界联合会、双流传统文化研习会编：《槐轩概述·川西夫子刘沅与槐轩学说》，上海：上海科学技术文献出版社，2015年版，第131页。

术有过关注。马西沙、韩秉方则对刘门教作了开创性研究。近年来，台湾地区"中研院"、四川大学等已开始了对刘沅生平和学术的系统研究，这些研究有助于这位长期以来被人忽视的学者重现于世人的视野。

十、"以复古求解放"——今文经学大师井研廖平

"推倒一时，开拓万古；光被四表，周流六虚！"[①]如此大气魄、大手笔即出自井研廖平。他以大无畏的气概，开辟了一个没有门户之争、无比广阔的研究领域；他扫除了一切藩篱，欲建立一个儒释道融通，诸子合体的大学问——孔经哲学[②]。以复古求解放，尊经尊孔，可谓千古一人。

廖平（公元1852—1932），初名登廷，字旭陵，号四益；继改字季平，改号四译；晚年更号为六译。四川井研县青阳乡盐井湾人。名号的更改，反映了他思想和经学的变化过程。廖平一生研治经学，做出了超越前人的学术贡献，并开创了一个融合古今中西各种学说，富有时代特色的经学理论体系，他是中国近代最著名

图4-26　廖平像

---

① 廖平自撰楹联。
② 廖平撰《孔经哲学发微》，成书于辛亥革命后国内尊孔复古思潮中，1913年由上海中华书局出版，谢无量作《绪论》。

的经学大师，在中国近代学术界占有极其重要的地位①。

廖平家贫苦，父母兄长节衣缩食供其读书，因而极为勤奋，夜晚常立于寺庙大殿中，借神灯照读。无钱买书，常借读借抄，甚至从废纸中寻觅阅读断页残篇。同治十三年（公元1874）参加院试，受四川学政张之洞赏识，录为第一。光绪二年（公元1876）由官方供奉，进入成都尊经书院深造。尊经书院时期，对廖平学业影响最大的是王闿运。王闿运是当时名士，字壬秋，湖南湘潭人，善于词章，品学兼优。张之洞创办书院，刚具规模，便于光绪二年（公元1876）十月离任回京。书院因材施教、循循善诱以出人才的工作，就是由王闿运完成的。王闿运治学主今文经学，廖平也从今学入手，并终身保持以今文经学为主要归墟；王当时主治《春秋》学，认为"春秋拟《易》而作，圣人之极功终身研之而不能尽"②。廖平也从《春秋》着手，钻研《春秋》经学，一生以《春秋》学著作最多。光绪五年（公元1879）中举，光绪七年（公元1881）注《春秋谷梁传》，次年成《谷梁集解纠谬》二卷和《公羊何氏解诂十论》。持古文为周公所创，今文为孔子所创之说，分别两家的异同。廖平认为，经今文学派，尊崇孔子，主《王制》；经古文学派，尊崇周公，主《周礼》，可"同治中国"③。两家之分歧，在于礼制，于是著《今古学考》二卷，严于今古之分。其学说多为前人未发之论，这是廖平经学的第一变。

光绪十五年（公元1889）廖平中进士，钦点湖北某县知事，以母年老请

---

① 参见黄开国著：《廖平评传》，南昌：百花洲文艺出版社，2010年版。

② 刘平著：《王闿运〈春秋公羊传笺〉学术思想研究》，长沙：湖南大学出版社，2012年版，第243页，"光绪十年甲申〔1884年〕，五十三岁。……十月校《春秋》表毕，以为春秋拟《易》而作，圣人之极功终身研之而不能尽。今例表毕功，稍有条理或可中道而废以明力之不足，比之颜子欲罢不能，庶几善自为谋也"。

③ 刘梦溪主编，廖平、蒙文通著：《中国现代学术经典廖平蒙文通卷》，石家庄：河北教育出版社，1996年版，第223页，《四益馆经学四变记》。

改教职，任龙安府（治今平武县）教谕，历署射洪训导，绥定府（今四川达县）教授，任中被劾免职。后继任尊经书院襄校，嘉定（今四川乐山）九峰书院、资州艺风书院、安岳凤山书院山长等职。这段时期，廖平在经学观点上，认为《周礼》出于王莽之时，有许多为刘歆迎合王莽之意而作。于是专主今学《王制》为孔子之学，古学《周礼》为刘歆窜乱之学。这是廖平经学的第二变。其后，廖平又提出大统小统的经学第三变①，人学天学的经学第四变②，天人大小的经学第五变③，用五运六气解《诗》《易》的经学第六变④。

1898年廖平与宋育仁、杨道南、吴之英等人在成都创办《蜀学报》，宣传变法维新思想。1911年担任《铁路月刊》主笔，鼓吹"破约保路"。四川军政府成立后，受聘任枢密院院长，川中军政多有谋略。后任四川国学院及成都高等师范、华西协合大学教授，授课之余仍以研治经学为终生事业。廖平一生坎坷，屡遭诬抵、夹击，甚至革职查办，先后历经八次打击，但他总是以锲而不舍的精神，潜心研究经学，其学术思想多变，曾自说："为学须善变，十年一大变，三年一小变，每变愈上不可量……变不贵在枝叶，而贵在主宰，但修饰整齐无益也。若三年不变已属庸才，十年不变则更为弃才矣！"⑤他不盲从，不固步自封，不惜推翻自己原来的主张而另辟蹊径，虽遭非难打击亦在所不惜。他以礼制判分今古文经，认为"学《礼》以大纲为主……经学之要在制度，不在名物"⑥。使千余年来今古之纠纷涣然冰释，为经学史上一大贡献。并提倡"托古改制"之说，使古代经学具有近代政治

① 参见舒大刚撰：《廖季平经学第三变变因刍议》，《社会科学研究》1984年第4期。

② 刘梦溪主编，廖平、蒙文通著：《中国现代学术经典廖平蒙文通卷》，石家庄：河北教育出版社，1996年版，第223页，《四益馆经学四变记》。

③ 参见张远东、熊泽文著：《廖平先生年谱长编》，上海：上海书店，2016年版，第236页。

④ 参见舒大刚主编：《巴蜀文献》（第2辑），成都：四川大学出版社，2015年版，第37页。

⑤ 张远东、熊泽文著：《廖平先生年谱长编》，上海：上海书店出版社，2016年版，第248页。

⑥ 张远东、熊泽文著：《廖平先生年谱长编》，上海：上海书店出版社，2016年版，第67页。

思想色彩。他专心著述，从不停笔，一生著述近140部，除经学著作外，以多病之故，钻研医术，写成医书20多种，撰有《四益馆经学丛书》，后又增益为《六译馆丛书》。

廖平尊崇今文经学，作《知圣篇》，认为《公羊》学的素王改制说是经学的微言大义所在，但汉代公羊家只讲孔子为汉制，远未穷尽孔子改制的意蕴。他说孔子改制是垂万世之定制，为中国立万世法，只有这样来理解素王改制说，才算懂得了"知圣"。反对平分今古之论作《辟刘篇》。他认为古文经学起源于刘歆作伪，西汉哀平之前并无古文经学之说，《史记》《汉书》关于哀平之前古文经学的材料，都是刘歆及弟子添窜的。此说对康有为产生了重要影响，进而在社会政治方面产生了极大震动。廖平在光绪十五年（公元1889）的会试后，应张之洞之召，曾转赴广州。康有为、黄季度同访廖平于广雅书局，竟夕晤谈，廖平向他们展示了《知圣篇》和《辟刘篇》。之后廖平又访康有为于广州安徽会馆，再次谈论。康有为遂本廖平之论，据《知圣篇》著《孔子改制考》，据《辟刘篇》著《新学伪经考》。这两部为后来的维新变法提供了思想基础的书，影响极大。虽康有为一再否认这两部书与廖平有关系，但康有为之书是受廖平之书启发而成，当是一个不容否认的客观事实。张之洞甚至认为康有为是廖平的嫡传弟子，梁启超为再传弟子。廖平的经学不仅在经学史上有重大贡献，而且在整个近代思想史上都有独特的意义。①

---

① 张远东、熊泽文编著：《经学大师廖平》，上海：上海书店出版社，2015年版，第166页，《清故龙安府学教授廖君墓志铭》："君之言极恢怪者，以六经皆孔子所作，虽文字亦孔子造之，与旧记尤相左，人亦不敢信。初，君受学湘潭王翁，其后说渐异，王翁颇非之。清大学士张之洞尤重君。及君以六经说《周礼》，之洞遗书，以为'风疾马良，去道愈远'。而有为之徒见君前后异论，谓君受之洞贿，著述有驳，此岂足以污君者哉？君学有根柢，于古今经学无不窥，非若康氏之剽窃者。应物端和，未尝有倨容，又非康氏自拟玄圣，居之不遗者也，顾其过锐，流于谲奇，以是与朴学异趣。康氏无儒行，其后数传，言益乱俗，而君持论以教孝为立国根本，事母先承旨，如恐弗胜，乃不为末学狂稚者所借，一可知君雅素矣。"

　　1932年，廖平为联系出版自己的著作，想要亲赴成都，不料走到乐山，忽发大病，随行的儿子廖成励等，马上将他抬回井研，未及抵家，半途卒于河坎场，享年八十一岁。他逝世后，井研同乡熊克武，当时在南京任国民党中央委员，以廖平的经学影响，定为国葬，同时汇来银圆一千余元，作为丧葬费。追悼大会在成都举行，自蒋介石、戴季陶、孙科以下社会各界人士，纷纷敬致挽联，表达对这位先师传人、后生先师的哀思和崇敬之情。章太炎为廖平所撰《清故龙安府学教授廖君墓志铭》言："以君学不纯德，而行乎纯儒。"①廖平虽一生坎坷，屡遭排抵、夹击，而始终心坚骨硬，他应当是学人的良师，治学者的楷模。

　　廖平墓原在东林陈家山，墓前的碑铭有章炳麟、林思进等人的字迹，后不幸被毁。现在，廖平墓已迁至乐山井研城郊翠屏山。章太炎铭曰："斯心燔经，不可以罪孙卿；虑也劫后，不可以诬高密。廖君之言多扬诩，末流败俗君不与。"②

图4-27　廖平墓文物保护碑

①　张远东、熊泽文编著：《经学大师廖平》，上海：上海书店出版社，2015年版，第166页，《清故龙安府学教授廖君墓志铭》。

②　张远东、熊泽文编著：《经学大师廖平》，上海：上海书店出版社，2015年版，第166页，《清故龙安府学教授廖君墓志铭》。

十一、历史文化大家——盐亭蒙文通

　　"先生身材不高，体态丰盈，美髯垂胸，两眼炯炯有神，持一根二尺来长的叶子烟杆，满面笑容，从容潇洒地走上讲台，大有学者、长者、尊者之风。"①一生治经史，通佛学，盐亭蒙文通指导学生言："我这里纵不识一个字，亦须还我堂堂地做个人。一个心术不正的人，做学问不可能有什么大成就。"②儒者豪迈，成就了一代历史文化大家。③

图4-28　蒙文通像

　　蒙文通（公元1894—1968），名尔达，字文通，四川省盐亭县石牛庙乡人。蒙文通早年受业于清末国学大师廖平与刘师培，从研究传统经学开始他的学术生涯。蒙文通五岁入私塾，1906年又随其伯父入四川高等学堂分设中学，五年后被选入当时国学最高学府四川存古学堂。存古学堂是赵启霖仿张之洞在湖北创办的机构而设，对入选学生要求极高，多数都是举人、贡生及新式学堂中顶尖人才，旨在"保存国学，尊重蜀贤"④。蒙文通进入学堂后，"两耳不闻天下事，一心

---

①　方宁编著：《风雅颂·百年来百位老学人珍闻录》，北京：新世界出版社，2007年版，第144页。

②　方宁编著：《风雅颂·百年来百位老学人珍闻录》，北京：新世界出版社，2007年版，第144页。

③　参见刘复生：《通观明变，百川竞发——读〈蒙文通文集〉兼论蒙文通先生的史学成就》，《四川大学学报》2004年第6期。

④　参见政协四川省文史资料研究委员会、四川省文史馆编：《四川近现代文化人物》，成都：四川人民出版社，1989年版，第152页，《经学家蒙文通》。

只读经史书"，时刻钻研国学，且不拘于大师们平时所讲，课余自行购置书籍，广涉经、史、子、集，对《四库全书》也开始涉及，早年广博的知识为蒙文通在经、史、佛领域的研究奠定了深厚的根基[①]。

蒙文通兼通经史佛，造诣精深，成就巨大，影响深远。经史方面，蒙文通早在四川存古学堂便积淀了深厚的基础。1914年著《孔氏古文说》，深入旧史与六经的根基，由此辨其差别进而解开学者在二者上争论的症结。蒙文通独特的见解深得老师廖平的赞誉："文通文如桶底脱。佩服！佩服！后来必成大家。"[②]1927年，蒙文通撰成成名作《古史甄微》，提出了中国上古民族可以江汉、海岱、河洛分为三系，其部落、姓氏、居处地域皆各不同，其经济文化各具特征的学说。其后又以《经学抉原》一书，从学术文化的角度丰富和完善了此说。"三系学说"和当时《古史辨》学派的观点迥异其趣，但就其对学术界广泛而深远的影响而言，实可以与之媲美。另相继撰述《近二十年汉学之平议》《天问本身》《周秦民族史》《中国史学史》《考古甄微》《儒家政治思想之发展》《墨学之流变及其原理》等专论。

对于经学，蒙文通一向视之为历史的经纬，二者与文学互相交叠共同组成历史的洪流。他的著述论证也常以经治史，以史注经，二者辉映成趣。在他生命的最后四年时间里，蒙文通怀着维护中华民族崇高利益的责任感，写成了一部考论古代百越民族史的专著《越史丛考》。这是一部充溢着实实在在爱国精神的书，它标志着我国古民族史研究的新水平。该书详细引用一百三十余种古文献资料，有经有史，经史互证。从十二个角度探究越南的起源、发展、扩张、削弱的过程，论证谨严，资料翔实，极具说服力。

蒙文通所著、所讲魏晋南北朝及隋唐断代史为当时国内权威。任教北大之时，因种种原因胡适不再延聘蒙文通。钱穆曾言："文通所任，乃魏晋南

① 参考史飞翔著：《民国大先生》，北京：中国文史出版社，2014年版。
② 张远东、熊泽文著：《廖平先生年谱长编》，上海：上海书店出版社，2016年版，第225页。

北朝及隋唐两时期之断代史。余敢言，以余所知，果文通离职，至少在三年内，当物色不到一继任人选。"①后来蒙文通离职北大，隋唐史先由陈寅恪先生担任。还未教一个月，其夫人就威胁说："若不辞北大兼职，即不再过问其三餐。"②隋唐史只得由各学者分授，学生甚为不满，胡适为此也大伤脑筋，却也拉不下脸面到天津去延聘蒙文通，授课一事也只好敷衍了事。③

蒙文通最重要的史学思想是"通观达识，明其流变"，认为史学家的任务，在于指出历史变化的痕迹，揭示发展的原因。蒙文通注重从社会经济史的研究中去探索历史发展的原因。《中国历代农产量的扩大和赋役制度及学术思想的演变》一文，就是"史以明变"观点的代表作。

蒙文通晚年致力于民族史和地方史的研究，提出昆仑宜为上古一文化中心说，认为巴蜀文化当系自西东渐，楚文化也颇受巴蜀文化影响，《山海经》就是巴蜀楚上古文化产品的学术观点。此外，还有《古地甄微》《儒学五论》《道书辑校十种》《巴蜀古史论述》《先秦少数民族研究》等专著和学术论文数十篇。他在古代历史、古代地理、古代民族、古代学术、古代宗教等领域给后人留下了丰硕的成果。

经学研究上，蒙文通是近代著名今文经学家廖平的学生，他对廖平经学的修正、发挥与发展，凸显了他对今文经学家的理想制度及思想实质的阐释。近代著名今文经学家廖平首倡以"礼制"的不同来区分今古学，蒙文通作为廖平的学生，不只是继承了廖平的学说，更重要的是进行了修正、发挥和发展。如蒙文通修正了廖平区分今古学派别的说法。他认为，在古文经学的组成中晋学占了大部分，此外还有壁中书和流传于民间的学问。陈德述在

---

① 毛子水、胡适、曹建等编：《国立北京大学》，台北：南京出版有限公司，1981年版，第300页。
② 毛子水、胡适、曹建等编：《国立北京大学》，南京出版有限公司，1981年版，第300页。
③ 事见毛子水、胡适、曹建等编：《国立北京大学》，南京出版有限公司，1981年版，第300页。

《蒙文通对今文经学研究的贡献》一文概括其观点："《六艺》是鲁人之学，《谷梁》是鲁学，鲁学是《六经》的正宗，是孔子学说的嫡派，是谨守旧义的、谨守师传的、纯正的儒学。《伏生尚书》《夏侯尚书》《田何易》《梁丘易》《鲁诗》《后氏礼》都是鲁学。"①

蒙文通对今文经学研究的最大贡献是：他把今文经学的主要制度归纳为五种，并且详尽地进行了分析，深刻地揭示了今文经学思想的实质和意义。陈德述将其概括为："蒙文通认为，汉代今文学有内学和外学之分，内学中蕴含着儒家的'微言大义'，外学不但背叛了今文学的革命思想，也不研究'礼制'，对礼仪制度是'幽冥而莫知其源'，陷入了'分析文字，烦言碎辞'的烦琐哲学之中，这种学风在历史上产生了深远的极坏的影响。"②他认为今文经学吸取了各家思想，发展和总结了先秦诸子和儒家的思想，最显著的是吸收了墨家和法家的思想；在理论创树时，重视制度，详于制度。因而使今文经学的思想更丰富、更宏大、更全面、更具体，从而适应了当时社会历史的要求，满足了当时统治者的需要。这不仅有其历史发展的必然，也有其内在的逻辑依据。蒙文通沿着廖平的学术方向往前走，着重去分析今文经学的理想制度，通过对理想制度的分析来揭示今文经学思想的革命性和进步性，从而大大丰富了今文经学思想的内涵。

蒙文通师承欧阳竟无，佛学造诣也很高。蒙文通治佛学，源于中国20世纪20年代初期的今古文的大论战。1918年蒙文通从四川存古学堂毕业后，返回家乡盐亭以办私塾为生，继续从事经史研究。五四运动以后，中国掀起一场新兴的文化革命。以鲁迅、陈独秀等为代表的新文化干将与吴

---

① 四川大学历史文化学院编：《蒙文通先生诞辰一百一十周年纪念文集》，北京：线装书局，2005年版，第84页。
② 四川大学历史文化学院编：《蒙文通先生诞辰一百一十周年纪念文集》，北京：线装书局，2005年版，第86页。

宓、章士钊等发生激烈论战。在这场争论中蒙文通难以取舍，便辞去重庆府联中和四川省立女子第二师范学校的职务，"游学于吴越之间，访学于各大经史家门下，与章太炎论古今之流变，与欧阳竟无论佛典之影响"①。在游学过程中，蒙文通仍难以在二者之间取舍，却悟及佛学在中国思想中的深层影响，便在欧阳竟无所办的"支那内学院"潜心研究佛学，从1923年到1927年，长达四年之久。此期，蒙文通与汤用彤、熊十力、吕澂等朝夕相处，互相争论，虽各论不一，甚至针锋相对，但这对蒙文通佛学研究有极为重要的作用。

在长期的"闲话"与"争辩"中，蒙文通得以旁及各学派立论的根基及其论证的过程，从而使自己的思想体系益发精密、严整，以致在佛学研究上当时少有人能及。欧阳竟无寄希望于蒙文通，希望他继承衣钵专研佛学。蒙文通没有辜负欧阳竟无，在佛学研究上相继取得重大突破②。

蒙文通一生以教书育人为己任。他先后执教于重庆府联中、四川省立女子第二师范学校、成都大学、中央大学、河南大学、北京大学、天津第一女子师范学校、四川大学、华西协合大学等校。任教期间，蒙文通不仅学术迥异于人，脾性也有刚气。1931年四川军阀将教育经费挪至他用，强行将成都大学、成都师范大学、公立四川大学合并为国立四川大学。蒙文通愤而辞去职务以示抗议，后执教于河南开封③；在河北省立女子师范学院期间，日伪政府多次强"邀"其撰写类似《越史丛考》之类的政治学术文章，力辞不就。从河北省立女子师范学院转至四川大学后，蒙文通应郭有

---

① 参见李殿元、李松涛著：《巴蜀高劭振玄风·巴蜀百贤》，成都：四川人民出版社，2001年版，第313页。

② 见李殿元、李松涛著：《巴蜀高劭振玄风·巴蜀百贤》，成都：四川人民出版社，2001年版，第313页。

③ 参见任一民主编：《四川近现代人物传》，成都：四川大学出版社，1987年版，第4辑，第213页。

守之邀，出任四川省图书馆馆长。中华人民共和国成立伊始，蒙文通又兼任中国科学院历史研究员和学部委员。1968年，蒙文通撰完《越史丛考》的初稿后便与世长辞，享年七十四岁，长眠于山清水秀的长松寺公墓。

蒙文通一生笔耕不辍，著作等身。《蒙文通文集》共六集，由巴蜀书社（1987—2001）出版。内容涵盖了先秦两汉的经学及诸子学，晚周、六朝、两宋史学，佛学中的禅学和唯识学，道家和道教学，宋明理学，古地理学，古代民族史，古代社会经济史等方面，2015年蒙文通120周年诞辰之际，巴蜀书社特邀请蒙默重编《蒙文通全集》。《蒙文通全集》在文集的基础上增加了以前未收录的手稿、诗词杂著、佚文、学术年谱等近百万字，使其成为目前最全的蒙氏著作汇编。

萧萐父在蒙文通百年诞辰之日写祝词曰：

"儒申五际，道阐重玄。古族三分，越史千年。掀髯大笑，川上观澜。缅怀仪型，儒慕拳拳。"①

并颂诗一律：

"存古尊经学脉醇，观澜明变见精神。弘通汉宋堂庑广，涵化中西视角新。秘阐齐韩昭大义，疏还成李入玄莹。桐花细雨京郊路，钵水投针笑语亲。"②

图4-29　蒙文通全集

---

① 萧萐父著：《吹沙二集》，成都：巴蜀书社，2007年版，第211~212页。
② 萧萐父著：《吹沙二集》，成都：巴蜀书社，2007年版，第211~212页。

十二、汇融中外"新心学"——金堂贺麟

"五凤溪边引兴长，春花秋实沁心香。青山绿水偏多意，此地有人添国光。"①学贯中西，建立"新心学"，位列新儒家八大家，金堂贺麟是四川的骄傲，他是我国著名的哲学家、哲学史家、黑格尔研究专家、教育家、翻译家，为我国的哲学发展做出了突出贡献。

贺麟（公元1902—1992），又名光瑞，字自昭，四川省金堂县人。受其祖辈和家族文化的影响，从小就受到儒学熏陶，立志读世界上最好的书，汲取了宋明理学和陆王（陆九渊、王阳明）心学的精髓，为他后来游学欧美、

图4-30　贺麟照

融汇中西、创立"新心学"、问鼎中国当代新儒学代表人物，积淀下了深厚的传统文化底蕴②。

贺麟学贯中西，在中国哲学方面有极高造诣，早在20世纪40年代，就建立了"新心学"思想体系，在中国现代新儒家思潮中声名卓著，被尊为现代新儒学八大家之一。

他主张"心"是"最根本最重要"的，认为"不可离心而言物"③，认为以孔子、孟子、诗教、礼教、宋明理学为代表的儒学，是中国文化的优良传统，

① 诗歌为画家张幼矩所作，题在五凤溪古镇。
② 参见李连科著：《中国哲学百年论争》，北京：商务印书馆，2004年版，第79页。
③ 贺麟著：《五十年来的中国哲学》，上海：上海人民出版社，2012年版，第79页。

提出应该从哲学化、宗教化、艺术化三条途径出发，吸收西方思想文化的长处，来改造、补充和发挥儒家学说，以谋求"儒家思想的新开展"①。认为"儒家的理学为中国的正宗哲学，亦应以西洋的正宗哲学发挥中国的正宗哲学。因东圣西圣，心同理同。苏格拉底、柏拉图、亚里士多德、康德、黑格尔的哲学与中国孔孟、老庄、程朱、陆王的哲学会合融贯，而能产生发扬民族精神的新哲学，解除民族文化的新危机，是即新儒家思想发展所必循的途径"②。认为"中国文化自宋儒起，可以说是划一新时代，加一新烙印，走一新方向"③，宋儒"哲学中富有爱民族，爱民族文化的思想，在某意义下，宋明儒之学，可称为民族哲学，为发扬民族、复兴民族所须发挥光大之学"④，宋儒的"格物穷理"，"凡说程朱之学虚玄空疏不切实用者，皆只是表面上的看法"⑤。

贺麟以心的实在性来规定宇宙万物的实在性，以主体逻辑心的实在性否定了宇宙万物的客观实在性，这是标准的唯心主义观点，但是在处理心物关系上，贺麟十分谨慎地认为"严格来讲，心与物是不可分的整体。为方便计，分开来说，则灵明能思者为心，延扩有形者为物。据此界说，则心物永远平行而为实体之两面，心是主宰部分，物是工具部分"⑥，他将"心"和"物"看成是平行的，这一观点明显是受斯宾诺莎（实体属性）的影响，但是他并没有照着斯宾诺莎的路径走下去，而是走向了唯心主义。贺麟还进一步借用了体用概念来解释心物关系（心体物用），"心为物之体，物为心之

---

① 贺麟著：《文化与人生》，贺麟全集，上海：上海人民出版社，2011年版，第11页。
② 贺麟著：《文化与人生》，贺麟全集，上海：上海人民出版社，2011年版，第15页。
③ 贺麟著：《文化与人生》，贺麟全集，上海：上海人民出版社，2011年版，第196页。
④ 贺麟著：《文化与人生》，贺麟全集，上海：上海人民出版社，2011年版，第197页。
⑤ 贺麟著：《文化与人生》，贺麟全集，上海：上海人民出版社，2011年版，第197页。
⑥ 贺麟著：《近代唯心论简释》，中华现代学术名著丛书，北京：商务印书馆，2011年版，第2页。

用。心为物的本质，物为心的表现"①。"合理而言实在"②是从心引申到理，整体而言，贺麟的新心学试图将程朱理学和陆王心学调和起来，强调心学即理学，这样"理是心的一部分，理代表心之灵明部分。理是心的本质。理即是本心而心的偶然性，如感觉、意见、情欲等"③。"心之有理，犹如刃之有利"④，贺麟的心即理在形式上继承了中国心学的命题，但是论证完全采取了康德式的方法。

贺麟将心分为心理意义上的心和逻辑意义上的心。心理意义上的心就是经验上的事实，即康德的"现象"，用宋明理学的术语说就是"已发"；逻辑意义上的心是超经验的精神原则，是经验的统摄者、行为的主宰者、知识的组织者、价值的评判者，即康德的"理性"，用宋明理学的话说是"未发"。未发为已发之体，逻辑为心理之体。

"合意义价值而言实在"⑤涉及价值论的内容，价值主要从主体的需要和客体能否满足主体的需要以及如何满足主体需要的角度来看待事物。价值标志的是一种关系，"合意义价值而言实在"⑥并不是简单否定宇宙万物的存在，而从价值论的角度来规定客观实在，从分析心物之间的价值关系来说

---

① 贺麟著：《近代唯心论简释》，中华现代学术名著丛书，北京：商务印书馆，2011年版，第3页。

② 贺麟著：《哲学与哲学史论文集》，北京：商务印书馆，1990年版，第129页

③ 贺麟著：《近代唯心论简释》，中华现代学术名著丛书，北京：商务印书馆，2011年版，第20页。

④ 贺麟著：《近代唯心论简释》，中华现代学术名著丛书，北京：商务印书馆，2011年版，第20页。

⑤ 贺麟著：《哲学与哲学史论文集》，北京：商务印书馆，1990年版，第129页，"唯物论者离心而言实在，离理而言实在，离价值而言实在。换言之，唯物论者以为真实之物，是离意识而独立存在，是不一定合理性合理想，有价值有意义的。唯心论者则合心而言实在，合理而言实在，合意义价值而言实在。换言之，唯心论者认为心外无物，理外无物，不合理性，不合理想，未经过思考，未经过观念化的无意义无价值之物，均非真实可靠之物或实在"。

⑥ 贺麟著：《哲学与哲学史论文集》，北京：商务印书馆，1990年版，第129页。

明心的本体性，只有对主体有价值的东西才具有实在性，而其他对主体不具有价值的东西的存在对主体来说没有任何意义，我们就可以把这些当作是不存在的，"一物之色相、意义、价值之所以有其客观性，即由于此认识的或评价的主体有其客观的必然的普遍的认识范畴或评价准则。若用中国旧话来说，即由于'人同此心，心同此理'。离心而言物，则此物实无一色相、无意义、无条理、无价值之黑漆一团，亦即无物"[①]。贺麟还论证了理想的重要性，由重心轻物很自然地得出重理想轻现实的结论，他认为，只有对现实的评判才会有想要改变现实的动力，才会有改变现实的事实。理想是人之价值之所出，思想具有逻辑上的先在性，也就具有更多的实在性[②]。

贺麟承袭了康德的主观唯心主义时空观："故我认为，大体上我们必须接受康德的不朽见解，自己加以补充和发挥，而不可对康德之说盲目不加理会。"[③]新心学的补充和发挥就在于不是仅仅把时空理解为感性的直观形式，而将时空提高到了"理"的地位上，并与"心外无理""心外无物"结合起来，这样，贺麟就通过其唯心时空观将事物的客观性完全消解了，将其主观唯心主义原则贯彻到整个宇宙，将事物的规定性完全统一于心中的"理"，从而得出"心外无物""理外无物"的结论。贺麟对心即理的论述是想要改变中国哲学的致思倾向，他所继承的是心学的精神原则，是心学对主体的推崇，而他的改造主要是用康德和黑格尔的理性精神来改变中国心学注重伦理而轻本体论的品格，将西方哲学中具有更多理性色彩的学说添加进来，使传统心学的心即理具有更多的本体论和认识论的意义。

---

① 贺麟著：《近代唯心论简释》，中华现代学术名著丛书，北京：商务印书馆，2011年版，第1页。

② 贺麟著：《近代唯心论简释》，中华现代学术名著丛书，北京：商务印书馆，2011年版，第5页，"理想乃事实之反映……理想为现实之反映……理想乃人之本性"。

③ 贺麟著：《近代唯心论简释》，中华现代学术名著丛书，北京：商务印书馆，2011年版，第13页。

　　贺麟的"新心学"融通中西文化，是陆王心学与新黑格尔主义相结合的产物。贺麟新心学思想体系的特点之一就是调解两个对立面，使之融和、合一。新黑格尔主义以主观唯心主义来代替黑格尔的客观唯心主义，以形而上学来修正黑格尔的辩证法。他的"儒家思想的新开展"的论述，知行合一新论与直觉论，"心即理"的唯心论，构成了他哲学思想的主要部分。1949年以后，在马克思主义的影响下，贺麟放弃了自己的唯心论哲学，思想逐步转向辩证唯物论和历史唯物论，并且集中精力研究西方哲学和翻译西方哲学名著，如黑格尔的《小逻辑》《精神现象学》《哲学史讲演录》，斯宾诺莎的《伦理学》等译本，都出自其手。

　　贺麟是五四以来"新儒家"思潮中较晚出现的一位"新儒家"学者，他对这一思潮作了总结，在吸收其他"新儒家"学者经验的基础上，建立了新心学，新心学虽然在形式上没有新理学、新唯识论那么严谨和完整，社会影响也不如新理学大，但他公开打出"新陆王"的旗帜，与新理学抗衡，构成

图4-31　五凤溪贺麟故居

"新儒家"思潮不容忽视的一大分支。贺麟创立了自己的哲学体系，代表著作有《文化与人生》《近代唯心论简释》等。

现五凤溪上游的杨柳沟畔，有一座古色古香的宅院，这便是贺麟故居。

贺麟故居始建于清道光年间，距今已有近两百年的历史，是典型的庭院式四川民居。故居前临杨柳河，背倚寨子山，竹木掩映。故居旁有座雕塑，叫《东西方对话》，把贺麟哲学思想的研究对象——西方黑格尔、东方朱熹的学术观点——"绝对理念"与"太极说"，外化作具象对比，表达出东西方交融的学术理念，也展示了贺麟被誉为"东方黑格尔之父"的文化魅力。

十三、新儒家领军人物——宜宾唐君毅

"明道救世，上承前哲；肫肫其仁，垂范后昆。"[1]这就是新儒家领军人物，中国现代著名思想家、哲学家、教育家唐君毅一生的光辉写照。牟宗三先生盛赞他是"文化意识宇宙的巨人"[2]。

唐君毅一生以维护中国文化，弘扬孔子之道为己任，行合于礼，学宗于儒，是新儒家学派中一位承先启后的重要健将，钱穆称许他为一代大儒。

唐君毅（公元1909—1978），四川宜宾人。其祖籍广东五华，为客家，七世祖始由粤移川，以糖工起家置田产。到了他祖父一代才开始读书，成为所谓耕读之家。他的父亲为清代秀才，

图4-32　唐君毅照

① 唐君毅著，谢廷光编：《唐君毅全集》第38卷，北京：九州出版社，2016年版，第470页，余英时《唐君毅先生像铭》。
② 吴兴文主编：《牟宗三文集》，长春：吉林出版集团有限责任公司，2015年版，第228页，《道德的理想主义》。

曾赴南京支那内学院跟随欧阳竟无学佛，著有《孟子大义》一书。他的母亲也有相当的学养，留有《思复堂遗诗》。在这样一个充满了传统文化气氛家庭的涵育下，唐君毅从小就培养了对古人深深的尊敬和"厚道的心情"。唐君毅的少年时代主要在成都和重庆两地度过。下川南（岷江流域）敦厚朴实的民风和"东去江声流洞泊，南来山色莽苍苍"①的金沙江景大凉山色，更陶冶了他宽厚笃实的性格。

十七岁那年，他考上了北京大学，不久即转入南京中央大学哲学系，受业于方东美、汤用彤诸先生，并曾听熊十力讲"新唯识论"。1932年，唐君毅由中央大学毕业后，先返成都教中学，不久即回到母校任助教。抗战全面爆发后，入川转任华西协合大学讲师，不久再赴重庆，任中央大学讲师，至1944年升为教授，并兼哲学系主任，一直到1949年。这期间，他还曾短期兼任过华西协合大学、金陵大学教授和无锡江南大学教务长。1949年4月，唐君毅远赴香港地区，与钱穆、张丕介等创办新亚书院，并兼任教务长、哲学系主任等职。1958年与徐复观、牟宗三、张君劢联名发表现代新儒家的纲领性文章《为中国文化敬告世界人士宣言》。1963年香港中文大学成立，受聘为该校首任文学院院长和哲学讲座教授，1967年任新亚研究所所长。1974年，以香港中文大学哲学系讲座教授荣休，继续任新亚研究所所长，次年任台湾大学哲学系客座教授。

唐君毅一生驰骋于东西哲学领域中，为建立一个道德理想主义的人文世界而殚精竭虑，埋头笔耕，留下了数量惊人的著作，在现当代中国哲学界几无人能与之比肩。在他去世前的半个月，曾为自己写于20世纪50年代初的《中国文化之精神价值》一书的第十版作序②，在这篇序中，将自己的主要

---

① 唐君毅著，谢廷光编：《唐君毅全集》第34卷，北京：九州出版社，2016年版，第3页，此句为唐君毅父亲题写在门口的对联。
② 唐君毅著，谢廷光编：《唐君毅全集》第9卷，北京：九州出版社，2016年版，第1~6页。

著作概括为四类：

第一类为"泛论人生文化道德理性之关系之著"，如《人生之体验》《道德自我之建立》等。

第二类为"评论中西文化、重建人文精神人文学术，以疏通当前时代之社会政治问题之一般性论文"的合集，如《中华人文与当今世界》《中国人文精神之发展》等。

第三类为"专论中国哲学史中之哲学问题"，如心、理、性命、天道、人道之著，此即大册的《中国哲学原论》（分为《导论篇》《原性篇》《原道篇》《原教篇》）。

第四类为"表示个人对哲学信念之理解及对中西哲学之评论之著"，如《哲学概论》《生命存在与心灵境界》。

上述四类著作，在写作的时间以及所涉及的内容方面，都相当集中，构成了唐君毅思想的不同阶段和他一生著述的几个丛集。[①]

唐君毅一生致力于人文精神的重建与发展，其学问体大思精，长于辨析又善于综摄，驰骋于东西方哲学之中，终归于中国圣贤义理之学。1978年2月，唐君毅病逝于香港，享年七十岁。1991年，《唐君毅全集》出版，全三十册。其中《人生之体验》《人生之体验续编》及《道德自我之建立》对人生有精纯深微的体验；《中国哲学原论》系列著作六大卷，则对中国传统哲学作出系统疏解并提出新的诠释。1976年出版的《生命存在与心灵境界》是其平生学术思想的综合，标志着他思想体系的最终完成。

唐君毅的思想中，体现出一种真切深微的人生体验，以及由此透出的道德提升力，同时又表现出深厚强烈的文化意识和周流融贯的会通精神。唐君毅治学从西学入手，然后反观中国文化，进而谋求中西文化、哲学的融会贯

---

① 庞朴主编：《20世纪儒学通志·学案卷》，杭州：浙江大学出版社，2012年版，第240~241页，《唐君毅儒学学案》。

通。然其终极目的，仍在于发掘中华文化的内在精神价值，力图重整趋于衰颓的中华人文世界和人文理想。作为现代新儒学的重要代表，唐君毅对民族文化精神的弘扬，对中国未来文化的建构，无论是对现代文化思潮的导引，还是对时代精神的建立，都有着积极而广泛的意义。

2009年5月20日，为庆祝香港中文大学哲学系创系60周年，以及该系创系系主任、首位讲座教授唐君毅百岁冥寿，香港中文大学举行了唐君毅铜像奠立仪式，以表扬他对哲学及文化的不朽贡献。

附余英时撰写的《唐君毅先生像铭》①，精确深刻地总结了他的生平及学术：

> 唐君毅先生（一九零九至一九七八），四川宜宾人，幼承庭训，以儒典启蒙；及长游学南北，受教于欧阳渐、熊十力诸大师，遂能通儒释之邮。先生精思明辨，出于秉赋，初治西哲之言即若针芥之投。所造既深，则于德意志辩证思维冥契尤多。平生以重振中国人文精神为己任，故冶旧学新知于一炉，逐层为系统之建构，堂庑开阔，阶次森然：《道德自我之建立》，其始基也；《中国文化之精神价值》，其全幅呈现也；《心灵九境》，其终极归宿也。先生之学与年俱进，此其明征也。一九四九年先生参与新亚书院之始建而首创哲学系，迄一九七四年自中文大学讲座引退，先后主持香港哲学坛坫二十有五年；济济多士出于门下者，极一时之盛。风雨如晦，花果飘零，神州哲理犹能续慧命于海隅，先生之功莫大焉。先生讲学不忘理乱，亲历世变，慭焉忧之，于是发愤返本开新，持孔子之教为天下倡，此海外新儒家之所由兴也。新儒家之宗旨与规模定于先生所撰文化宣言，数十年来流布海内外，骎骎乎

---

① 唐君毅著，谢廷光编：《唐君毅全集》第38卷，北京：九州出版社，2016年版，第470页，余英时《唐君毅先生像铭》。

与世运共升降，不亦卓乎！

明道救世，上承前哲；肫肫其仁，垂范后昆；仰瞻遗像，永志勿忘。

公元二零零八年岁次戊子门人余英时敬撰。

牟宗三在唐君毅的挽联中题写："一生志愿纯在儒宗，典雅弘通，波澜壮阔；继往开来，智慧容光昭寰宇；全副精神注于新亚，仁至义尽，心力瘁伤；通体达用，性情事业留人间。"[①]这正是唐君毅一生行谊最恰当的概括，也是对他一生业绩的高度赞扬！

---

① 唐君毅著，谢廷光编：《唐君毅全集》第37卷，北京：九州出版社，2016年版，第17页，牟宗三《悼念唐君毅先生》。

第 五 章

"史学在蜀"考史辨疑留巨著——
史学名人

四川名人读本

一、良史之才——南充陈寿著《三国志》

"（时人称其）善叙事，有良史之才"①，唐房玄龄在《晋书·陈寿传》中高度肯定了陈寿的史学才干，而他所著《三国志》则与《史记》《汉书》《后汉书》并称为"前四史"，影响深远。

陈寿（公元233—297），字承祚，西晋巴西安汉（今四川南充北）人，西晋史学家。他年少好学，就有志于史学事业，对于《尚书》《春秋》《史记》《汉书》等史书进行过深入的研究。师事同郡学者谯周（蜀国天文学家），所写文章以富丽著称。在蜀汉时历任卫将军姜维主簿，东观、秘书郎，散骑、黄门侍郎，观阁令史等职。当时，宦官黄皓专权，大臣都曲意附从。陈寿因为不肯屈从黄皓，所以屡遭遣黜。又遇陈寿父亲去世，在他守丧期间，因为生病而让婢女伺候自己服药，被来客看见，乡党因此对他纷纷

---

① 〔唐〕房玄龄撰：《晋书·陈寿传》卷82，北京：中华书局，1974年版，第2137页。

图5-1　陈寿塑像

议论指责。

景耀六年（公元263），蜀汉灭亡，陈寿因居丧使唤婢女一事而多年不被荐举。张华欣赏其才华，认为他虽然有行为不检点的嫌疑，但依照情理不应被贬废，于是推举他为孝廉，授官佐著作郎，又出任阳平县令。其间陈寿编撰了《诸葛亮集》，上报朝廷。后历任著作郎、长广太守、治书侍御史、太子中庶子等职。晚年多次被贬，屡次受人非议。①

太康元年（公元280），晋灭吴结束了分裂局面后，陈寿当时四十八岁，撰写完成近三十七万字的《三国志》，完整地记叙了自汉末至晋初近百年间中国由分裂走向统一的历史全貌，与《史记》《汉书》《后汉书》并称

① 事见《晋书·陈寿传》。

图5-2　《三国志》书影

"前四史"。

　　《三国志》是一部记载魏、蜀、吴三国鼎立时期的纪传体断代史，全书一共六十五卷，其中《魏书》三十卷，《蜀书》十五卷，《吴书》二十卷。《三国志》名为志其实无志。《魏书》有本纪、列传，蜀、吴二书只有列传。陈寿是晋朝朝臣，晋承魏而得天下，所以《三国志》尊魏为正统。《三国志》为曹操、曹丕、曹叡分别写了武帝纪、文帝纪、明帝纪。而记刘备、刘禅为先主传、后主传；记孙权称吴主传，记孙亮、孙休、孙皓为三嗣主传。《蜀书》《吴书》均只有传，没有纪。当时魏、吴两国先已有史，如官修的有王沈的《魏书》、韦昭的《吴书》，私撰的有鱼豢的《魏略》，此三书当是陈寿依据的基本材料。蜀国无史官一职，故自行采集，仅得十五卷。因此，《三国志》是三国分立时期结束后文化重新整合的产物。

　　陈寿在书中表现出品题人物的兴趣。他说刘备是英雄，曹操是超世之英杰、孙策、孙权是英杰，周瑜、诸葛亮、鲁肃是奇才，庞统、程昱、郭嘉、董昭是奇士，董和、刘巴是令士，和洽、常林是美士，徐邈、胡质是彦士，王粲、秦宓是才士，关羽、张飞、程普、黄盖是虎臣，陈震、董允、薛综是良臣，张辽、乐进是良将，这都反映了当时的时代风气。

陈寿所著《三国志》，也是私人修史。《三国志》成书之后，就受到人们的好评。《晋书》卷八十二《陈寿传》称："时人称其善叙事，有良史之才。夏侯湛时著《魏书》，见寿所作，便坏己书而罢。张华深善之，谓寿曰：'当以《晋书》相付耳。'其为时所重如此。"①本传又称："元康七年，病卒，时年六十五。梁州大中正、尚书郎范頵等上表曰：'……故治书侍御史陈寿作《三国志》，辞多劝诫，明乎得失，有益风化，虽文艳不若相如，而质直过之。愿垂采录。'"②

陈寿叙事简略，三书很少重复，记事翔实。材料的取舍十分严慎，为历代史学家所重视。南朝人刘勰在《文心雕龙·史传》篇中讲："及魏代三雄，记传互出，《阳秋》《魏略》之属，《江表》《吴录》之类，或激抗难征，或疏阔寡要。唯陈寿《三志》，文质辨洽，荀（勖）、张（华）比之（司马）迁、（班）固，非妄誉也。"③认为那些同类史书不是立论偏激，根据不足，就是文笔疏阔，不得要领，只有陈寿的作品达到了内容与文字表述的统一。《三国志》最早以《魏书》《蜀书》《吴书》三书单独流传，直到北宋咸平六年（公元1003）三书才合为一书。《三国志》也是二十四史中最为特殊的一部，因其过于简略，没有记载王侯、百官世系的"表"，也没有记载经济、地理、职官、礼乐、律历等的"志"，不符合《史记》和《汉书》所确立下来的一般正史的规范。而叙事时，除了在某些人的纪和传中有矛盾之处外，最大的缺点，就是对曹魏和司马氏多有回护、溢美之词，受到

---

① 〔唐〕房玄龄撰：《晋书·陈寿传》卷82，北京：中华书局，1974年版，第2137页。
② 〔唐〕房玄龄撰：《晋书·陈寿传》卷82，北京：中华书局，1974年版，第2138页。
③ 〔南朝〕刘勰撰，周振甫今译：《文心雕龙今译》，北京：中华书局，1986年版，第146页。

了历代史学家的批评。但是瑕不掩瑜，《三国志》仍然是我国纪传体史学名著。

陈寿死后，尚书郎范頵上表说："陈寿作《三国志》，辞多劝诫，明乎得失，有益风化，虽文艳不若相如，而质直过之，愿垂采录。"[1]惠帝于是诏令河南尹、洛阳令，派人去陈寿家抄写《三国志》。

元末明初，罗贯中综合民间传说和戏曲、话本，结合陈寿《三国志》和裴松之注的史料，根据他个人对社会人生的体悟，创作了《三国志通俗演义》，后来又称《三国演义》。

陈寿还是当时著名的藏书家，其藏书楼名曰："万卷楼"。万卷楼始建于三国蜀汉建兴年间（公元223—237）。据史料记载：南充城西有果山，此处有万卷楼。它倚岩而建，为三重檐式木石结构楼阁，飞檐斗拱，气势雄伟。至唐代又在楼前建甘露寺，形成建筑群。四周古木葱郁，翠竹蔽天，甘泉流淙，构成一幅优美动人的山水画卷。因年久失修，于20世纪60年代毁

图5-3 南充万卷楼

---

① 〔唐〕房玄龄撰：《晋书·陈寿传》卷82，北京：中华书局，1974年版，第2138页。

坏。1990年南充市人民政府在西山风景区重建，它由陈寿读书楼、陈寿纪念馆、藏书楼组成，倚山而立，气势恢宏，流光溢彩，成为当地有深厚文化底蕴的标志性建筑。

二、述蜀源——成都常璩撰《华阳国志》

"维天有汉，鉴亦有光。实司群望，表我华阳。"①常璩撰《华阳国志》，著名历史学家任乃强评论这部书说："此其于地方史中开创造之局，亦如正史之有《史记》者一。"②

图5-4　常璩塑像

常璩（约公元291—361），字道将，蜀郡江原（今四川成都崇州）人，东晋史学家。江原常氏为蜀中大族，族人大多研究学问、擅文辞。

西晋永宁元年（公元301），李特在蜀地率流民起义，当地士族纷纷举家迁往他乡。常氏以常宽为首，跟随杜弢等人迁徙到荆湘一带。常璩当时年幼，家境贫困，没能迁徙，改为依附青城人范长生。李特死后，其子李雄继续率领农民起义军。西晋永兴元

① 〔晋〕常璩撰，刘琳校注：《华阳国志校注》卷12，成都：巴蜀书社，1984年版，第903页。
② 〔晋〕常璩撰，任乃强校补图注：《华阳国志校补图注》，上海：上海古籍出版社，1987年版，第6页。

年（公元304），李雄建立成汉政权，常璩一族受到李雄的安定抚慰。李雄发展农业，又兴起礼乐法度，文章教化。此时蜀地清平安宁，赋税微薄。常璩正值壮年，在安定生活中，得以大量阅读先世遗留下来的书籍，以文学渊博著称。

成汉玉衡二十三年（公元333），李雄派遣李寿夺取宁州，招还流民。蜀人在交趾、南中、荆湘避乱的，都陆续返还，常宽等人也回归蜀地。此时常璩已四十岁，刚回归蜀地的族人都来依附他。常璩勤勉地学习，又向归还流民询问他们流离他乡时的地理状况与所经历的事。李期、李寿在位时，常璩为史官。此后，常璩又撰写《蜀汉书》。李寿与东晋断绝外交，而结好于北方，采录《蜀汉书》并将其送给后赵皇帝石虎，北方的文人最先传抄，最早流传于北方黄河流域。李势即位后，常璩升任散骑常侍，因成汉动乱而向往东晋。

东晋永和三年（公元347），东晋大将桓温伐蜀，军至成都，纵火烧成都城的城门。常璩与中书监王嘏等人劝李势投降。成汉灭亡后，桓温在蜀地举任贤能，器重常璩以及尚书仆射王誓、中书监王嘏、镇东将军邓定等人，授以参军之职，以安抚民心。此后，常璩又依照形势前往东晋都

图5-5 《华阳国志》书影

城建康。常璩入晋后，东晋士族重用中原故族，轻视蜀人。此时常璩已年老，又受歧视，便不再在仕途中追求进取，一心专注于史学，撰写了《华阳国志》。

《华阳国志》原作《华阳国记》。"华阳"一名，最早见于《尚书·禹

贡》："华阳黑水惟梁州。"①意思是说梁州东至华山之阳，西至黑水之滨。常璩在《华阳国志·序志》中说："维天有汉，鉴亦有光。实司群望，表我华阳。"②且将汉水作为华阳地区的标志。

《华阳国志》全书十二卷，约十一万字。全书记载了公元4世纪中叶以前，今四川、重庆、云南、贵州四省、市以及甘肃、陕西、湖北部分地区的历史、地理。内容上大体由三部分组成：一至四卷主要记载巴、蜀、汉中、南中各郡的历史、地理，其中也包括这一地区的政治史、民族史、军事史等，但以记地理为主，类似于"正史"中的地理志；五至九卷以编年体的形式记述了西汉末年到东晋初年割据巴蜀的公孙述、刘焉刘璋父子、刘备刘禅父子和李氏成汉四个割据政权以及西晋统一时期的历史，这一部分略似"正史"中的本纪；十至十二卷记载了梁、益、宁三州从西汉到东晋初年的"贤士列女"，这部分相当于"正史"中的列传。刘琳在《华阳国志校注·前言》里指出："从内容来说，是历史、地理、人物三结合；从体裁来说，是地理志、编年史、人物传三结合。"③

《华阳国志》所记地区为《禹贡》九州之梁州，其地因在华山之阳、汉水之南而得名为"华阳"。全书体制完备，内容丰富，考证翔实，史料可靠，是研究古代西南地方史和西南少数民族史以及蜀汉、成汉史的重要史料。

《华阳国志》赞誉了中国西南地区文化的悠远，记载了诸多中国西南的历史人物，以此抗衡中原、扬越，反抗东晋士族对蜀人的轻藐。《四库全书》入史部载记类，近人则往往将其划入地方志中，并被誉为我国现存最早的方志之一。常璩将历史、地理、人物三结合，地理志、编年史、人物传三结合，

---

① 〔清〕阮元校勘：《十三经注疏》，北京：中华书局影印本，1980年版，《尚书正义》，卷6，第150页。

② 〔晋〕常璩撰，刘琳校注：《华阳国志校注》卷12，成都：巴蜀书社，1984年版，第903页。

③ 〔晋〕常璩撰，刘琳校注：《华阳国志校注》，成都：巴蜀书社，1984年版，第2页。

这是方志史上的一个创举。它比此前一般方志将历史、地理、人物分离，各执其一，只能反映地方史地的一个侧面来看，是一种更完备的新方志体裁。其实，这种写法正是编纂正史的基本要求。此外《华阳国志》专门记载了包括几十种少数民族的西南边疆地区的方志。从时间说，包括了晋以前上千年历史；从地域范围说，包括了云、贵、川、渝和陕、甘、鄂部分地区。从时间范畴抑或空间范畴讲，它都非常博大丰富，这在我国方志史上是空前的，后世亦属鲜见。而这也正是《华阳国志》千百年来能挺拔于方志之林并成为方志鼻祖的主要原因之一。

《华阳国志》草创始就，即备受重视。书成之后，就被世人广泛传抄，流行南北。范晔著《后汉书》，裴松之注《三国志》，曾大量采取其文，后来崔鸿著《十六国春秋》、郦道元注《水经》、刘昭注《续汉志》，凡涉及西南史地者，亦无不尽量吸收《华阳国志》的成果。从《隋书·经籍志》开始，历代书志均予以著录。

《华阳国志》自成书以来，受到历代学者的高度评价和推崇。唐代著名史评家刘知几在《史通·杂述》中说："郡书者，矜其乡贤，美其邦族。施于本国，颇得流行；至于他方，罕闻爱异。其如常璩之详审……而能传诸不朽，见美来裔者，盖无几焉。"[1]北宋学者吕大防在《华阳国志·序》中也说："蜀记之可观，未有过于此者。"[2]徐广的《晋记》，范晔的《后汉书》，裴松之的《三国志注》，刘昭的《续汉志注》，李膺的《益州记》，贾思勰的《齐民要术》，唐初修的《晋书》以及司马光的《资治通鉴》等，都大量取材于《华阳国志》。

---

① 〔唐〕刘知几：《史通》卷10，《四部丛刊初编》第70册，上海：商务印书馆，1926年版，第71页。

② 〔晋〕常璩撰，任乃强校补图注：《华阳国志校补图注》，上海：上海古籍出版社，1987年版，第741页。

图5-6 《华阳国志》纪念馆中的赞誉常璩之词

　　《华阳国志》与儒家主张契合，关注民生，揭露贪污之风，同情百姓，为被压迫的民族呐喊。另外，其中还包含了崇俭德，尚勤劳，奖信义，鄙自私等思想，被后人肯定。

　　《华阳国志》为中国西南地区与中原的思想、文化交流融合做出巨大贡献。当代人对于古代西南的研究，都把《华阳国志》作为重要的史料。尤其

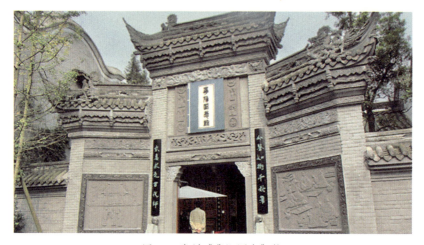

图5-7 崇州《华阳国志》馆

是撰写四川、重庆、云南、贵州等地方的史志，更是离不开《华阳国志》。四川崇州市在街子古镇为纪念常璩而专建了一座华阳国志馆。从古到今，均为盛世修志。改革开放以来，我国各地纷纷建史志机构，兴起修志热潮。街子古镇的"华阳国志馆"的建立也为现在的修志提供了宝贵的借鉴。

三、以史为鉴——成都范祖禹著《唐鉴》

"智识明敏，而性行温良，如不能言；好学能文，而谦晦不伐，如无所有；操守坚正，而圭角不露，如不胜衣，君子人也。"[①]北宋名臣司马光高度肯定的正是范祖禹。他极富史才，所撰《唐鉴》，深明唐三百年治乱，故被尊为"唐鉴公"，青史留名。

范祖禹（公元1041—1098），字淳甫（淳，或作醇、纯，甫或作父），一字梦得，成都华阳人。历史上著名的"三范修史"（范镇、范祖禹、范冲），范祖禹便位列其中。据说，范祖禹出生时，他母亲梦见"一伟丈夫被金甲入寝室，曰：'吾汉将军邓禹。'"[②]因此，被命名为范祖禹。范祖禹父母早亡，他叔祖父——北宋名臣范镇，把他当作自己的儿子一样抚育。但范祖禹因自己是孤儿而心情抑郁，整日里闭门读书，从不干预人事。后来到了京城汴梁，所接触的都是名人。叔祖父范镇对范祖禹十分器重，说："此儿，天下士也。"[③]范祖禹博览典籍，著述颇丰，有《帝学》八卷，《仁宗政典》六卷；《宋史》本传又著录另有诗文集《范太史集》。其对后世影响最为深远的当属《唐鉴》十二卷。

---

① 〔宋〕司马光：《司马文正公传家集》卷45，影印文渊阁《四库全书》本，《荐范祖禹状》，元丰七年十二月上。

② 〔元〕脱脱撰：《宋史》卷337，北京：中华书局，1977年版，第10794页。

③ 〔元〕脱脱撰：《宋史》卷337，北京：中华书局，1977年版，第10794页。

　　范祖禹中进士后，居洛阳十五年，跟随司马光修撰《资治通鉴》。当时王安石执掌朝政，也十分看重范祖禹。王安石的弟弟王安国与范祖禹十分友善，曾示意范祖禹去拜谒王安石，但范祖禹不为名利所动，从未去拜谒。《资治通鉴》修成之后，司马光推荐他为秘书省正字。北宋名相富弼致仕以后住在洛阳，很少与人接触，唯独对范祖禹例外。富弼病重时，请来范祖禹授给他临终密疏，密疏主要是论述王安石误国和新法的弊端，言辞十分激烈。富弼死后，别人都认为这样的奏疏肯定会得罪王安石，建议范祖禹不要上奏，但范祖禹还是坚持上奏了。①

　　宋哲宗因暑热，暂停讲书，范祖禹上书认为，"陛下今日学与不学，系他日治乱。如好学，则天下君子欣慕，愿立于朝，以直道事陛下，辅佐德业，而致太平；不学，则小人皆动其心，务为邪谄，以窃富贵"②。强烈建议哲宗恢复讲读。不久，范祖禹迁任起居郎，又召任中书舍人。吕公著去世，召拜右谏议大夫，上书论皇帝正心修身的必要性。蔡确获罪，范祖禹上书，建议宽厚对待大臣。蔡京在蜀地任职，范祖禹上书批评他"小有才，非端良之士。如使守成都，其还，当使执政，不宜崇长"③。不久，范祖禹兼任国史院修撰、礼部侍郎，上书论述监、司、守、令官职的重要性。绍圣年间，章惇执掌朝政，有意恢复王安石、吕惠卿时期颁行的新法，范祖禹上书，极力证明章惇不可大用，皇帝没有听从，于是他便请求离开京城去地方。皇帝虽然当时准备重用范祖禹，但朝廷内外反对的人很多，于是以

①　〔元〕脱脱撰：《宋史》卷337，北京：中华书局，1977年版，第10794页，"进士甲科。从司马光编修《资治通鉴》，在洛十五年，不事进取。书成，光荐为秘书省正字。时王安石当国，尤爱重之。王安国与祖禹友善，尝论王安石意，竟不往谒。富弼致仕居洛，素严毅，杜门罕与人接，待祖禹独厚；疾笃，召授以密疏，大抵论安石误国及新法之害，言辞愤切。弼薨，人皆以为不可奏，祖禹卒上之。"

②　〔元〕脱脱撰：《宋史》卷337，北京：中华书局，1977年版，第10795页。

③　〔元〕脱脱撰：《宋史》卷337，北京：中华书局，1977年版，第10796页。

龙图阁学士出知陕州。不久，有人弹劾范祖禹在撰修《神宗实录》时刊落事迹、变乱美恶，再加上他曾经上书谏禁中雇乳媪事，于是连贬武安军节度副使，昭州别驾，安置永州、贺州二地；不久，又迁往宾州，元符元年（公元1098）被贬至化州安置，没过多久就去世了，卒年五十八岁。

范祖禹"平居恂恂，口不言人过"①。但遇到大是大非问题，往往坚持原则，据理力争。在皇宫里侍从皇帝，"守经据正，献纳尤多"②。

图5-8 《唐鉴》书影

范祖禹为皇帝讲解《尚书》至"内作色荒，外作禽荒"③时，"拱手再诵，却立云：'愿陛下留听'"，④拱手而立，再三吟诵，直到皇帝"首肯再三"，才肯罢休。每次为皇帝进讲之前，一定要端正衣冠，好似在皇上面前一般，命子弟在一旁侍立，先按讲其说，"开列古义，参之时事，言简而当，无一长语，义理明白，粲然成文"⑤。范祖禹被苏轼誉为皇帝的第一号讲官。

《唐鉴》是范祖禹的代表作。司马光奉诏修《资治通鉴》时，范祖禹为编修官，分掌唐史。在编撰唐史过程中，将自己的收获、心得著成这部书。《唐鉴》时间上自唐高祖，下迄昭宣，记载了这三百年间治理国家的得失，

---

① 〔元〕脱脱撰：《宋史》卷337，北京：中华书局，1977年版，第10799页。
② 〔元〕脱脱撰：《宋史》卷337，北京：中华书局，1977年版，第10799页。
③ 〔元〕脱脱撰：《宋史》卷337，北京：中华书局，1977年版，第10799页。
④ 〔元〕脱脱撰：《宋史》卷337，北京：中华书局，1977年版，第10799页。
⑤ 〔元〕脱脱撰：《宋史》卷337，北京：中华书局，1977年版，第10800页。

撮取大纲，系以论断，共计十二卷，元祐初年上给朝廷，作为施政的鉴戒。书中衔名为著作佐郎，应该是范祖禹进献该书时的官职。后来吕祖谦为这部书作注，于是分为二十四卷。

范祖禹认为："唐于本朝，如夏之于商，商之于周也。"① "今所宜鉴，莫近于唐。鉴于前代，宜莫如唐。"② 全书偏重于政治的治乱兴衰、成败得失，凡关乎人君的勤政节俭、轻徭薄赋、虚怀纳谏、用贤屏佞、赏罚得体，无不反复褒赞；而对于聚敛掊克、逐杀忠谏、宠信内侍、穷兵黩武，莫不痛加斥责；至于治国之道、君臣之义更是致意再三。早在范祖禹之前，他叔祖父范镇参与编撰的《新唐书》已完成。另有石介的《唐鉴》、江休复的《唐易鉴》和孙甫的《唐史论断》等同类性质的著作，其中孙甫《唐史论断》受到欧阳修、司马光、苏轼等名家推重。而范祖禹又重作《唐鉴》，其出发点在"稽其成败之迹，折以义理，辑成一书"③。

"折以义理"是该书立论的基础，以理学家所认同的纲常伦理来评判历史得失，他认为以上诸史书在儒学义理的阐发上不够，因此便高举儒家伦理道德大旗，对唐朝政治进行了严正的道德批判。如对唐太宗的评价，范祖禹则从君臣名分的角度，声讨其逼父杀兄之罪："（李）建成虽无功，太子也；太宗虽有功，藩王也。太子，君之贰、父之统也，而杀之，是无君父也……论者或以为太宗杀建成、元吉比周公诛管蔡，臣窃以为不然……太宗之罪著矣！"④ 对武则天的记载则黜其年号，申明说："天下者，唐之天下也，武氏岂得而间之。故臣复系嗣圣之年号，黜武后之号，以为母后祸乱之戒。窃取《春秋》之义，虽获罪于君子而不辞也。"⑤ "祖禹独用沈既济之

① 〔宋〕范祖禹撰：《唐鉴》，影印文渊阁《四库全书》本，卷首《又上太皇太后原表》。
② 〔宋〕范祖禹撰：《唐鉴》，影印文渊阁《四库全书》本，卷首《进唐鉴原表》。
③ 〔宋〕范祖禹撰：《唐鉴》，影印文渊阁《四库全书》本，卷首《进唐鉴原表》。
④ 〔宋〕范祖禹撰：《唐鉴》，影印文渊阁《四库全书》本，卷2。
⑤ 〔宋〕范祖禹撰：《唐鉴》，影印文渊阁《四库全书》本，卷7。

说，取武后临朝二十一年系之中宗，自谓比《春秋》公在乾侯之义。且曰虽得罪君子亦所不辞。"①足见其严正立场。积极运用天理观品评历史，认为遵循天理，就会天下大治；反之，违背天理，就会天下大乱。

《宋史·范祖禹传》评其书："深明唐三百年治乱。"②粟品孝先生对《唐鉴》高度评价："《唐鉴》以史著的形式集中、系统地反映了理学家的政治、伦理思想，鲜明地体现了儒学复兴、理学兴起的时代特色和义理史学的论史特点，是宋代较为完整地领会理学主旨而撰写的第一部义理史著。"③"《唐鉴》之后，以理入史的著作日多，其中不少还是理学家亲自编纂而成，如胡寅的《读史管见》、朱熹的《资治通鉴纲目》、张栻的《经世纪年》和吕祖谦的《大事记》等，都是南宋义理史学的经典作品。"④张端义在《贵耳集》中记载宋高宗与讲官的话："读《资治通鉴》，知司马光有宰相度量；读《唐鉴》，知范祖禹有台谏手段。"⑤可见此书在宋代与《资治通鉴》并重于世。元祐年间，程颐评说《唐鉴》是"自三代以后无此议论"⑥。蔡绦曾写道："范内翰祖禹作《唐鉴》，名重天下！"⑦

---

① 〔清〕纪昀撰：《四库全书总目》卷88，北京：中华书局，1964年版，第751页。

② 〔元〕脱脱撰：《宋史》卷337，北京：中华书局，1977年版，第10800页。

③ 粟品孝著：《成都通史》，成都：四川人民出版社，2011年版，《五代（前后蜀）两宋时期》，第330页。

④ 粟品孝著：《成都通史》，成都：四川人民出版社，2011年版，《五代（前后蜀）两宋时期》，第330页。

⑤ 〔清〕纪昀撰：《四库全书总目》卷88，北京：中华书局，1964年版，第751页。

⑥ 〔宋〕程颐：《伊洛渊源录》，同治间福州正谊书局左氏增刻本，卷7《范内翰》，"元祐中客有见伊川先生者，几案无他书，惟印行《唐鉴》一部，先生谓客曰：'近方见此书，自三代以后无此议论。'"

⑦ 〔宋〕蔡绦著，李梦生点校：《铁围山丛谈》，历代笔记小说大观，上海：上海古籍出版社，2012年版，第44页。

四、通鉴续新篇——眉山李焘撰《续资治通鉴长编》

仿司马氏《通鉴》，踵为之，撰著《续资治通鉴长编》，李焘以良史之才为后世称颂。"平生生死文字间，《长编》一书用力四十年"①，这是南宋时期理学名臣张栻对李焘一生学术成果高度准确的概括。《续资治通鉴长编》是中国古代私家著述中卷帙最大的断代编年史。②

李焘（公元1115—1184），字仁甫，一字子真，号巽岩。眉州丹棱（今四川省眉山市丹棱县）人。唐太宗第十四子曹王李明之后，年少之时，悲愤于金人之仇未报，著《反正议》十四篇。绍兴八年（公元1138）李焘考中进士，任华阳主簿，调任雅州推官。后任荣州知州，又改任潼川府路转运判官，在任期间，秉公办事，弹劾不法官员四人。乾道三年（公元1167），任兵部员外郎兼礼部郎中。乾道八年（公元1172），出任泸州知州。淳熙元年（公元1174）七月，久旱不雨，李焘上疏要求皇帝避正殿，减御膳，征求百官意见，孝宗皇帝很快采纳实行。淳熙十一年（公元1184）春天，李焘上书要求致仕，皇帝没有答应，数次派人看望病情，病愈后，任敷文阁学士，终以此致仕。诏命颁下时，李焘十分欣喜地说："大事了矣。"③卒年七十岁。追赠光禄大夫，赐谥文简。临终前遗言："臣年七十，死不为夭，所恨报国缺然。愿陛下经远以艺祖（赵匡胤）为师，用人以昭陵为则。"④累赠太师、温国公。李焘性格刚强，特立独行，以名节、学术著称，长于吏治，关心民瘼。早年时，正是秦桧当政的时候，秦桧死后，李焘才被朝廷

① 〔明〕钱士升：《二十五别史》，济南：齐鲁书社，2000年版，《南宋书》第518页。

② 本节参考曹之著：《中国古代图史》，武汉：武汉大学出版社，2015年版，第34页，《续资治通鉴》的撰写。

③ 〔元〕脱脱撰：《宋史》卷388，北京：中华书局，1977年版，第11919页。

④ 〔元〕脱脱撰：《宋史》卷388，北京：中华书局，1977年版，第11919页。

起用。在朝廷议论国政，慷慨激昂。南宋名臣张栻曾说："李仁甫如霜松雪柏。"①李焘一生自奉甚俭，不事铺张，没有嗜好，没有姬妾，更没什么家产②。

李焘博览典籍，著述弘富，撰有《巽岩文集》《四朝通史》《春秋学》等五十多种，大多亡佚。今存《六朝制敌得失通鉴博议》十卷、《说文解字五音韵谱》十卷，清代皆编入《四库全书》。原有诗文集五十卷，今已佚，《两宋名贤小集》《全宋诗》等录有其诗。而让李焘名垂青史的则是长达五百二十卷的《续资治通鉴长编》。

当时心学盛行，李焘独博览古籍，慨然以史自任，对本朝典故特别熟悉，于是仿司马光《资治通鉴》，作《续资治通鉴长编》。清人朱彝尊认为："宋儒史学以文简为第一，盖自司马君实、欧阳永叔书成，犹有非之者，独文简（李焘）免于讥驳。"③

《续资治通鉴长编》从宋太祖建隆元年（公元960）开始至宋钦宗靖康元年（公元1126）止，记载了北宋王朝长达一百六十七年的历史。记述详赡，史料价值极高，是研究辽、宋、西夏等史的基本史籍之一。李焘在正史、实录、政书之外，凡家录、野记，广征博采，校

图5-9 《续资治通鉴长编》书影

---

① 〔元〕脱脱撰：《宋史》卷388，北京：中华书局，1977年版，第11919页。

② 〔元〕脱脱撰：《宋史》卷388，北京：中华书局，1977年版，第11919页，"无嗜好，无姬侍，不殖产"。

③ 〔清〕朱彝尊：《曝书亭集》卷45，影印文渊阁《四库全书》本，第10页，《书李氏续通鉴长编后》。

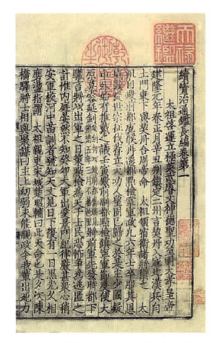

图5-10 《续资治通鉴长编》卷一书影

其同异，订其疑误，考证详慎，多有依据。他本着"宁失于繁，无失于略"①的原则，凡记载不同者，则两存是说，时附己见，以注文标出，与《通鉴考异》相类。

这部史著的规模很大，李焘自隆兴元年（公元1163）至淳熙四年（公元1177）先后四次上呈此书。隆兴元年，李焘在知荣州任上，进太祖朝部分。自宋太祖建隆元年（公元960），迄开宝九年（公元976），计十七年，为书十七卷。乾道四年（公元1168）又进上已修成的太祖、太宗、真宗、仁宗、英宗五朝，共一百零八卷，写成一百七十五册和《目录》册。由《进〈续资治通鉴长编〉表》可知此书在编纂方法上是仿司马光《资治通鉴》体例。淳熙元年（公元1174），李焘六十岁时又进神宗朝《长编》，自治平四年（公元1067）至元符三年（公元1100），计四百一十七卷。淳熙三年（公元1176）孝宗擢李焘为秘书监，权同修国史，兼权实录院同修撰，朝廷意在专付李焘以史事。淳熙四年（公元1177），徽宗、钦宗二朝《长编》编成，孝宗称赞他"无愧司马光"②。北宋"一祖八宗"至此完篇。此后还不断进行了修订工作，淳熙十年（公元1183），最后一次进书，终于完成了这部卷帙浩繁的史学巨著。《续资治通鉴长编》一书受到宋孝宗的高度重视，诏令依《资治通鉴》纸样及字样大小缮写《续通鉴长编》一部，将李焘衔位于卷首，依司

---

① 〔元〕脱脱撰：《宋史》卷388，北京：中华书局，1977年版，第11918页。
② 〔元〕脱脱撰：《宋史》卷388，北京：中华书局，1977年版，第11918页。

马光衔位书写，取得了与《资治通鉴》同等规格的待遇。

李焘对司马光十分推崇，不仅史学的观点接近，而且政治上的观点也十分相似。他编撰《续资治通鉴长编》的目的之一就是与司马光的《资治通鉴》衔接。在时间上，《资治通鉴》止于五代末年，而《续资治通鉴长编》则始于北宋初年，前后相接。而《续资治通鉴长编》这个书名更是表达了李焘对司马光及其《资治通鉴》的推崇和尊重。这部书原来定名《资治通鉴》，后来李焘认为自己的这部书不能和《资治通鉴》相比，而司马光在编撰《资治通鉴长编》的时候又由助手刘恕等人先修丛目，再修长编，之后由司马光本人删节而成，所以李焘就把自己准备编撰的这部书定名《续资治通鉴长编》。

《续资治通鉴长编》因为篇幅太大，故成书时就没有全刻，而只是由秘书省按《资治通鉴》的规格抄写了一部藏于皇家秘室。明代修《永乐大典》曾把《续资治通鉴长编》绝大部分内容收入。清乾隆年修《四库全书》时，四库馆臣从明朝《永乐大典》里录出《续资治通鉴长编》入《四库全书》。

现在在丹棱县杨场镇境内九龙山丞相湾存有李焘墓，以供后人寄托哀思。

图5-11　李焘墓

五、井研"四李"——李心传撰《建炎以来系年要录》

南宋时期的井研"四李"（李舜臣及其子李心传、李道传、李性传），父子四人均为进士，家学渊源，自相师友，声闻朝野，名重川蜀，与北宋"眉山三苏"齐名。父亲李舜臣（公元1137—1181），字子思。四岁知读书，八岁能属文，稍长通古今，尤精于易学。南宋乾道二年（公元1166）举进士，曾任宗正寺主簿，因常诣学讲说，皆称"蜀先生"，后赠太师，死后追封崇国公。长子李心传，早年科举失利，绝意仕途，闭门著书，成为南宋著名文学家和史学家，理宗皇帝亲赐进士出身，官至工部侍郎；次子李道传，庆元二年（公元1196）进士，一生笃于践履，气节卓然；幼子李性传，官至宰执，历任端明殿学士、签书枢密院事、权参知政事、同知枢密院事，特赠少保。其中李心传有良史之才，在他笔下，精忠报国的岳飞得以正

图5-12　井研"四李"塑像

名①，他撰写的名著《建炎以来系年要录》，则使其名垂千古。②

李心传（公元1166—1243），字微之，又字伯微，号秀岩，隆州井研（今四川乐山）人，南宋大臣、史学家。早年曾参加乡试，未能上榜，于是从此不再参加科举考试，而是安心闭门著书。直到晚年，才被崔与之、许奕、魏了翁等二十三人合荐为史馆校勘，赐进士出身，专修《中兴四朝帝纪》，又踵修《十三朝会要》。端平三年（公元1236）书成，擢工部侍郎，因言去职。李心传有良史之才，著有《建炎以来朝野杂记》四十卷、《旧闻证误》十五卷、《学易编》五卷、《诵诗训》五卷、《春秋考》十三卷、《礼辨》二十三卷、《读史考》十二卷、《道命录》五卷、《西陲泰定录》九十卷、《辨南迁录》一卷、诗文一百卷等，而二百卷之巨帙《建炎以来系年要录》则是其心血之所系。

《建炎以来系年要录》（以下简称《要录》）是李心传三十岁考进士不第，绝意仕途之后，专心从事史学研究，历经数年努力而成。记述了建炎元年（公元1127）至绍兴三十二年（公元1162）共三十六年的史事。宋高宗一代曾有大量的时事记载，由于这些记载的见闻、详略、政见不同，对人物的评论也有所不同，故事多歧互，众说纷纭。李心传以《高宗日历》《中兴会要》等官书为基础，参考其他官书，以及一百多种私家记载、文集、传记、行状、碑铭等，进行了细致地考订，采用了可信的，辨别了不可信的，并一一注明。对重要事件，本文不能全载的，也另加注明。《四库全书总目》评价《要录》说："其书虽取法李焘，而精审较胜。在宋人诸野史中，最足以资考证。"③《要录》编纂多仿照李焘的《续资治通鉴长编》（以下简称

---

① 〔清〕纪昀撰：《四库全书总目》卷47，北京：中华书局，1964年版，第426页，"岳飞之见忌，一一据实直书"。

② 参考白寿彝：《中国通史》，上海：上海人民出版社，2004年版，《李心传》。

③ 〔清〕纪昀撰：《四库全书总目》卷47，北京：中华书局，1964年版，第426页。

《长编》）体例，书名《要录》，又是摘要而记，这与《长编》所定宁繁毋略的原则有所不同。该书堪称《长编》的继续，把李心传同李焘并称，也是当之无愧①。

《要录》虽只记载高宗三十六年间事，篇幅却达二百卷之多，尤其是建炎元年（公元1127）至绍兴九年（公元1139）这十三年，几乎每年十卷，较《长编》详细，这也是年代较近、材料保存较多的缘故。至于本书的书名，据《杂记》卷首所载当年多作《高宗系年要录》，《宋史》本传也作《高宗系年录》，但自《四库全书》定为《建炎以来系年要录》以后，后人一直沿用这个名称。其实，本书只记高宗一朝史实，应以《高宗系年要录》为正；至于《建炎以来系年要录》这个名称，从《建炎以来朝野杂记》的取名和内容就可以知道，是作者一部内容更为广泛的编年体史书的名字，《高宗系年要录》只是其中的一部分，还应包括孝宗、光宗、宁宗的系年要录。但现在孝宗要录已不传，光宗、宁宗要录究竟已否成书也不可知了。《要录》一书也记录了金太宗完颜晟、金熙宗完颜亶、金海陵王完颜亮三代的史事，为研究宋、金等史的基本史籍之一。该书可与徐梦莘《三朝北盟会编》互为补充，前者有较为全面的叙述，后者则保存了较多的原始记述。

关于这部书的编修目的，李心传在《建炎以来朝野杂记》（以下简称《杂记》）甲集序中曾说："心传年十四五时，侍先君子官行都，颇得窃窥玉牒所藏金匮石室之副；退而过庭，则剿闻名卿才大夫之议论。每念渡江以来，记载未备，使明君、良臣、名儒、猛将之行事，犹郁而未彰。至于七十年间，兵戎财赋之源流，礼乐制度之因革，有司之传，往往失坠，甚可惜也。乃缉建炎至今朝野所闻之事，凡不涉一时之利害与诸人之得失者，分门著录，起丁未（建炎元年，公元1127）迄壬戌（嘉泰二年，公元1202），以

---

① 〔清〕纪昀撰：《四库全书总目》卷47，北京：中华书局，1964年版，第426页，"故文虽繁而不病其冗，论虽歧而不病其杂。在宋人诸野史中，最足以资考证"。

图5-13　井研"四李桥"

类相从，凡六百有五事，勒为二十卷。"①

　　他的友人许奕在呈上《要录》的奏状中也说："李心传通群书，尤熟本朝故事。尝谓中兴以来，明君良臣，丰功盛烈，虽已见之《实录》等书，而南渡之初，一时私家记录，往往传闻失实，私意乱真，垂之方来，何所考信？于是纂辑科条，编年纪载，专以《日历》《会要》为本，然后网罗天下放矢旧闻，可信者取之，可削者辨之，可疑者阙之，集众说之长，酌繁简之中，久而成编。名曰《建炎以来系年要录》。"②可见他编著这部书，利用了他父亲李舜臣任宗正寺主簿的条件，阅读了玉牒所保存的各种官修史籍和档案的副本，接触了一些官僚、学者，听到了他们关于政事的议论，再加上几十年的辛勤搜集，专心著述，终于写成《要录》《杂记》这样一些关于南宋前期历史的史籍。

---

① 〔宋〕李心传撰：《建炎以来朝野杂记》，上海：商务印书馆，民国25年（1936）版，第1页，《建炎以来朝野杂记序》。
② 〔宋〕李心传撰：《建炎以来朝野杂记》，上海：商务印书馆，民国25年（1936）版，第1~2页，《许奕状奏》。

　　据县志载，井研曾建"四李祠"崇祀，祠额为"仙井儒宗"，香火兴旺不断。然而，随着时间的推移，"四李祠"已难觅其踪影。李舜臣父子造就的"四李"佳话，也沉寂于井研人民的记忆深处。2017年6月，"四李桥"正式落成，成了井研县一道靓丽的文化风景线。7月，"四李"雕像落成了。千载之后，他们终于荣归故里，供后人凭吊纪念！

第六章

杏林圣手传遗篇——医学名人

四川名人读本

一、巴蜀针灸之祖——绵阳涪翁

"西汉中微，名贤放逐，有一父老，不知何出，钓隐涪江，针经著录，弟子程高，再传郭玉。"①这是光绪间涪翁碑中的赞文。针灸之学是中医的重要组成部分，而绵阳涪翁可谓巴蜀针灸之祖，他所撰《针经》为针灸学史上重要著作。虽然在流传中不幸亡佚，但其影响极其深远，意义重大。而且涪翁治病不论贵贱，皆全力救治不图报酬。其弟子程高继承其学，又将医术传于郭玉。

涪翁，真实姓名及生卒年均不详。西汉末、东汉初涪县（今绵阳市区）人。据《后汉书·郭玉传》载："初有老父，不知何出，常渔钓于涪水（涪江，在今四川省境内），因号涪翁。"②《直隶绵州志·隐逸》记载："涪翁避王莽乱隐

---

① 今绵阳富乐山脚下的李杜祠存有汉涪翁像碑一块（原置古春酣亭中），此为碑上的书赞。

② 〔南朝·宋〕范晔撰：《后汉书》卷82《方术列传·郭玉传》，北京：中华书局，1973年版，第2735页。

图6-1 涪翁画像

居于涪，以渔钓老，工医，亡姓氏。"[1]涪翁治病以针刺见长，其时代又远在华佗之前，因此，他也是继扁鹊、仓公之后，最先见于正式文献记载的一位针灸先贤。涪翁深受当地百姓的爱戴，因此当地百姓为了纪念他，以涪翁命名了涪翁山、涪翁堰、涪翁村、涪翁路，后人还为他作了大量诗画，树碑立传。万历年间，绵州城南延贤山建有"南山十贤堂"，祭祀绵州历代名贤，列于首位的就是涪翁，今山下仅存绵州举人李梓撰写的碑文《南山十贤堂记》。

涪翁著有《针经》《诊脉法》等，虽亡佚，但针术传给程高，程高再传于郭玉，郭玉将涪翁医术发扬光大，后来成为东汉时期的一代名医。

图6-2 涪翁亭

---

① 〔清〕文棨修，伍肇龄纂：《直隶绵州志》卷41《隐逸》，同治十二年刻本。

郭玉，生卒年不详，东汉广汉郡（今四川新都县，一说广汉县）人，汉和帝时最负盛名的医学家。郭玉年少时拜涪翁的弟子程高为师，"学方诊六证之技，阴阳不测之术"。在汉和帝时（公元89—105年）为太医丞，治病多有效应，皇帝感到奇异。为了试验郭玉诊脉技术，让一个手腕肌肤像女人的男子，与女子杂处帷帐中，令郭玉各诊一手，问郭玉这个人得了什么病，郭玉诊脉与望形色相兼，诊出其中有故，说："左阳右阴，脉有男女，状若异人，臣疑其故。"[①]皇帝为之赞叹不已。郭玉医术高明，医德高尚，为人诊病"仁爱不矜，虽贫贱厮养，必尽其心力"[②]。只是在为达官贵人治病时，疗效往往不很满意。一次皇帝派一个贵人患者，换上贫寒人的衣服，并变换居处，请郭玉诊疗，竟一针而愈。皇帝诏问郭玉，郭玉回答说："医之为言意也，腠理至微，随气用巧，针石之间，毫芒即乖，神存于心手之际，可得解而不可得言也。"[③]反映了他在诊治疾病时全神贯注，为病人负责的精神。郭玉对答中分析了为贵人诊病的难处，他说："夫贵者处尊高以临臣，臣怀怖慑以承之，其为疗也，有四难焉：自用意而不任臣，一难也；将身不谨，二难也；骨节不强，不能使药，三难也；好逸恶劳，四难也。针有分寸，时有破漏，重以恐惧之心，加以裁慎之志，臣意且犹不尽，何有于病哉？"[④]揭示了东汉王公贵族的生活和思想行为对疾病诊治的不良影响；同时也科学地揭示了医生在诊治不同社会地位患者时所存在的心理障碍。他是继扁鹊之后又一个对医疗心理有研究的医家。郭玉的医术、医德和对针灸与

---

①　〔南朝·宋〕范晔撰：《后汉书》卷82《方术列传·郭玉传》，北京：中华书局，1973年版，第2735页。

②　〔南朝·宋〕范晔撰：《后汉书》卷82《方术列传·郭玉传》，北京：中华书局，1973年版，第2735页。

③　〔南朝·宋〕范晔撰：《后汉书》卷82《方术列传·郭玉传》，北京：中华书局，1973年版，第2735页。

④　〔南朝·宋〕范晔撰：《后汉书》卷82《方术列传·郭玉传》，北京：中华书局，1973年版，第2735页。

诊法的贡献，也为当时的朝野所叹服，为后世留下了宝贵的医学财富。

二、继志神农——成都唐慎微撰《证类本草》

神农氏悯众生，尝百草。宋唐慎微继志神农，集北宋以前本草学之大成，穷十多年精力撰成《经史证类备急本草》，药物学著作而附有方剂的，即从此书发端。唐慎微堪称中华中医领域的药学始祖，构筑了中医药学史上一座丰碑。①

唐慎微，字审元，生卒年不详。他出身于世医家庭，对经方深有研究，名盛一时。相传唐慎微曾经应蜀帅李端伯之招，至成都行医，住在华阳（当时成都府东南郊），一说蜀州晋原（今四川崇州）人，后迁居成都，遂为华阳人。唐慎微虽语言朴讷，但睿智明敏，医德高尚，医术精湛。据同乡宇文虚中的回忆，元祐年间，家里有位长辈患有非常严重的风毒病，请唐慎微治疗后很快就好了。但是，唐慎微指出，这病在一定的时候还要复发，可能仓促发作一时难请医生，于是预留方药，嘱咐他家里的人在某年某月旧病复发时，将预留方药启封如法治疗。果然，到了唐慎微预定的时间，家中那位长辈的病突然复发，家里人赶忙取出唐慎微预先留下的方

图6-3　唐慎微画像

① 本节参见李矢禾等编：《历代名医传略》，哈尔滨：黑龙江科学技术出版社，1985年版。孔健民：《中国医学史纲》，北京：人民卫生出版社，1988年版。胡昭曦等著：《宋代蜀学研究》，成都：巴蜀书社，1997年版。粟品孝著：《成都通史》，成都：四川人民出版社，2011年版，卷四《五代（前后蜀）两宋时期》。

药并依法救治，经过半月的时间就痊愈了。唐慎微虽"世为医，深于经方，一时知名"[1]，但决不因此恃才傲物，作风非常朴实，为人治病诊断处方仍很谨慎。患者不分贵贱，不避寒暑风雨，有召必往。为读书人治病从不收钱，只求以名方秘录为酬，因此很多读书人都喜欢和他交往。唐慎微自己每于经史诸书中得一方一药，必记录下来而与学者相互咨询学习，从而积累了丰富的药学资料。

绍圣四年至大观二年（公元1097—1108）间，唐慎微经过十数年广采博辑，编成《经史证类备急本草》（简称《证类本草》）三十一卷，目录一卷，60余万字，是我国宋以前本草学集大成之著作。其问世后，历朝修刊，并数次作为国家法定本草颁布，沿用近五百年之久。

图6-4　《重修政和证类本草》书影

① 〔宋〕赵与时撰：《宾退录》，上海：上海古籍出版社，1983年版，第37页。

　　《证类本草》不仅合并了宋代掌禹锡《嘉祐本草》和苏颂《图经本草》的全部内容，而且旁征博引，精细考察，采用"图文对照"形式，辑录了宋以前各家医药著作，从而为后世保存了大量的医药文献。《神农本草经》《本草经集注》《新修本草》《雷公炮炙论》《开宝本草》《海药本草》等珍贵本草文献的主要内容，都依靠《证类本草》得以保存下来。

　　《证类本草》共载药1748种。药物分类大体沿袭《新修本草》旧例，仅将禽兽部细分为人、兽、禽三部。前两卷为序例，卷一增"雷公炮炙论序"，卷二诸病通用药部分增补若干药名与病名；后二十九卷载药1748种，分玉石、草、木、人、兽、禽、虫鱼、果、米谷、菜等部。每药首列药图，次为《嘉祐本草》文，再次为《图经》文，最后为增补内容，冠以墨盖子以示区别，主要为"雷公曰"、附方等。本书资料丰富，除引录《嘉祐本草》《图经本草》全部内容外，又搜罗了本草、方书、经史、笔记、地志、诗赋、佛书、道藏等243种书籍中有关药物资料，保存了大量现已散佚的文献内容，增添《嘉祐本草》未收药物470余种，其中包括历代本草所载而被遗漏者及本书增添的8种。在阐述药名、药性、功能、主治、形态、采收等内容以外，进一步阐明药物归经理论；补入280多种药物的炮制方法；收载附方3000余首、方论1000余条，突出了以方证药；另将药图收入，图文并茂，有按图索骥之便。

　　宋以前的本草，一般只是朴实地记载药物功能主治，不附处方，医生在学习和使用时还需重检方药，极为不便。而《证类本草》采录了经典医著和历代名医方论，包括汉张仲景以来至北宋时期如《雷公炮炙论》及《唐本草》《食疗》等历代名家的方论、民间验方和自己的临症验之有效的处方，又辑众多医方，各注出处，分别附于有关药物之下，共3000余条，使学者开卷之后，能一览用途用法。体例上也做了不少革新，如将药物理论和药物图谱汇编成一书；对古书做文字修订及"续添"增补等。唐氏以此收载药方，开创"方药对照"研究之先河。该书对药物形态、真伪、炮制和具体用法等药物知识，兼收并蓄、汇编一体，使人开卷了然，成为后世本草学著作编写的范例，为宋代本草集大成之作。该书使我国本草从此具备了药物学的规模。在编写过程中体例严谨，分类系统，药物内容层次分明，先后有序；又创用墨盖子作为增补内容标记，采用大字标出处、小字写注文或用文字说明等法，清晰地展现了历代本草发展脉络。

《证类本草》规模巨大、内容详博、药物众多、方药并举，集宋代以前中药学之大成，是一部研究中药学的重要历史文献。《证类本草》重视药材道地，所记道地计有144名，较唐代孙思邈《千金翼方》所记的"其出药地凡一百三十三州"情况有所发展。唐慎微为四川人，故对四川道地药材记载尤为翔实，如戎州（今宜宾市）产巴豆，梓州（今三台县）和龙州（今平武、江油县）产附子、川楝子、猪苓，茂州（今茂县）和眉州（今眉山县）产独活、升麻、决明子、使君子等。

《证类本草》还对后人在现代中医药健康养生领域的发展产生了深远影响。此书虽原为个人编撰，但因其所具有的特色为官方赏识，故组织人员修订，成为地方官刊《大观本草》，继又编订成《政和本草》《绍兴本草》，以朝廷名义刊行，之后又派生出《重修政和本草》《新编证类图注本草》。《证类本草》不仅流传至日本、朝鲜，而且影响及于元、明两代，在《本草纲目》问世之前近五百年间一直为研究本草学之范本，占有承前启后的历史地位，在本草发展史上实属罕见。李时珍在《本草纲目》中高度评价唐慎微的《证类本草》："使诸家本草及各药单方垂之千古，不致沦没，皆其功也！"①

唐慎微终生热爱医学事业。不为官禄所动，当他完成《证类本草》的编

---

① 〔明〕李时珍编，王庆国校：《本草纲目》，北京：中国中医药出版社，2013年版，卷首《历代诸家本草·证类本草》。

撰后，尚书右丞蒲传正准备给他请官，唐慎微坚决地谢绝了，仍然埋头于他的医业。后来还把他的两个儿子和一个女婿都培养成为精通医理的名医。

三、悬壶济世转胎圣手——眉山青神杨子建撰《十产论》

"其说汪洋"，其人"岂易得哉！"北宋文豪黄庭坚所说之人即转胎圣手杨子建。[1]

杨子建，生卒年不详，字康候，号退修，北宋时青神县（今四川眉山市青神县）人，著名妇产科专家。杨子建精熟《黄帝内经》《难经》，并旁及百科，撰有《难经续演》《护命方》和《通神论》等著作。

杨子建在治病救人的过程中发现因当时接生者少精良妙手，而导致痛伤难产，产妇无辜殒命，胎儿横遭夭折的情况屡见不鲜，于是他在临床经验基础上，参阅前人有关妇产科学说，编著了《十产论》。《十产论》成书于北宋元符年间（公元1098—1100），是中国古代妇产科医学上的重要文献，也是我国现存最早的专论难产的著作。

"十产"，一曰正产，二曰催产，三曰伤产，四曰冻产，五曰热产，六曰横产，七曰倒产，八曰偏产，九曰碍产，十曰盘肠产。《十产论》除叙明正产外，还较详细地论述了各种难产（异常分娩）的病因、症状和助产方法。《十产论》对各种难产的论述，切合实际，具有较高科学水平。如在论伤产时指出："伤产者……盖欲产之妇，脐腹疼痛，儿身未顺，收生之妇，却教产母虚乱用力。儿身才方转动，却被产母用力一逼，使儿错路，忽横忽倒，不能正生，皆缘产母用力未当之所致也……若未有正产之候，而用伤

---

① 参见杨殿兴：《川派中医药源流与发展》，北京：中国中医药出版社，2016年版。赵立勋主编，林森荣、冉燕、赵致镛、和中浚、王瑞阳、李继明编著：《四川中医药史话》，成都：电子科技大学出版社，1993年版。

早，并妄服药饵，令儿下生。譬如揠苗助长，无益而有害矣"①。可见他对分娩过程及伤产原因分析之中肯。他对难产的处理方法皆源于实践，绝非纸上空谈。如在论盘肠产（临产时直肠脱出）时云："盘肠产者，临产母肠先出，然后儿生。赵都运恭人，每产则大肠先出，然后产子。产后其肠不收，甚以为苦，医不能疗。偶在建昌得坐婆一法而收之。其法以醋半盏，删新汲水七分，调停，噀产母面，每噀一缩，三噀尽收，此良法也。"②利用醋和冷水的刺激而引起肌肉收缩，使脱出的"大肠"自行缩回，这正是杨子建的临床经验。

《十产论》还对转胎的手法有着具体论述。如论横产（手或臂先露）转正手法中云："儿先露手，或先露臂，此由产母未当用力而用之过也。儿身未顺，用力一逼，遂致身横不能生下。当令产母安然仰卧，后令看生之人，先推儿手令入直上，渐渐逼身，以中指摩其肩推上而正之，或以指攀其耳而正之。须是产母仰卧，然后推儿直上，徐徐正之，候其身正，煎催药一盏吃了，方可用力，令儿生下。"③此外，论倒产（足先露）、偏产（额先露）、碍产（脐带缠肩等胎位或胎式异常所致之难产），他助产的技术操作手法，在当时的历史条件下，已达到相当先进的水平。世界医学史上异常胎位转位术，一般认为是16世纪法国医生阿姆布露斯·巴累（1517—1590）所创。但从《十产论》所载的转胎手法来看，我国在这方面的成就则要领先西欧近500年。因此，可以说《十产论》记载的"转胎手法"是异常胎位转位术的最早记载。

---

① 〔明〕武之望撰，〔清〕汪淇笺释，张黎临、王清校注：《济阴纲目》，北京：中国中医药出版社，1998年版，第312页。
② 〔明〕武之望撰，〔清〕汪淇笺释，张黎临、王清校注：《济阴纲目》，北京：中国中医药出版社，1998年版，第313页。
③ 〔明〕武之望撰，〔清〕汪淇笺释，张黎临、王清校注：《济阴纲目》，北京：中国中医药出版社，1998年版，第312页。

虽然与现代产科相比，杨子建对难产的认识和处理方法还显得很不全面。但在当时的历史条件下，能够提出较为完整的理论和一套行之有效的治疗难产的操作手法，已是难能可贵的了。清代名医程仲龄曾赞叹："《十产论》可谓精且密矣。"①后《十产论》流传日本，震动了日本医林。

四、火神派开山之祖——邛崃郑钦安

"清末名医郑钦安，蜀中倡导叫扶阳。火神鼻祖后人颂，擅用温热桂附姜。"②邛崃郑钦安是清末著名医学大家，以擅长用姜附单刀直入，拨乱反正著称，主张扶阳，誉满川蜀，"人咸目予为姜附先生"③，实为医林一代怪杰，成为当时医学上独树一帜的火神派领军人物，被誉为"火神派之祖"，在我国中医史上占据重要地位。

郑钦安（公元1824—1911），名寿全。原籍安徽，其祖游宦四川，遂寓居邛崃。幼习经史，后从经学大师刘沅学医。清末光绪年间，郑钦安在成都东华门街一个叫弯弯栅子（现人民东路东鹅市巷口附近）的小巷内行医，他以擅长用附子著称，人誉"郑火神"。

"钦安学习重阴阳，拜师名儒刘止唐。指示必读三本书，《内经》《周易》《伤寒》详。"④

郑钦安在刘沅的指导下，穷二十余年之精力，潜心医道，"《黄帝内经》《周易》太极、仲景立方立法之旨，余沉潜于斯二十余载，始知人身阴

---

① 〔清〕程国彭撰，〔清〕费伯雄批注，费季翔校勘：《医学心悟》，合肥：安徽科学技术出版社，1998年版，第220页。
② 傅文录编著：《扶阳歌诀》，北京：中国医药科技出版社，2013年版，第2页。
③ 〔清〕郑钦安撰，唐步祺阐释：《医法圆通》，成都：巴蜀书社，1996年版，第488页。
④ 傅文录编著：《扶阳歌诀》，北京：中国医药科技出版社，2013年版，第7页。

阳合一之道，仲景立方垂法之美"①，"所览医书七十余种"②。故其学术思想的基础，上溯《周易》《黄帝内经》，中得《伤寒论》心法，下览历代医家著述而兼采其长，从而奠定了深厚的理论功底。

郑钦安对《伤寒论》的研究尤深，谓六经辨证可愈外感，亦可治内伤。著《伤寒恒论》十卷，释方辨脉，颇切实际，成为其理论的根基，进而提出自己的一系列学术主张。他在《医法圆通》序中说自己"不揣鄙陋，采取杂症数十条，辨明内外，判以阴阳，经方、时方皆纳于内，俾学者易于进步，有户可入，虽非万举万当，亦可为医林之一助云尔"③，论乾坤坎离、五行、四诊、辨阳虚阴虚、杂病内外虚实及经方时方之要。

《伤寒论》之外，对郑钦安影响最大的就是温补学派。以薛己、张景岳为代表的温补学派继承了易水学派的脏腑病机学说，既重视脾胃以治疗内伤杂病，又深入探讨了肾命学说，从真阴元阳两个方面阐述了人体阴阳平衡的机制及其重要意义，提出注重阳气的学术见解，对后世医家产生了积极的影响，追随者甚多，郑钦安及火神派的传人显然从中吸取了很多精华，尤其是重视阳气的观点，为他著书立说奠定了基础。

火神派的创立也和当时中医学环境密切相关。清初，温病学说逐渐兴起，乾隆以后，叶天士更将温病学发展至鼎盛阶段。《清史稿》载："大江南北，言医辄以（叶）桂为宗，百余年来，私淑者众。"④谢观也认为，"有清中叶，医家于温热治法最所殚心，其论实起自吴中，而托之于天士及生白"⑤。以至用药多以寒凉轻灵为风气，相延日久，则形成一种倾向，出

---

① 〔清〕郑钦安撰，唐步祺阐释：《医理真传》，成都：巴蜀书社，1988年版，《叙》第1页。
② 〔清〕郑钦安撰，唐步祺阐释：《医理真传》，成都：巴蜀书社，1988年版，《叙》第1页。
③ 〔清〕郑钦安撰，唐步祺阐释：《医法圆通》，成都：巴蜀书社，1996年版，卷首。
④ 〔清〕赵尔巽撰，《清史稿》卷502，北京：中华书局，1986年版，第13876页。
⑤ 谢观著，余永燕点校：《中国医学源流论》，福州：福建科学技术出版社，2003年版，第56页，《温热学》。

现崇尚阴柔，恣用寒凉的流弊，所谓"时方派""轻灵派"成为一种时尚，所用之药大都是豆豉、薄荷、桑叶、菊花、银花、连翘、丝瓜络之类所谓轻灵之品，给医界带来不良的影响。

为了扭转时弊，郑氏从推重阳气的观点出发，反复批驳了"畏温热而喜寒凉"的倾向及对附子等辛热药物的偏见："目下，世人畏附子、干姜，不啻砒毒，即有当服附子，而亦不肯服者，不胜屈指矣。嗟呼！阴阳不明，医门坏极。喜清凉而恶辛温，无怪乎阴盛阳衰矣。近来市习，一见汗出，多以麻黄根、冬桑叶、浮麦、参、芪之类治之，不在阴阳互根处理会，每多不效。"①

"只因世风日下，不究病之阴阳，专究方药之平稳。不知水懦弱，民狎而玩之，多死焉。火猛烈，民望而畏之，鲜死焉。总之，水能生人，亦能死人；火能生人，亦能死人。"②

"昧者不明阴阳底蕴，畏姜附视若砒霜，不敢轻用，病家亦不敢轻服，相沿成风，牢不可破。犹其不知姜附乃少阴主药，仲景用之以扶少火而生气者也。"③

就在这种与时俗流弊辩争的情势下，郑钦安著书立说，以《医理真传》和《医法圆通》两书应世，大张旗鼓推出了火神派的学术主张，"可为医门之一助也"④，成为"火神派首领"。总体而言火神派脱胎于伤寒派，又吸取了温补派的理论精髓，结合自己的多年实践，进而发展为独立的学术流派。郑钦安的《医理真传》，是火神派的奠基之作，集中阐述了火神派的学术思想。《医法圆通》羽翼《医理真传》，丰富完善了火神派

① 〔清〕郑钦安撰，唐步祺阐释：《医法圆通》，成都：巴蜀书社，1996年版，第321页。
② 〔清〕郑钦安撰，唐步祺阐释：《医法圆通》，成都：巴蜀书社，1996年版，第487页。
③ 〔清〕郑钦安撰，唐步祺阐释：《伤寒恒论》，成都：巴蜀书社，1996年版，第860页。
④ 〔清〕郑钦安撰，唐步祺阐释：《伤寒恒论》，成都：巴蜀书社，1996年版，第860页。

的思想内涵，此二书最能代表其学术思想，也是他一生独特经验的总结。据《全国中医图书联合目录》统计，郑钦安三种医著在1869—1940年的70年间曾多次刊印，共有30种版本流传于世。在清末，刊行版本种类之多，刊行频率如此之高，实为罕见！郑钦安的著作因唐步祺的《郑钦安医书阐释》而得到全面解读，唐步祺晚年穷十五年之功撰成了这部释读之作。唐步祺幼承庭训，研习郑氏之学，民间誉为"唐火神"。郑钦安中年设帐授徒，其中卢铸之从其学十一年之久，承继他扶阳学说，屡起沉疴，时人尊之为"卢火神"。

图6-5 《医理真传》书影

图6-6 《医法圆通》书影

郑钦安创立的火神派以阴阳为辨证总纲而强调阳主阴，极其重视人体阳气，并将很多疾病都视作阳虚来治疗，治病立法重在扶阳，所用之药多为大剂姜、桂、附等辛温之品，以温扶坎中之阳。法尊伤寒六经，他强调学习应用《伤寒论》应不拘守于成方，而是要以明病理、辨病机为要，更是真知灼见。由此可知，郑钦安是我国近代具有代表性的伤寒学家，他的医学思想对后世具有重要影响，他对于阳虚证的辨证和对于温热药的运用，对今天的临床工作仍有积极的借鉴作用。

1911年，郑钦安病逝，由他的弟子及感恩他的人自愿集资购办墓地，葬

于成都市南门外红牌楼钟家坝,墓碑曰:"临邛医士郑钦安之墓。"郑钦安沉潜经典二十载,终成火神派开山之祖,扭转时弊,发为新说,为我国中医药史画上了浓墨重彩的一笔。

五、汇通中西启新篇——成都唐宗海

"博采今古,融会中西"[①],这就是汇通中西医启新篇之成都唐宗海。其所著《中西汇通医书五种》,包括《中西汇通医经精义》《伤寒论浅注补正》《金匮要略浅注补正》《血证论》《本草问答》流传极广,影响深远。[②]

唐宗海(公元1846—1897),字容川,四川彭县三邑镇人,中医七大派"中西医汇通派"创始人之一。唐宗海先攻儒学,为诸生时在四川已经颇有名气,十六岁为秀才,二十三岁开始钻研医学,二十四岁著成《医柄》一书,后又著成《医学一见能》。同治十二年(公元1873),因父患血证多方求治无效后,开始潜心探索血证,经过11年时间写成《血证论》。光绪十一年(公元1885),《血证论》成书后的第二年,唐宗海中举,其后游学江南,医术扬名沪上,每有疑证问者,辄应如响,人俱惊为

图6-7　唐宗海像

①　〔清〕唐宗海撰:《唐氏中西汇通医书五种》,上海千顷堂书局,1934年版,卷首,秦之济撰《唐氏中西汇通医书五种序》。以下主要参考章红梅主编:《话说国医·四川卷》,郑州:河南科学技术出版社,2017年版,第119~125页。

②　参见甄志亚主编:《中国医学史》,北京:人民卫生出版社,1991年版,第421~422页。

神奇，光绪十五年（公元1889），中三甲进士，授礼部主事，奉旨赴京后医名大噪，誉满京华。后寓居沪上，当西学东渐时，他认识到西医、中医各有所长，力主汇通中西，厘正医道。唐宗海以中国古代医学理论为基础，吸取西医解剖学生理学知识，撰成《中西汇通医经精义》二卷，光绪十八年（公元1892）刊印出版，成为中国医学"中西汇通"先驱者。游学广东时，《本草问答》和《金匮要略浅注补正》二书相继问世。光绪二十年（公元1894）《伤寒论浅注补正》刊行。以上四书，加上《血证论》，辑成丛书《中西汇通医书五种》刊出，行销国内外，医名远播中南半岛和南洋等地。光绪二十二年（公元1896），清廷授其广西来宾知县职。翌年，扶母枢返川遇川东疫病流行，染病回家，不幸辞世，终年五十二岁。唐宗海作为一代名医和中国早期中西医结合的杰出代表，医术精良，其好友刘光第（"戊戌六君子"之一）称赞他"况子活人有奇术"①。唐宗海的真知灼见，使之成为明清两代四川唯一在正史上有传的医家。

　　唐宗海一生对中医最大贡献有二：其一，血证的研究；其二，融汇中西之创举。

　　唐宗海对血证的研究可谓集血证诊治之大成，创止、消、宁、补之要法，"实事实理，有凭有验"，精辟独到，至今仍为临床医家诊治血证所遵循。《血证论》书一出，名声大震，远播宇内。

　　唐宗海对于血的生理功能以及运行情况的论述，多从阴阳水火气血立论，从气血的相互关系进行说明。他认为，阴阳是万物之本，在人身之中。阴阳即是水火，即是气血。气生于血，血生于气，阳气与阴血相互滋生。水火气血一方面相互对峙，同时亦相互维系。因此在治疗气血水火的病症时，

---

① 〔清〕刘光第撰：《衷圣斋诗草》，《续修四库全书》据辽宁省图书馆藏民国3年成都昌福公司铅印本影印本，第229页，《送唐融川大令宗海之任来宾》。

唐宗海主张治血调气，调和阴阳。气血水火之间依赖脾土以为枢纽。他认为，人身之气虽根于肾中，但需脾胃水谷精微下输于肾，才能化气而升清降浊。对于血证病机的判断，他认为常见的血证不外两大类："一类是血液溢于体外，如吐血、咳血、鼻衄、唾血等；一类为各种瘀血、蓄血等。血证的发生与脏腑有着密切的关系，又与人身气机运行、火热协迫、瘀血阻滞等有关。具体而言，影响血证出现的主要病机，除脏腑功能失常之外，还应注意以下三个方面：一者气机阻逆，血随气行，多见血证；二者火热炽盛，迫血妄行；三者瘀血阻络，血失常道。因此，唐氏对血证病机的探讨，重视脏腑，抓住气滞、血瘀、火热之间的关系。在脏腑病机中，除结合气滞、气逆、血瘀、火热之外，又重视气虚不摄的方面，使血证病机归纳得十分得当，为该病的正确治疗，奠定了基础。"①

他认为，"判断血证的轻重缓急，预后善恶至关重要。血证死生的关键，主要在于气的运行是否正常。一般而言，吐血而不发热者，易愈。吐血而不咳逆者，易愈。血证病人，大便不溏者犹有转机，可用滋阴之药，以养阴配阳。若大便溏泄，是脾气下陷，中流已无砥柱，则血因火而上越，气失守而下脱，上越下脱，其危重可知。此外，血证患者脉不数者易治，以其气尚平。若脉数者难治，以其气太疾。若脉象浮大革数而无根者，为虚阳无依。若脉象沉细涩数而不缓者，为真阴损失，皆为难治。若有一丝缓象，尚可挽回。若无缓象，或兼代数，则成不治死证。所有这些脉象，都是反映阴血受伤，而阳气无归，所以为难治。若阴血伤而阳气不浮越者，脉虽虚微迟弱，亦不难治。但用温补，无不回生。总之，阳虚、气虚者尚易治，惟阴虚气不得附者为难治。因为血伤而气不伤者，即以气之不伤，而知其血尚未尽损，故气犹有所归附，而其病亦易愈"②。

---

① 章红梅主编：《话说国医·四川卷》，郑州：河南科学技术出版社，2017年版，第12页。
② 同①。

唐氏通过多种血证的治疗，摸索出血证治疗的四大法则："止血""消瘀""宁血""补血"。凡遇突然出血，首先应当止血；否则，血液溢出不止，会导致血脱气耗，产生不良后果。"血证患者血止之后，其必然要有离经之血而未排出体外，这些血液留于人体之中，则形成瘀血。这些瘀血的停聚，成为人体致病的重要因素。或壅而发热，或变而成痨，或形成结瘕，或使气血阻滞不通而刺痛，等等。还可以因瘀产生其他多种变证，甚至使新血不能正常运行，而再次出血。为了免除这些后患，唐氏主张于止血之后，应当消瘀，故将消瘀作为血证治疗的第二法。待血止瘀消之后，在数日或数十日之间，为防止血液再次潮动，须选用方药使血液得以安宁，故将宁血法作为血证治疗的第三法。血证患者，出血之后，其血必虚。血虚者其阴亦不足，阴者阳之守，阴虚则阳无所附，血虚则气无所依，亦可因之而亏。因此在血证后期，其血已止，亦未留瘀，而运用宁血法之后又无再次出血之顾虑，唯留下人体正气之虚衰，唐氏主张此时当用补血之法"。①

唐宗海一方面十分重视中医经典著作的学习，于血证深入探讨，颇有成就。另一方面，时值西学东渐，当时多数中医茫无所从，唐宗海提出"医人不如医医"，高瞻远瞩地撰写大量医学文章，仅在浙江陆润庠（同治年间状元）主办的《医学导报》上就发表了200余篇。后著《中西汇通医书五种》，首倡汇通一帜。主张中西医之间取长补短，"不存疆域异同之见，但求折衷于一是"②。他试图以西医理论来解释祖国医学，进行中西医理论的汇通，虽然限于历史条件、科学水平，成就不显，但其革新、发展的思想是可贵的。

---

① 章红梅主编：《话说国医·四川卷》，郑州：河南科学技术出版社，2017年版，第122页。并且参见〔清〕唐宗海撰：《唐氏中西汇通医书五种》，上海千顷堂书局，1934年版，《血证论》。

② 〔清〕唐宗海撰：《唐氏中西汇通医书五种》，上海千顷堂书局，1934年版，卷首，唐宗海撰《唐氏中西汇通医书五种叙》。

图6-8 《六经方证中西通解》书影

唐宗海是中国近代第一位提出"中西医汇通"口号的医家，同时他打破了历代儒医"业儒不就，因习医"的传统生成模式。他是明清以来的大医家中，唯一中了进士的。其同榜进士陈三立、丘逢甲、王垿等皆仕途显赫。唐宗海一生不幸，其父、妻、母先后死于疾病。父亲和妻子更是壮年谢世，激发了他治病救人的决心。他觉得，在纷乱的没世中，官场腐败至极，为官一任，不如汤药救人更切实际，于是潜心岐黄，可谓"宁为良医不为良相！"

唐宗海兼善诗画，其所作一山水团扇，取法古远，萧散简远。上题诗：

南北山川一览过，

胸中邱壑近如何。

枒槎怪石撑肝肺，

磊落奇峰脱四科。

草木真各知不少，

乾坤清气役来多。

出云正及为霖日，

莫任烟霞老薛罗。

——奉行铭老先生大人正，容川唐宗海。

这正是唐宗海对自己生逢乱世、悲天悯人、逆天救世的真实写照。

第 七 章

仙道在蜀、禅宗在蜀——名僧名道

四川名人读本

一、道教开山祖师——成都大邑张道陵

寻根问祖一直是中华民族的传统，儒、释、道一直是中华民族传统文化的三大支柱。其中，佛教源自印度而盛于中国，儒、道则是源于中国的两大传统文化。儒家的创始人是孔子，道教的创始人是张道陵。中国历史上一直有"南张北孔"之说，此"张"，就是指的张道陵，又称张天师。纵观中国五千年历史，能沿袭上千年而传承不断的家族，唯有创立儒家的孔氏家族与创立道教的张氏家族。孔子与张道陵，一儒一道，百世而存，为历代朝廷供奉。

张道陵（公元34—156），道教第一代天师，本名张陵，东汉沛国丰邑（今江苏丰县）人。据道书中记载：张道陵为汉留侯张良的第八世子孙。七岁读老子

图7-1　张道陵画像

的道经、德经两篇，就能通达其中的深奥含义。在最高学府太学读书时，就通晓天文、地理、诸子、五经、坟典等，跟随他学习的有千余人。

东汉永平二年（公元59），张道陵二十六岁时，任巴郡江州县令（今四川重庆）。但他一直喜欢清静无为的黄老之学，见当时世风日下，民风不淳，便弃官到北邙山（今河南洛阳北）去隐居。汉章帝、和帝几次诏征他重新入仕，都被他拒绝了。和帝永元四年（公元92），朝廷又下诏征张道陵为太傅，封冀县侯，但张道陵三诏而不就。张道陵看透人生苦短无常，父母妻子厚爱，也随时会消失。君臣之恩，更不长久。他只想修习道法、清心寡欲，云游名山大川、访求仙术。

后来，他与自己的弟子王长从河南入江西鄱阳，到访云锦山（今江西龙虎山）。传说此山为古仙人栖息之所，张道陵就在山上结庐而居，筑坛炼丹。传说经过三年炼成九天神丹，龙虎出现，于是，这座山日后就以龙虎命名。

后来，张道陵听闻四川民风淳朴，易可教化，就率领弟子从龙虎山辗转长安，翻越秦岭经古栈金牛道，第二次入川，进入大邑的鹤鸣山隐居修道。张道陵进入蜀中的另外一个原因是川内人杰地灵、溪岭深秀，是个修道的好地方。再者，巴蜀从上古以来受到楚文化的影响，楚文化中巫文化盛行，这也是其创立"道教"很重要的一个信仰基础。

传说在汉安元年（公元142），这时的张道陵已经一百零九岁了，感得太上老君亲降，授以正一派的三天正法，他本人被叫作"天师"，由此，开创了道教。这也是由上古清静无为的道家转入道教的开始。他创立了二十四治（治，传教点），负责人称为祭酒，用符水给当地的民众治病，受教者缴纳五斗米入教，因此也被称为"五斗米道"。他不喜欢用刑罚的手段进行管理，而是教以礼义廉耻，信徒叩头忏悔。因此，当地的百姓尊奉他为师。据说有将近万户的人都是他的弟子，他所传的道法开始大行于巴蜀一带。他尊奉老子为道教之祖，以《老子五千文》为经，并且著《老子想尔注》阐扬道教教义。

据传张道陵一日夜半似醒似梦，忽见太上老君对他说，蜀中有魔王狂暴生民，让他前去整治，以积功累德，并传授他"正一盟威符录"，斩邪雌雄剑等。张道陵拜领老君之命，随即往青城山，置琉璃座，施道法降魔。今四川青城山尚存掷笔槽、降魔石、洗心池等，相传皆为当年张天师降魔遗迹。此后，张道陵又与弟子王长、赵升复往鹤鸣山，精修二十余年。

东汉桓帝永寿二年（公元156），张道陵一百二十三岁，这年的九月九日，他与夫人雍氏登云台峰，白日飞升。因张道陵为正一派的第一代天师，故教徒尊称其为"祖天师"。汉祖天师在唐僖宗时被封为"三天扶教辅元大法师"，宋代封为"三天扶教辅元大法师正一静应显佑真君"，元成宗封为"正一冲元神化静应显佑真君"。自"祖天师正一道"创立以来，历为道教所尊。时人尊张道陵为人天之师，又称天师道。宋元以来，三山符录统归龙虎山，遂统称为正一道，以区别金元之际在北方兴起的全真道。

张道陵之后有儿子张衡在蜀中建立政权，之后孙子张鲁继续治理蜀地。建安二十年（公元215），曹操攻取汉中，迁张鲁及信众到河南，后来其后代重回江西龙虎山，从此龙虎山成为正一道祖庭，世代相传。而张家也成为中国道教的传承世家，与山东曲阜的孔家被称之为"南张北孔"。此后每隔十年，张家就要派人到四川青城山祭祖，今四川青城山天师洞即为纪念张天师的道观。

天师洞是青城山主观，洞中有"天师"张道陵及其三十代孙"虚靖天师"像。天师洞三面环山，一面临涧，古树参天，十分幽静。观内正殿为"三清殿"，殿后有黄帝祠和天师洞等古迹。天师洞右下角有一小殿，名三皇殿，内有轩辕、伏羲、神农石像。天师洞三清殿前的1800年的汉代古银杏树，据说是张道陵亲手所植。1943年夏，徐悲鸿先生曾来青城山写生。他在

图7-2　青城山天师洞

天师洞独居一室，创作了屈原《九歌》中的插图《国殇》《山鬼》等多幅作品，送给青城道士的《奔马》和《天马》图，现已制成石刻陈列。

大邑鹤鸣山是张道陵创立道教的地方，是道教发源地，也是二十四治"上三治"之"鹤鸣神山太上治"，为张道陵传道的中心。鹤鸣山亦称鹄鸣山，因山形似鹤、山藏石鹤、山栖仙鹤而得名。鹤鸣山的道教宫观，最早起于张道陵在天柱峰顶所建的太清宫。清以后，鹤鸣山道教逐渐衰败，又不幸在"文化大革命"中遭毁。改革开放以后，逐步修复了紫阳、斗姥二殿，新建了迎仙阁、延祥观、三清宫、天师殿等。天师殿供奉张道陵。王长、马武手持剑、符，护立两旁。山顶有唐、宋、元、明、清历代石刻数十处。

鹤鸣山道观在道教节日都会举办隆重的法会，其中以纪念张天师的天师圣诞会最为隆重，全国各地的信众都会前往参加。当地政府贯彻我国的宗教政策，积极引导宗教与社会主义相适应，这些道观、古迹对当地的经济、旅游、文化等各方面的发展都起到了积极的促进作用。

二、道教老祖——安岳陈抟

巴蜀宗教文化发达，地灵人杰，历史上出现过很多佛宗道祖。道教方面，宋代出现了被誉为"人中龙"的至尊先师——陈抟老祖。宋代石延年有诗曰："希夷先生人中龙，天岸梦逐东王公，酣睡忽醒骨灵通，腕指忽忽来天风。鸾舞广漠凤翔空，俯视羲献皆庸工，投笔再拜称伎穷，太华少华白云封。"[1]对陈抟推崇备至。洛阳龙门石窟上的石刻，相传为陈抟手书的"开张天岸马，奇逸人中龙"[2]。元代学者虞集在《题陈希夷先生画像赞》中评价他为"图书之传，百世之师"。[3]此外陈抟也有"华山万古一超人"[4]的美誉！

陈抟（公元872—989），字图南，号扶摇子，赐号希夷先生，常被尊称为陈抟老祖、希夷祖师等。五代宋初著名道教学者，四川安岳人。陈抟是道家最富传奇色彩的人物之一。史书记载陈抟四五岁的时候，在水边游戏，遇到一个青衣妇人，老妇人给他喂乳，自此以后就变得越来越聪

图7-3　陈抟画像

---

① 范韧庵，李志贤编著：《书法辞典》，南京：江苏古籍出版社，1989年版，第110页。

② 李芝岗著：《中国雕刻书法艺术》，西安：陕西师范大学出版总社有限公司，2014年版，第154页。

③ 〔元〕虞集撰：《道园学古录》，上海：商务印书馆，1937年版，第761页。

④ 〔宋〕陈抟撰：《华山陈抟丹道修真长寿学》，太原：山西科学技术出版社，2012年版，第72页。

明。少年时代开始读经史百家之言，看一遍就能够背诵，不会遗忘。他也喜欢作诗，因此颇有诗名。十五岁时即"诗、礼、书、数之书莫不通究考校"①。也有资料说他少年时"奇才经纶"，对易学象术等特别精研。五代后唐长兴中（公元930—933），他去参加科举考试但落第，从此不再考取功名，从后晋至后周的二十年间，情寄于山水之间。据陈抟自己说，他曾经遇到过孙君仿、獐皮两位方外人士，告诉他武当山九室岩可以隐居，于是入武当山隐居修道。在武当山，他采用的修道方法是"服气辟谷"，只是每日饮酒数杯，此外便餐风饮露犹似神仙。

据北宋人文同称，陈抟曾在四川学习一种道家功法，叫"胎息法"或叫"锁鼻术"，是道教调息的一种方法，如同胎儿在母腹中的呼吸状态，不吃不喝不动，专以意调息，这就是日后闻名于世的陈抟睡功。这种"睡觉"（胎息）的目的是"存精、养神、炼气"，以达到道家却病延年、长生久视的目标。据传，陈抟常常一睡数月，曾作诗云："我谓浮荣真是幻，醉来舍辔谒高公。因聆玄论冥冥理，转觉尘寰一梦中。"②又有名诗流传后世："十年踪迹走红尘，回首青山入梦频。紫陌纵荣争及睡，朱门虽贵不如贫。愁闻剑戟扶危主，闷见笙歌聒醉人。携取旧书归旧隐，野花啼鸟一般春。"③

后周世宗喜欢黄白之术（炼金术），他听闻陈抟的名声，显德三年（公元956），周世宗命令把陈抟送到朝廷，留在皇宫中居住了一个多月，周世宗向陈抟询问方术的问题，陈抟回答说："陛下为四海之主，应当以致力治

---

① 修功军编著：《陈抟老祖——老子、庄子之后的道教至尊》，北京：东方出版社，2007年版，第6页。

② 孔又专著：《陈抟道教思想研究》，成都：巴蜀书社，2009年版，第9页。

③ 孔又专著：《陈抟道教思想研究》，成都：巴蜀书社，2009年版，第9页。

国为念，怎么留意黄白方术这样的事情呢？"①周世宗很欣赏这样的回答，放其归山，并派人时时存问。

　　少年时代的陈抟也曾经有过治国平天下的用世理想，后来遇到赵匡胤，就把希望寄托在他身上。据说他曾和年轻时代的赵匡胤在华山下棋，以华山为赌注，要求胜棋以后将华山归己。后听闻赵匡胤登基，大笑着从驴背上坠下，说："天下这回大定了！"不久便入宫朝贺并向赵匡胤索要华山，赵匡胤依照当年的赌约将华山赐予陈抟，并免去了华山周围百姓的赋税，至今华山还建有胜棋亭以纪念此逸闻。宋太宗赵光义曾两次召见陈抟。太平兴国九年（公元984），陈抟第二次到朝廷觐见，赵光义对宋琪等人赞赏陈抟的高洁："陈抟独善其身，不为势利所干扰，这才是真正的世外隐士。"陈抟对宋琪等人说："我是一个山野隐士，对时事没有什么用处，也不知道神仙点金化银黄白术的事情以及吐气养生的道理，没有什么方术可以传授。假使白日冲天，对世事又有什么好处呢？"②并恳切地指出，君臣同心同德，精勤地治理天下，就是最大的修行了。宋琪等人把陈抟的话告诉皇上。皇上对陈抟更加器重，下诏赐给陈抟号"希夷先生"，并赐给一套紫衣，命令官吏修葺他所居住的云台观。据传皇上多次与陈抟和唱诗赋，几个月后放他回山。

---

① 〔元〕脱脱撰：《宋史》，长春：吉林人民出版社，1995年版，第9264页，"周世宗好黄白术，有以抟名闻者，显德三年，命华州送至阙下。留止禁中月余，从容问其术，抟对曰：'陛下为四海之主，当以致治为念，奈何留意黄白之事乎？'世宗不之责，命为谏议大夫，固辞不受"。

② 〔元〕脱脱撰：《宋史》，长春：吉林人民出版社，1995年版，第9264页，"因遣中使送至中书，琪等从容问曰：'先生得玄默修养之道，可以教人乎？'对曰：'抟山野之人，于时无用，亦不知神仙黄白之事，吐纳养生之理，非有方术可传。假令白日冲天，亦何益于世？今圣上龙颜秀异，有天人之表，博达古今，深究治乱，真有道仁圣之主也。正君臣协心同德、兴化致治之秋，勤行修炼，无出于此。'琪等称善，以其语白上。上益重之，下诏赐号希夷先生，仍赐紫衣一袭，留抟阙下，令有司增葺所止云台观"。

　　端拱初年（公元988），陈抟忽然对自己的弟子贾德升说："你在张超谷凿石为室，我将要长久的休息了。"端拱二年（公元989）秋天的七月，石室凿成，陈抟手书上表给皇帝："臣抟的大限将至，圣朝难恋，已经于这个月的二十二日化形于莲花峰下张超谷中。"陈抟果然于二十二日飞升，经过七天，肢体依然温暖。据说"有五色云，蔽塞洞口，弥月不散"。①

　　陈抟好读《易》，常手不释卷，自号扶摇子，著有《指玄篇》八十一章。又有《三峰寓言》及《高阳集》《钓潭集》，有诗六百余首。据说陈抟能够读懂他人的心意。他的斋中有一个大瓢挂在壁上，道士贾休复内心很想要这个大瓢，还没有开口，陈抟已经知道他的来意，说："你来不为别的，就是为了这个瓢。"然后让侍者送给他。贾休复大惊，以之为神。传说华阴隐士李琪，已经几百岁了；关西吕洞宾具有剑术，一百多岁后像儿童的样子，世人把他们当作神仙。李琪、吕洞宾都几次来到陈抟的斋室中与之交流，人们都备感惊异。史书中还记载了陈抟其他的一些神奇的事迹，不再详述。②

　　陈抟与世无争，不贪富贵，不求仕禄，不仅受到社会人士的普遍尊重，而且受到朝廷多次召见。有其他资料记载陈抟也曾多次向皇帝进谏过治国之道，均得皇帝采纳。唐僖宗赐他号"清虚处士"，周世宗赐他为"白云先生"，宋太宗赐他为"希夷先生"。陈抟集清修、道德、治国、文章于一身，成为中华民族政治史、文化史上的楷模。

　　在安岳县城三华里处的云居山，有明朝洪武年间，县令陈观为陈抟重

---

①　〔元〕脱脱撰：《宋史》，长春：吉林人民出版社，1995年版，第9625页。

②　事见〔元〕脱脱撰：《宋史》，长春：吉林人民出版社，1995年版，第9625页，"抟好读《易》，手不释卷。常自号扶摇子，著《指玄篇》八十一章，言导养及还丹之事。宰相王溥亦著八十一章以笺其指。抟又有《三峰寓言》及《高阳集》、《钓潭集》，诗六百余首。能逆知人意，斋中有大瓢挂壁上，道士贾休复心欲之，抟已知其意，谓休复曰：'子来非有他，盖欲吾瓢尔。'呼侍者取以与之，休复大惊，以为神"。

建的陈抟墓。陈抟墓位于安岳县城南郊云居山圆觉洞保护区内。墓为石土垒成，长16米，宽12米，高4米。墓前立陈抟自赞碑，碑额横刻"华岳归来"，正中刻陈抟像，像右上方有"洪武甲戌秋九月重阳日县丞陈观重建"刻记，左上方有陈抟自赞词。两边石坊刻对联："先手不必仍长睡，天下于今永太平。"附近有石牌坊、"图南仙迹""希夷炼丹处"等遗迹。现墓址保存完好。墓碑上刻有陈抟的《自赞铭》是现在全国独有实物。墓后面岩石上刻有陈抟书写的"福寿"二字，直径1.6米，后面岩上还刻有"图南仙迹"，"希夷炼丹处"的题字。

在宋代安岳，为纪念陈抟，建有三处庙宇：宋徽宗为陈抟故里灵山观赐额"钦真"，而改名"钦真观"。云居山陈抟墓外建有"真相寺"，1998年原"真相寺"重塑陈抟坐像、陈抟骑驴、陈抟与赵匡胤对棋、陈抟酣睡、陈抟辞召等五组塑像，改名"陈抟殿"。普州城内建有"二仙堂"，绘陈抟及赵缩手像。

三、四时八节天地太师——黔江范长生

继张道陵及其子张衡、孙张鲁"三张"之后，西晋时四川又出了一位高道范长生，与张道陵等人同被称为"蜀中八仙"。明朝著名学者杨升庵称他为"西山蜀才"。又因为他从八十八岁至一百岁时，在起义军成汉政权中任丞相，所以又被称为两晋时期的"姜太公"。

范长生（公元218—318），又名延九、重九，或名文（一作支），字元寿，别号蜀才，涪陵丹兴（今重庆黔江）人。范长生博学多才，尤其精通天文术数。蜀后主（刘禅，即刘阿斗）延熙十一年（公元248），涪陵郡造反，后主刘禅派车骑将军邓芝率兵征讨。平定叛乱以后，朝廷为免再生事端，将涪陵包括范氏、徐氏等名门大户在内的五千余户强行迁往成都，其中

就有范长生一家。当时，受张道陵及其子孙的影响，道教在成都一带盛极一时。再者，身处战乱的人们，都梦想能够脱离现实的苦难，这也孕育了产生宗教信仰的丰厚土壤。因此，当时天师道信仰的群众基础非常广泛，范长生也加入了天师道，并长期住在成都西山（青城山）。范长生博学有术，注重信义，深得天师道教徒的敬服，被拥为成都一带天师道的首领。据传，他从事道教修炼，欲为神仙，得长生久视之术。从蜀汉活到了西晋，活了一百岁。又因为博学多能，年长德高，所以蜀人对他奉之如神。他求道养志于青城山，率上千户人结寨而居，并拥有大批部曲和大量积粮。

当时是三国后期，时局混乱，百姓多饿死，大批百姓沦为流民。汉魏巴蜀名门之后李特也在流民中。李特世家大族出身，自身又慷慨好义，经常接济流民，因此流民很拥戴他。后来形势更加严峻，官府欺压，流民面临生死存亡的危险，于是李特率领流民起义。太安二年（公元303），李特攻占成都，但被益州刺史罗尚欺骗，疏于防御，死于后来的战争中。李特死后，义军被几路官府大军围攻，军中大将战死，又缺少粮食，军心动荡，情况十分危急。在生死存亡的紧要关头，范长生伸出援手，为流民队伍提供了军粮。流民义军重新振作，当年闰十二月，李特之子李雄击败罗尚，攻占成都，称成都王。

范长生乘坐素车来到成都，李雄亲自立于城门前迎接，甚至执版延坐，想迎立范长生为王。范长生则坚决不接受，劝李雄自立。李雄称帝之后，立范长生为丞相，加封尊号"四时八节天地太师"，并尊称"范贤"，封西山侯，并免征其部曲的军粮，而其属地的全部租税由范长生本人征收。李雄之所以如此恭敬范长生，不仅仅因为范在危难之际提供帮助，还有一个原因就是李特、李雄等人，本来就是天师道的信徒。所以，天师道——"五斗米教"就成为成汉政权的国教，范长生成为国师、首辅。

李雄得到范长生的辅助，地位巩固。他遵从范长生"清心寡欲，敬天爱民"的治世宗旨，开始采用道家的休养生息政策，政宽人和、事少役稀，百姓有精力发展生产，逐渐安居乐业。政府也逐步建官学，兴文教，治理风气、不滥施刑罚。据历史记载，当时的蜀中百姓富庶、熙和安乐，甚至出现了夜不闭户也不会有盗贼侵扰的景象。成汉政权的另外一个特色是没有那么多繁文缛节和森严的等级制度，人民平等质朴，生活安详和乐。这也是四川尤其是成都人民到现在都具有的特殊品格。当时的西晋王朝，经历过五胡乱华等惨痛的战争以后，内忧外患，民不聊生。而这时只有一片远离刀兵、繁荣安乐的世外桃源，就是李雄在范长生辅佐下治理的蜀地。来成汉政权称臣依附的人也逐渐增多，一度昌盛。

范长生与李雄，也没有出现历史上常有的君臣猜忌、相互倾轧的局面，而是至诚同心，共同治理辖地。二人政教相辅、珠联璧合、相得益彰，使得道教与成汉政权都得到了巩固与发展。东晋元帝大兴元年（公元318）四月，范长生卒于成都。范长生死后，他的儿子范贲被李雄封为丞相。

《资治通鉴》中评价范长生"博学多能"，尤其精于书法，笔触豪放、饱满大方。他的著作有《道德经注》《周易注》等。旧时的四川青城山有"长生宫"，为范长生的纪念之地。宋代诗人陆游曾到此游览，并留下诗句："碧天万里月正中，清夜珥节长生宫。"[1]

后人在青城山为其立庙，尊崇他为"长生大帝"。今青城山下景色绝佳、仙鹤盘旋的鹤翔山庄，据说就是长生宫的遗址。都江堰离堆公园景区内的伏龙观，前身为"范贤馆"。此观建于晋代，是专门纪念范长生而建，因之而命名为"范贤馆"。北宋初年，人们为纪念李冰改称伏龙观。范长生的故里黔江县城，也建有范公祠，直到1990年扩建新城才拆迁。青城山天师道作为成汉政权和蜀民的精神支柱，得到各族人民的崇奉，青城山也因范贤而更为显赫。

---

[1]　〔宋〕陆游撰：《陆游集》，北京：中华书局，1976年版，第159页。

四、广成先生杜光庭

"学海千寻，辞林万叶，扶宗立教，海内一人！"[①]这就是被唐僖宗李儇赐封"道门领袖""广成先生"有帝王老师之誉的成都杜光庭！杜光庭是中国古代著名的哲学家、思想家、道教集大成者，是唐末五代公认的道门领袖。晚唐著名诗人方干称赞他为"宗庙中宝玉大圭也"[②]。在中国道教史上只有陶弘景可与他并称。南京大学哲学系孙亦平教授评价说："杜光庭既是唐、五代道教理论的集大成者，又是宋元道教的重要开拓者，在中国道教发展史上，他占有重要地位。"[③]

杜光庭（公元850—933？），字宾圣，号东瀛（东海）子，处州缙云县人。杜光庭早年求学时学习刻苦、涉猎广泛，也像一般士子一样准备科举考试，希望由科举一途建立功业。二十一岁时，他去考万言科，失败落榜。

图7-4　杜光庭画像

---

① 张勇编：《大家精要·杜光庭》，昆明：云南教育出版社，2012年版，第25页。
② 张勇编：《大家精要·杜光庭》，昆明：云南教育出版社，2012年版，第5页。
③ 张勇编：《大家精要·杜光庭》，昆明：云南教育出版社，2012年版，第110页。

杜光庭眼见李唐王朝在"安史之乱"和黄巢起义的猛烈冲击下江河日下，军阀割据，生灵涂炭，道教的影响也逐渐衰落。他决心潜心学道，"扶宗立教"，希望通过弘扬老子之道来拯救世道人心，实现天下太平。

唐咸通十二年（公元871），杜光庭到天台山拜高道应夷节为师。应夷节是名道司马承祯的四传弟子。杜光庭学识渊博，精通儒道经典，老师很喜欢他，很快就成为上首弟子。他得到宗师指点，不但迅速地掌握了道教的理论、方法、仪轨等，而且开始尝试融合儒道释三教。相传杜光庭与和尚贯休交好，经常互相戏谑。

唐僖宗乾符二年（公元875），黄巢起义军占越州，江东动乱开始。杜光庭下天台山，沿长江首次入蜀，开始了在蜀中求仙访道的生涯。从此，杜光庭便与蜀中山水结下了不解之缘，移来故土作巴山，他前后在巴山蜀水间生活五十多年，被尊为道门领袖和西蜀国师。乾符六年（公元879），杜光庭离开四川，到湖北等地寻访道经。

广明元年（公元880），黄巢攻占潼关，唐僖宗秘密逃出长安到成都。杜光庭也随唐皇室漂寓至成都，第二次进入了四川。唐僖宗到成都后，得到了喘息的机会，开始积蓄力量、招揽人才，期望能尽快夺回被黄巢占据的半壁江山。杜光庭引起了朝廷注意，当政者认为他"性简而气清，量宽而识远"①，加以举荐。僖宗诏他入朝，一见大悦，赐紫服象简，并赐号"广成先生"，让他在青城山修醮。

光启元年（公元885），朝廷平定黄巢起义。唐僖宗返回长安，有资料说杜光庭也随同护卫，到达京城，为上都太清宫内供奉。但唐僖宗返长安后，又与藩镇王重荣发生冲突，王重荣起兵逼近长安。僖宗于公元886年再次出奔，杜光庭也随侍护卫。僖宗下诏杜光庭主持蜀地道教事务，南归成

①　杨伟立著：《前蜀后蜀史》，成都：四川省社会科学院出版社，1986年版，第137页。

都。于是，杜光庭第三次入蜀，从此定居蜀中，流连这片青山秀水，终老于成都西郊的青城山。

唐末时局混乱，各派势力纷纷称王，城头变幻大王旗。杜光庭作为道门领袖，受到当时的蜀中之王王建的支持。后来，王建在成都称帝，建立蜀国，称为前蜀。王建命杜光庭为太子之师，并封杜光庭为金紫光禄大夫、左谏议大夫，封蔡国公。王建死了以后，太子王衍继位。杜光庭见王衍花天酒地、荒淫无度，申请解官归隐青城山，在白云溪修身养性，著书立说。

杜光庭在天台山修道时，利用天台山丰富的道藏资源，系统地学习了各方面的道教典籍。杜光庭由此对道教理论有了全面的把握，同时也认识到道教经典自"安史之乱"后的残损、散失等严重问题。因此，杜光庭确立了自己毕生的目标——整理道教典籍。他隐居青城山，除了从事宫观事务，主要的工作就是整理道教典籍，这奠定了他在中国道教史上的重要地位。他搜集道教经典3000多卷，为保存我国道教文化做出了巨大贡献。杜光庭极具天赋，博学善属文，一生著述特别丰富。在杜光庭的众多著作中，《道德真经广圣义》一书是他的代表作。他搜集了上千年儒释道三家六十多位名家的研究成果，对老子《道德经》进行了前无古人的详尽注释，是精心撰写而成的道教名著。

杜光庭不仅在中国道教史上占有相当重要的地位，而且在中国文学史上也有很大影响，他的诗歌、散文、小说、辞章等无所不善，文笔流畅，言辞典雅，深受后人喜欢。何光远《鉴戒录》称杜光庭文学著述"与乐天齐肩"[1]，即与白居易比肩。他有不少热爱修道生活、远离红尘的清逸诗文："浮名浮利过于酒，醉得人心死不醒。""似鹤如云一个身，不忧国家不忧贫。"[2]也有忧国忧民的诗篇："闷见戈铤匝四溟，恨无奇策求生灵。如

---

① 杨伟立著：《前蜀后蜀史》，成都：四川省社会科学院出版社，1986年版，第131页。
② 黄勇主编：《唐诗宋词全集》，北京：北京燕山出版社，2007年版，第2687页。

何饮酒得长醉，直到太平时节醒。"①他还写出了著名的传奇小说《虬髯客传》。《虬髯客传》描写了红拂女与李靖的传奇爱情故事。杜光庭在唐末天下大乱、大小藩镇拥兵自重之时，撰写这个故事，表达了人们对当时诸侯争霸、连绵征战的不满，希望有李靖、虬须客这样一些具有道家气质的"游侠"横空出世，辅助"真命天子"来挽救流离动荡的社会，也表达了人们对太平盛世的向往。自此之后，游侠之风盛行一时。这是游侠小说产生的根源，也是当代武侠小说的鼻祖。

杜光庭几十年都在青城山隐居修道、传教，他与青山相辉映，青城山以其人间仙境、洞天福地特有的幽深与秀气，给予他学习、修行的灵感源泉；他也给这座山赋予了更多的道家仙灵之气。青城山有以天师洞为核心，包括建福宫、上清宫、祖师殿、圆明宫、老君阁、玉清宫、朝阳洞等数十座道教宫观。杜光庭是少有的不姓张的天师，建福宫供奉有他的神像。位于青城

图7-5　青城山祖师殿

---

① 黄勇主编：《唐诗宋词全集》，北京：北京燕山出版社，2007年版，第2687页。

山一角的祖师殿有"读书台",相传为杜光庭读书的地方。杜光庭的《读书台》诗云:"山中犹有读书台,风扫晴岚画障开。华月冰壶依旧在,青莲居士几时来。"①杜光庭在充满灵秀之气的青城山隐居修道,整理道教经典,对中国道教做出了承前启后的巨大贡献!

五、佛教华严五祖——南充圭峰宗密

圭峰宗密禅师,唐代著名高僧。他既是华严宗五祖,又是禅宗荷泽系四传弟子,在中国佛教史上具有举足轻重的地位。唐代著名诗人、政治家裴休评价宗密:"真如来付嘱之菩萨,众生不请之良友。"②其学问"究一雨之所沾,穷五教之殊致"③。白居易与宗密交好,有诗《赠草堂宗密上人》一首:"吾师道与佛相应,念念无为法法能。口藏宣传十二部,心台照耀百千灯。尽离文字非中道,长住虚空是小乘。少有人知菩萨行,世间只是重高僧。"④宗密去世后,诗人贾岛作《哭宗密禅师》,温庭筠也曾有诗《重游圭峰宗密禅师精庐》怀念宗密。

圭峰宗密(公元780—841),出身于四川西充县一个以儒为业的丰裕家庭,俗家姓何。在家庭环境的熏陶下,宗密幼年就熟读儒典,身负俊才,"欲干世以活生灵"⑤,即抱有古人常有的"治国平天下"的济世理想。然

---

① 黄勇主编:《唐诗宋词全集》,北京:北京燕山出版社,2007年版,第2685页。
② 〔宋〕赞宁撰,范祥雍点校:《宋高僧传上》,上海:上海古籍出版社,2014年版,第115页。
③ 〔唐〕裴休撰:《大方广圆觉修多罗了义经略疏》卷1,《大正藏》第39册,东京:大藏出版株式会社,1988年版,第523页。
④ 张春林编:《白居易全集》,北京:中国文史出版社,1999年版,第605页。
⑤ 董群著:《融合的佛教——圭峰宗密的佛学思想研究》,北京:宗教文化出版社,2000年版,第2页。

而宗密读书不完全是为了谋取功名，他称
自己"志好道而不好艺"①，心中求索的是
"道"——即宇宙人生的根本问题，而不仅
仅是"术"——即具体的知识、技能运用。
因此，宗密时常感到儒家的诗书并不能满足
自己的心灵需求，渐渐对佛法产生了浓厚的
兴趣。宗密开始自己学习一些佛家理论，由
浅入深地学习了因果理论、人天教法，四

图7-6　宗密画像

谛、十二因缘小乘教法，以及大乘的法相唯识学。并且断荤茹素，亲近禅门
大德高僧，在自己的田园庄舍设置法筵，礼请法师说法。然而，熟读经典并
没有使他透彻地体悟到生命至理，依然常有"此心未安"之感。于是，他暂
时放下佛典，二十三岁时重拾儒学。

唐宪宗元和二年（公元807），宗密二十七岁，到京师参加科举考试，
途中经过遂州（四川遂宁市），偶然遇到六祖慧能禅师门下的第四世弟子道
圆禅师讲佛法，"问法契心，如针芥相投"②，获得了"以心传心"般的顿
悟。倾心之下，他便不再去参加科举，而是跟随道圆禅师出了家。他在当沙
弥的时候，读到《圆觉经》即豁然大悟，身心踊悦。后来，宗密进谒洛阳报
国寺神照禅师，神照称他为"菩萨中人"，大加赞赏。

宗密本为禅宗弟子，后来却成为华严宗五祖，这源于道圆和尚的独具
慧眼和宽广胸襟。在宗密学习一段时间的禅宗后，道圆把杜顺和尚（华严
宗初祖）的著作《华严法界观门》送给他，启发了宗密学习华严宗的浓厚兴

---

① 董群著：《融合的佛教——圭峰宗密的佛学思想研究》，北京：宗教文化出版社，2000年
版，第2页。

② 〔日〕忽滑谷快天撰，朱谦之译；杨曾文导读：《中国禅学思想史》，上海：上海古籍
出版社，2002年版，第211页。

趣。宗密开悟以后，道圆又让宗密向北方游学，广参法席。元和五年（公元810），宗密聆听澄观（华严宗四祖，又是华严宗史上最具影响力的祖师）的弟子讲授澄观的《华严经疏钞》，心中生起极大的欢喜之情，认为自己找到了世间出世间学问的究竟归处。宗密于是致书澄观，禀明自己学习华严教典的心得，并表达了崇仰之情与热切的求法心愿。元和七年（公元812），宗密抵达长安，开始跟随澄观学习华严学，执弟子礼，昼夜随侍。他一面学习华严教义，一面发表心得。澄观激赏宗密："毗卢华藏能随我游者，其汝乎！"[①]赵宋时代，华严宗中兴者长水子璿和弟子晋水净源立澄观为四祖，宗密为五祖，华严宗祖师的传承，从此确立。

唐代佛教极为鼎盛，上自帝王贵族，下至庶民百姓纷纷礼敬信奉。因此，当时的高僧大德多得到朝堂礼遇，僧人与豪贵人士、政客、才子多有交往。宗密在当时也颇受朝野推崇，"天子而下悉归慕参扣"[②]，从天子到大臣都十分仰慕他。而宰相裴休则正式拜入他的门下，成为入室弟子。宗密作为真实证悟之人，自有高僧风骨。他并未恋栈权势，太和年中，唐文宗邀请他入内殿，问佛法大意。赐紫方袍，敕号大德。在敕号后，宗密自请归住终南山草堂寺，前后将近十年。

唐文宗大和九年（公元835），爆发了历史上著名的"甘露之变"，这是中唐政治史上的重大事件。二十七岁的唐文宗不甘为宦官控制，和李训、郑注策划诛杀宦官，夺回皇帝权力，结果被宦官仇士良发觉，双方激烈战斗。历史记载李训离开京城后，投奔宗密。宗密本想给他剃发为僧，但众僧徒不同意，李训只好逃走，后被宦官杀死。宗密也因此触怒宦官集团而险些

---

① 董群著：《融合的佛教——圭峰宗密的佛学思想研究》，北京：宗教文化出版社，2000年版，第13页。

② 瞿汝稷集述：《指月录》卷6，《卍新纂续藏经》第83册，东京：株式会社国书刊行会，1989年版，第468页。

被仇士良诛杀，危机重重。宗密却坦然面对，表示他认识李训很多年，也知道他反叛，"然本师教法，遇苦即救，不爱身命，死固甘心！"①菩萨明朗的大悲情怀，可见一斑。负责审讯的中尉鱼弘志，对宗密的言行十分嘉许，奏请开释其罪。当时朝中人士听到后，无不感佩流涕。

唐武宗会昌元年（公元841），宗密圆寂，坐化于兴福塔院，世寿六十二岁。据说"俨若平日，容貌益悦"②。荼毗后得舍利数十颗，立塔号青莲。裴休作为弟子，为宗密撰写碑文。唐宣宗大中元年（公元847），追谥"定慧禅师"，世称圭峰禅师。

宗密在佛教文化中最重要的贡献是提出调和儒释道三教的思想。宗密并不否定儒道两家的修身养德之功，肯定三教都具备"策万行，惩恶劝善，同归于治"③的功能。他同时认为只有佛教的了义法，才能"推万法，穷理尽性，至于本源"④，透彻生命缘起的真相。此立场虽然依然是以佛教为皈，但摆脱了长久以来三教之间的藩篱，以全新看法厘清三家各有的优势、层次，开辟出另一广阔的格局。从此，三教关系日趋和缓。裴休因此赞美宗密"世尊为阐教之主，吾师为会教之人"⑤。

宗密思想的另一特点，是教禅一致论。在宗密时代，禅宗势力鼎盛，禅师大唱教外别传，极力贬低教授学问的讲经法师。双方对立，势如冰炭。

---

① 董群著：《融合的佛教——圭峰宗密的佛学思想研究》，北京：宗教文化出版社，2000年版，第22页。

② 〔宋〕赞宁撰，范祥雍点校：《宋高僧传上》，上海：上海古籍出版社，2014年版，第113页。

③ 〔唐〕宗密：《原人论》卷1，《大正藏》第45册，东京：大藏出版株式会社，1988年版，第708页。

④ 〔唐〕宗密：《原人论》卷1，《大正藏》第45册，东京：大藏出版株式会社，1988年版，第708页。

⑤ 董群著：《融合的佛教——圭峰宗密的佛学思想研究》，北京：宗教文化出版社，2000年版，第335页。

宗密身兼华严宗与禅宗荷泽系，凭借对禅宗心法的证悟与华严教理的高深学养，试图消弭这种纷争不已的局面，提出了系统的禅教一致论。宗密在禅宗史上的特别影响，是提出"知之一字，众妙之门"，揭露了禅宗"以心传心"的不传之密为"知"字诀，此思想对禅宗影响巨大。

据载，在历史上，西充有一处庞大的建筑群——圭峰禅院。据明朝嘉靖时担任知县的宁元伯《重修圭峰禅院记》记载，圭峰禅院即资福寺，"为古今贤士大夫吊古寻幽胜地"①。据考证，宗密禅师晚年时曾回乡祭祖，在此处说法。说法时龙听花飞："有二龙听讲，是夜雨花。"寺内建有纪念宗密讲经说法的殿堂，后来毁于战火。明嘉靖二十三年（公元1544）重建正殿，至今保存完好。1983年公布为县级文物保护单位。

邻近成都的绵竹市有一座宗密墓。此墓在城西人民公园内二门干道左侧，墓形圆拱，1985年修葺一新，墓前新立一石碑，题为："唐圭峰宗密禅师墓。"墓左侧有石碑两通，一系清光绪二十五年（公元1899）立，上有当时知县李莲生撰文，述宗密生平事迹；一通为诗碑，刊清乾隆时李调元的七绝诗一首："第一禅林第一僧，东来西去任飞腾，个中消息凭衣钵，代代于兹证上乘。"②2008年起开始新建的圭峰禅院，位于四川西充凤凰山巅（今西充多扶镇境内）。凤凰山巍峨挺拔，绵亘数峰，悬崖峭壁，形若飞凤。此山原无寺庙，仅有古寨，为纪念圭峰禅师而建立此寺庙。

六、禅宗洪州宗的祖师——德阳马祖道一

提到中国禅宗史，我们首先都会想到初祖达摩、六祖慧能。但有一位从四川走出去的禅师在中国禅宗史上所做的贡献绝不亚于两位祖师，这位禅

---

① 龙显昭主编：《巴蜀佛教碑文集成》，成都：巴蜀书社，2004年版，第344页。

② 向世山：《宗密在川遗迹探秘》，《文史杂志》1997年第1期，第46~49页。

师就是马祖道一。禅宗灯录中记载六祖慧能曾经对自己的弟子南岳怀让说："汝足下出一马驹，踏杀天下人。"①这个马驹，即是指马祖道一；踏杀天下人，指马祖道一禅师创丛林、建道场，门下学人龙象辈出，广布天下，影响深远。中国禅宗自马祖道一始大盛于天下，成为整个中国佛教的主流。民国时期的著名学者胡适说，马祖道一是中国"最伟大的禅师之一"②。日本佛学家、汉学大师铃木大拙认为："马祖道一是唐代最伟大的禅师之一。"③马祖道一也因为开创丛林制度而被称为"新佛教的开山人"。马祖道一也是唯一一位以俗家姓而称"祖"的禅师。他的事迹被载入大英百科全书。

马祖道一（公元709—788），四川汉州（广汉）什邡县人。据记载，马祖道一容貌奇异，不同凡响，"牛行虎视，引舌过鼻，足下有二轮文"。④马祖道一少年时即恬淡洒脱，厌离红尘，不乐世务。依止资州（现资中）唐和尚（指保唐无住禅师）出家，在渝州（今

图7-7　马祖道一画像

重庆市）受具足戒。开元年中，他听说六祖法嗣怀让禅师在南岳观音台传法，于是前往南岳，打算跟随怀让禅师参禅悟道。

马祖道一十分精勤努力，每日在南岳衡山传法院中打坐、修定、参禅，毫不松懈。怀让禅师深知他根器非凡，便主动前往教导。这就是著名的禅宗公案"磨砖作镜"的故事。怀让问道一："大德坐禅，图个什么？"道一回

①　〔元〕宗宝编：《六祖大师法宝坛经》卷1，《大正藏》第48册，东京：大藏出版株式会社，1988年版，第357页。

②　胡适著：《看破不说破》，北京：群言出版社，2015年版，第44页。

③　铃木大拙、弗洛姆著：《禅与心理分析》，海口：海南出版社，2012年版，第71页。

④　〔宋〕释普济：《五灯会元》卷3，《卍新纂续藏经》第80册，东京：株式会社国书刊行会，1989年版，第70页。

答："图作佛。"怀让于是取来一块砖，在道一的庵前磨起来。起初，马祖道一并未予以理睬，但日子久了，他觉得纳闷，便问："你磨砖做什么？"怀让答说："磨作镜。"道一笑道："磨砖岂能作镜？"怀让于是反问他："磨砖既然不能作镜，坐禅又岂能成佛？"马祖道一听后如醍醐灌顶，恭敬礼拜怀让。怀让禅师用这个行为启发马祖，诸佛实相非坐、非不坐，行住坐卧皆与实相不相违背，于无住法，不应取舍。二人又经过数次机锋对答，马祖终于言下顿悟。开悟以后，马祖道一继续留在怀让身边，侍奉十个春秋。①

马祖道一约在开元十年（公元722）前后离开南岳，后来在洪州开元寺大弘南宗禅法，四方学人争相归依，一时座下法将如林。因为法源在洪州开元寺，因此人们也称之为"洪州禅"或"洪州宗"，与石头希迁禅师的"石头禅"齐名，并称为唐代禅宗两大派。洪州宗下开临济、沩仰二宗，为"一花开五叶"之两叶。

有资料记载马祖道一曾经归蜀还乡，人人都争相目睹高僧风采，于是众人喧闹欢迎。一位溪边婆子突然说："我当这个人有什么奇特呢？原来是马簸箕家的娃儿。"众人哄笑。马祖道一于是说："劝君莫还乡，还乡道不成。溪边老婆子，唤我旧时名。"②有传说称只有他的嫂子相信了他，通过他传授的"听鸡蛋"的方法而悟道。

---

① 事见〔宋〕释普济：《五灯会元》卷3：《卍新纂续藏经》第80册，东京：株式会社国书刊行会，1989年版，第69页，"开元中有沙门道一（即马祖也），在衡岳山常习坐禅。师知是法器，往问曰：'大德坐禅图什么？一曰：'图作佛。'师乃取一砖，于彼庵前石上磨。一曰：'磨作什么？'师曰：'磨作镜。'一曰：'磨砖岂得成镜邪？'师曰：'磨砖既不成镜，坐禅岂得作佛？'一曰：'如何即是？'师曰：'如牛驾车，车若不行，打车即是，打牛即是？'一无对。师又曰：'汝学坐禅，为学坐佛。若学坐禅，禅非坐卧。若学坐佛，佛非定相。于无住法，不应取舍。汝若坐禅，即是杀佛。若执坐相，非达其理。'一闻示诲，如饮醍醐"。
② 〔宋〕希叟绍昙撰：《五家正宗赞》卷1，《卍新纂续藏经》第78册，东京：株式会社国书刊行会，1989年版，第577页。

马祖道一传法几十年，法嗣139人，亲传弟子84人。这些人后来各主一方，宗风大倡。百丈怀海、西堂智藏、南泉普愿为他最得意的三个弟子，时人称之为"三大士"。唐德宗贞元四年（公元788）的正月，马祖道一在建昌（今江西省靖安县）登石门山，在山林间漫步时对身旁人说："下月我这把老骨头就要到这里来了！"回到寺中便有病缠身。一天，院主问："和尚这几天尊候如何？"马祖道一答："日面佛，月面佛。"这是马祖道一圆寂前留下的最后一则公案，后人对此有各种不同的解说。二月初一，马祖道一沐浴跏趺而逝，世寿八十，谥号大寂禅师。①

马祖道一的禅法灵活简洁，接引学人无数。他最著名的语录现在我们也耳熟能详，如"平常心是道""自心是佛""即心即佛"等。有僧人问："和尚为什么说即心即佛？"马祖道一回答说："为止小儿啼哭"，僧人又问："啼哭止时如何？"马祖道一却回答说："非心非佛。"机锋转语，令人目不暇接。所以有士人赞叹道："一等没弦琴，唯师弹得妙。"②正是因为简单、纯真、自然、贴近生活的教育方式，马祖道一培养出一大批禅门俊杰，造成禅宗与佛法的盛极一时，所以也有人称马祖道一为"伟大的教育家"。

马祖道一另外一个伟大的贡献是开创了中国佛教的丛林制度，使中国佛教的僧侣开始了有系统、有保障、有制度的规范性僧团生活。马祖道一圆寂后，他的弟子百丈怀海继承并发扬了他的学说，并创立一套系统的丛林规矩——百丈清规。所谓"马祖创丛林，百丈立清规"，这使得禅宗彻底中国

---

① 事见〔宋〕释普济：《五灯会元》卷3，《卍新纂续藏经》第80册，东京：株式会社国书刊行会，1989年版，第71页，"师于贞元四年正月中，登建昌石门山。于林中经行，见洞壑平坦，谓侍者曰：'吾之朽质，当于来月归兹地矣！'言讫而回，既而示疾。院主问：'和尚近日尊候如何？'师曰：'日面佛，月面佛。'二月一日沐浴，跏趺入灭。元和中，谥大寂禅师，塔曰大庄严"。

② 〔宋〕释普济：《五灯会元》卷3，《卍新纂续藏经》第80册，东京：株式会社国书刊行会，1989年版，第70页。

化。马祖道一是禅宗中国化过程中承上启下的重要领军人物，也因此被后人以"祖"尊称。

由于马祖道一在中国佛教中的地位实在重要，与马祖道一有关的寺庙、遗迹很多。在以成都为中心的广大地区，广汉、龙泉驿、彭州、都江堰、绵阳三台、什邡等地均建有马祖寺。成都北门有条簸箕街，相传马祖之父马簸箕曾在此处编簸箕为生。

马祖道一出家的寺庙罗汉寺，位于什邡市区北侧，该寺历史悠久，有"西川佛都"之称，盛名传诸海内外。佛寺造像，皆精美传神。至今尚有诸多古迹保存，存有马祖道一手掘故井及古说法台遗迹。寺内还有唐代光禄大夫权德舆撰写的《马祖塔铭》、清代李调元撰定的《罗汉寺重塑五百罗汉碑记》等。历代书法家题写的匾额如"灵山再现""甘露慈云""芥纳须弥""祇园揭谛"等都蕴藏着无尽的禅机和深意。

第 八 章

"才女在蜀"响余音——名媛才女

四川名人读本

一、一代女皇——广元武则天

在中国几千年的历史长河中，武则天是一个奇迹。在女子地位普遍低下的封建社会中，她傲然雄立，君临天下，南面称王。她上承贞观之治，下接开元盛世，以女子之身造就了大唐特有的盛世气象。在她身后的正史和野史都留下了许多扑朔迷离的记载，这给她增添了许多神秘色彩。对于武则天，从唐代开始，就有各种不同的评价，角度也各不相同。但不可否认的是，在武则天统治时期，整个国家不仅政治基本安定，而且经济、文化都大有发展，出现了承平盛世的景象。所以，史家将她的治理称之为"贞观遗风"，武则天为其孙唐玄宗的"开元之治"打下了坚实的基础。宋代洪迈在《容斋随笔》中说："汉之武帝，唐之武后，不可谓不明！"[1]清代赵

---

① 〔宋〕洪迈撰：《容斋随笔》，北京：中华书局，2005年版，第274页。

图8-1　武则天画像

翼说其为"不可谓非女中英主也！"①。毛泽东感叹道："简直是了不起。封建社会，女人没有地位，女人当皇上，人们连想都不敢想。……武则天确实是个治国之才，她既有容人之量，又有识人之智，还有用人之术。"②

武则天，名武曌（公元624—705），公元690—705年在位，她是我国历史上第一位也是唯一一位真正意义上的女皇帝。唐高祖武德七年（公元624）正月二十三，在今四川省广元市，诞生了这位历史上的传奇女主。武则天的父亲武士彟以经营木材为业，家境殷实。隋炀帝大业末年，李渊多次在武家留住，因而结识。李渊在太原起兵反隋以后，武家曾大力资助钱粮衣物，因此唐朝建立以后，武士彟以"元从功臣"的身份开始了为官生涯。武士彟在担任利州（今四川广元）都督的时候，他的妻子生下了武则天。

《唐书》中记载，武则天还在幼年襁褓中时，传奇相师袁天罡为其看相。保姆抱出穿着男孩衣裳打扮的武则天，袁天罡一见大为震惊，说她"龙瞳凤颈，极贵验也！"③但又遗憾地说："可惜是个男孩儿，若为女孩，当作天子！"武则天从小就性格强直，不喜女红，唯喜读书，因此知书达理，

---

① 梁永元著：《武则天正传》，北京：文化艺术出版社，2012年版，第386页。
② 周溯源编著：《毛泽东评点古今人物·精华本》，上海：上海人民出版社，2015年版，第141页。
③ 刘铁编著：《武则天》，哈尔滨：哈尔滨出版社，2015年版，第3页。

也深谙为政之事。童年时代，父母就带她遍游名山大川，培养了她的眼界和才干。

贞观十一年（公元637）十一月，唐太宗李世民听说武则天很是妩媚动人，便将她纳入宫中，封为五品才人，赐号"武媚"，故称武媚娘。武则天的母亲为此非常不舍，掩面哭泣。武则天却说："见天子庸知非福？"①让母亲不要哭哭啼啼，为小儿女之态。武则天怀着对未来美好的憧憬进入宫中，但是，事情并不像她想象的那样顺利。武则天虽容颜妩媚、学识过人，但性情并不柔顺，这不符合唐太宗对女子的期待。因此，她并没有得到特别的宠幸。有一次，当她听说唐太宗有一匹名叫"狮子骢"的烈马，无人能够驯服，便主动对唐太宗说："妾能制之，然须三物，一铁鞭，二铁楇，三匕首。铁鞭击之不服，则以铁楇楇其首，又不服，则以匕首断其喉"②。唐太宗大为惊诧。武则天在侍奉唐太宗的过程中，与李治结识，逐步有了两情相悦的情谊。

唐太宗去世，武则天依后宫之例，入感业寺削发为尼。在感业寺为尼期间，武则天并没有意志消沉，也没有浪费时光。她大量学习了佛教典籍，这也为日后她利用佛教为自己正名以及大力发展佛教打下了基础。唐高宗李治后来又去感业寺上香，见到了武则天，两人旧情复燃，于是又把她召入宫中，不久封为昭仪，进号宸妃。永徽六年（公元655），唐高宗废掉王皇后，立武则天为后。

武则天足智多谋，博学多才，文史兼备。高宗皇帝自显庆五年（公元660）开始，患上了头风之疾，经常头晕目眩，不能处理国家大事。因此，百官的上表奏章，就都委托给武则天代为审阅决策。从此以后，武则天以

---

① 梁永元著：《武则天正传》，北京：文化艺术出版社，2012年版，第60页。
② 〔清〕纪晓岚总撰：《四库全书精编子部》第5辑，北京：中国文史出版社，1999年版，第199页。

其卓越的政治才能辅政数十年，其威势与高宗皇帝无二。上元元年（公元674），高宗号天皇，皇后号天后，天下人谓之"二圣"。武则天也因此逐步掌握了政治、军事等各方面的权力。尽管后来高宗想废掉她，但是已经不能再控制武则天的势力了。

弘道元年（公元683）十二月，唐高宗病逝，临终遗诏：太子李显即位，军国大事有不能裁决者，由武则天决定。李显即位，是为唐中宗。武则天以皇太后名义临朝称制。武则天这时实际上已经全面掌握了国家的政治、军事等各方面的权力。一年以后，武则天就把李显废掉了，立第四子豫王李旦为帝，为唐睿宗。天授元年（公元690），武则天认为亲临称帝的条件成熟，先借僧人法明之口散布舆论，说武则天是弥勒菩萨转生，当为大唐的天子。接着以唐睿宗为首的六万臣民上表劝进，请改国号。至此，水到渠成，武则天在"上尊天示""顺从众议"的万岁声中，登临大宝，改国号"唐"为"周"，自号"圣神皇帝"。这年，她已是六十七岁的高龄。

武则天在称帝后的十余年中，更充分显示了她在治国、用人、处事、理政等各个方面的卓越才能和宏大气魄。她称帝后，非常重视人才的选拔和任用，认为"九域之广，岂一人之强化，必仁才能，共成羽翼"[1]。凡能安邦定国的人才，她都不计门第，不拘资格，一律量才使用。她发展和完善了隋以来的科举制度，放手招贤，允许自举为官、试官，并设立员外官。此外，她还首创了殿试和武举制度，为更多更广地发现人才、搜罗人才创造了有利的条件。如中唐名将郭子仪，就是从武举中拔得头筹。这样，有一批能臣干将为其效命，有力地维护着武周的政权。

武则天也非常重视发展经济、发展农业生产。她说："建国之本，必在务农。"规定能使"田畴垦辟，家有余粮"的地方官升任，"为政苛滥，户

---

[1] 张广明编著：《历代名人全传》，西安：三秦出版社，2012年版，第148页。

口流移"的"轻者贬官，甚至非时解替"。在她执政的年代里，农业和手工业都得到较大的发展，人口不断增加。据当时统计，永徽时全国户数为380万户，到武则天临终的神龙元年，渐增为615万户，几乎增长一倍，仅此一点即就可看出这一时期的农业经济发展情况。

在抗击外来入侵、保护边境安宁、改善与邻国的关系等方面，武则天也做了很多努力，对吐蕃的入侵和骚扰给予了坚决的抵御和反击。在她施政的年代里，坚持边军屯田政策。对边区开发、减轻人民转输之劳，以及巩固边防都有着积极的作用。

当然，在武则天掌权近半个世纪的时期内，也有不少过失。但总的来说，成绩和功绩仍然是武则天政治生涯中的主流。在她长达半个世纪的统治时期，形成强有力的中央集权，整个社会政治安定，经济发展，外交强硬，科举制度完善，人民安居乐业。这些历史功绩彪炳史册，不能抹杀。

至今，在广元城的嘉陵江畔，还留下修于唐朝的武则天祀庙皇泽寺。皇泽寺依山而建，气势宏大，登山望远，广元尽入眼中，气象万千，确有皇家气象。广元还有以武则天名字命名的则天坝。

图8-2 广元皇泽寺

广元女儿节是四川广元特有的传统民俗节日，正是为了纪念这位中国历史上唯一女皇帝、杰出的女政治家而举行的盛大庆祝活动。1988年，广元市委、市政府恢复了这一民间节日，并定名为女儿节，将节期定在公历9月1日。节日期间会举办各种丰富多彩的文化活动。广元女儿节以其独特的地域文化、女性文化，成为女皇故里一张靓丽的文化名片。女儿节已经吸引很多国内外游客走进广元，使得美丽的凤凰城因新时代的女性精神而更加闪耀！

二、宋朝摄政太后之首——成都华阳刘娥

在宋代的历史上，有一位传奇女性，她的一生跌宕起伏。她出身于社会底层，靠着自己的聪明才智，几乎走上了皇帝的宝座；她在错综复杂的时局中，靠自己的能力稳定朝局，治理国家，选拔贤才，开创了一代清平盛世。人们常将她与汉代的吕后、唐代的武则天并称，历史上称其"有吕武之才，无吕武之恶"[1]，又有人称她为"宋朝的武则天！"[2]这位传奇的女性就是宋朝的摄政太后刘娥。

刘娥（公元968—1033），章献明肃皇后，宋真宗赵恒的皇后。祖籍太原，生于宋太祖开宝元年（公元968）。据历史记载，她的祖父刘延庆是五代十国时后晋、后汉的右骁卫大将军，父亲刘通是宋太祖时的虎捷都指挥使，后来任嘉州（今四川乐山）刺史，因此举家迁至成都华阳。刘通奉命出征太原，牺牲在战场上。

刘娥的母亲庞氏在生她的时候，曾梦到明月入怀，醒来后便生下一女。刘通无子，死后家道中落，庞氏只好带着幼女寄居娘家。刘娥此时已经不再以刺史千金自居，虽然也读了书识了字，但最重要的还是学习一些谋生的技

① 陈胜利著：《弱宋——造极之世》，北京：清华大学出版社，2016年版，第48页。
② 王连升著：《讲述宋朝》，太原：山西教育出版社，2010年版，第43页。

图8-3　刘娥画像

艺。她聪明灵巧，很快学会了"播鼗"的手艺，善说鼓儿词。十三四岁时，她便离开家，跟随（一说嫁给）一个叫龚美的年轻银匠，一起来到京城谋生。龚美手艺出众，为人和善，交游广阔，与襄王府里的一个叫张耆的人很有交情，而襄王正是未来的宋真宗赵恒，当时年仅十六岁。赵恒当时尚未婚配，听说蜀女才貌双全，便让随从去暗暗物色一名。刘娥的灵巧美貌已经声名在外，又善播鼗，经过龚美同意，她便进入了王府。史书记载她十五岁与襄王初次相会。赵恒非常喜欢她，两人很快就如胶似漆。

　　但赵恒的乳母秦国夫人生性严厉整肃，不接受刘娥，大概是因为看不起刘娥的出身。她把这件事报告给宋太宗，太宗大怒，下圣旨命赵恒把刘娥逐出京城，并为赵恒赐婚。赵恒却情深义重，不忍离别，不得已把刘娥送出王府，偷偷藏在王宫指挥使张耆家里，时常私会。

　　后来，宋太宗赵光义病逝，传位于赵恒。赵恒继承大统，再也不用与刘娥偷偷来往了，很快就把刘娥接入宫里。景德元年（公元1004）的正月，册

封刘娥为四品美人，正式成为后宫妃嫔。刘娥没有其他的宗族亲人，就将龚美改姓为刘，称为刘娥的兄长。据说刘美为人忠心耿耿，从不阿谀奉承、结党营私。大中祥符年中，刘娥又被封为修仪，进德妃。

景德四年（公元1007），郭皇后病逝。真宗很想立刘娥为后，但群臣们认为刘娥既无子嗣又出身低微，都不赞同，真宗索性让后位空缺，不谈立后之事。刘娥虽然受宠，不知是何原因却无法怀孕。她身边的侍女李氏，一日梦到仙人下降为子，真宗和刘娥大喜，想出"借腹生子"的办法。大中祥符二年（公元1009），李氏生下一子，即后来的宋仁宗赵祯。皇子虽然是李氏所生，却只认刘娥为母，这就是戏剧和民间传说"狸猫换太子"的由来。但实际上，刘娥对李氏非常好，不断加封，使其进入妃嫔的行列。李妃死后，刘娥以一品礼仪将李妃殡殓，并给李妃穿上皇后冠服。有了这个儿子，刘娥就名正言顺地成了宋朝的皇后。

刘娥在这么多年的后宫生活中，并不是只知道争宠和玩乐，她喜好读书，才华出众。史书评价她"性警悟，晓书史"[①]，对于朝廷政事，她十分通晓熟悉。真宗批阅奏章，她都在一旁观看。如果真宗有什么难事问到她，都能够旁征博引，据实以对，真宗在政事方面十分依赖她。天禧四年（公元1020）二月，真宗患病，不能再处理日常政事，上呈到皇帝那里的政务实际上都由皇后刘娥处置。后来，真宗病情加重，便下诏由太子赵祯在资善堂听政，皇后贤明，从旁辅助，这样就认可了刘娥裁决政事的权力。

乾兴元年（公元1022）二月，五十四岁的宋真宗赵恒病逝，遗诏尊刘娥为皇太后，"军国重事，权取处分"。[②]即由于皇帝年龄还小，军国重事，都暂时由刘娥处理，这样，国家的权力实际就到了刘娥手中。大臣请小皇帝与太后"五日一御"承明殿，皇帝在左边、太后在右边，开始了如历代女主

---

① 〔元〕脱脱撰：《宋史》卷242，长春：吉林人民出版社，1995年版，第6233页。
② 〔元〕脱脱撰：《宋史》卷242，长春：吉林人民出版社，1995年版，第6234页。

一样的垂帘听政。

听政时期，刘娥充分体现出女政治家的风范，号令严明、赏罚有度、礼仪有节，从不纵容自己的娘家人插手朝政。刘娥个人生活非常简朴，管理自己的侍女也非常严格，都以简朴为家风。在大是大非面前，她尊重士大夫们的意见，杜绝官员结党营私，一些名臣贤士都得到她的重用。她推行新政，兴利除弊，停止宫观营造，废除各地不必要的劳役。同时，她大赦天下，减轻赋税，平谷价，开永丰渠以通盐运，设立益州交子务，正式将纸币"交子"作为官方流通物等。几年后国家政通人和、国库丰盈。据说她还创设谏院，澄清吏治、兴修水利、完善科举、兴办州学，为仁宗朝的盛世景象打下了坚实的基础。

大臣们见识了刘娥的政治水平，所以有人给刘娥建议，让她效仿武则天，立刘氏宗庙。大臣程琳向她献了《武后临朝图》，但刘娥却坚决地拒绝了，愤怒地把书扔到地上说："吾不作此负祖宗事！"[1]因此，作为太后的刘娥并没有与自己的儿子交恶，两人之间母慈子孝、和乐熙穆，她尽力地保护自己的儿子，而她的儿子宋仁宗也非常尊敬和孝顺她，"终太后之世无毫发间隙焉"。[2]

尽管刘娥拒绝效仿武则天称帝，但她心里还是有过一把天子瘾的欲望。明道二年（公元1033）二月，朝廷要行祭太庙大典，刘娥觉得自己寿命不久了，想要在生前穿一次天子衮冕，便提出自己要着衮冕祭祀太庙。群臣虽有意见，还是将皇帝衮衣上的饰物稍减了几样，呈了上去。皇太后刘娥穿着天子衮衣、头戴仪天冠，在太庙行祭典初献之礼。并在太庙文德殿接受了群臣给自己上的尊号：应天齐圣显功崇德慈仁保寿皇太后。自此以后，便彻底还政于儿子宋仁宗。三月，刘娥病重，宋仁宗大赦天下，四处征召名医医治刘

---

[1]　〔元〕脱脱撰：《宋史》卷242，长春：吉林人民出版社，1995年版，第6235页。
[2]　〔元〕脱脱撰：《宋史》卷242，长春：吉林人民出版社，1995年版，第6235页。

娥，但依然没有能够留住她的性命，几天后病逝。《宋史》记载宋仁宗非常伤心，不顾大臣们的劝阻亲自牵引棺材绳索。

刘娥死后，大臣们开始纷纷上疏宋仁宗，翻出刘娥旧年往事，说刘娥并非他生母，并有一些传言。仁宗震惊，后来查明自己的生母李妃穿着皇后服装入殓，就明白刘娥对他和他的生母都是一心一意的，命令群臣不许再说刘娥旧事。谥号刘娥为庄献明肃皇后（后改章献明肃皇后），而一般皇后只谥二字。刘娥生前死后，宋仁宗都对她尊顺崇敬。

三、率部归附，"胜得十万雄兵"——奢香夫人

奢香夫人是明初杰出的民族女政治家，在她摄政贵州宣慰府期间，倡导民族融合，促进了各民族之间的交往，稳定了西南的政治局面。又将汉文化传入彝族地区，维护了民族之间的团结，为国家统一做出了卓越的贡献。因此，明太祖朱元璋称赞道："奢香归附，胜得十万雄兵！"[1]后世有人作诗称赞奢香"不道蛮荒一苗女，居然巾帼丈夫雄！"[2]

奢香，彝名舍兹，生于元顺帝至正二十一年（公元1361），是川南彝族土司永宁宣抚司（今四川叙永）扯勒部君长的女儿。幼时聪明伶俐，喜欢学习汉族文化。在明洪武八年（公元1375），奢香十四岁时就嫁给了贵州宣慰使陇赞·霭翠为妻。

奢香的丈夫彝族名叫陇赞阿期，是元末明初世袭的宣抚使。明太祖朱元璋灭元后，明洪武四年（公元1371）撤销原元建制，设贵州宣抚司。霭翠与其他部落首领先后率部归附明王朝。朱元璋也很优待前来归附的霭翠，

---

[1] 中国人民政治协商会议贵州省大方县委员会文史资料研究委员会编：《大方文史资料选辑》第6辑，1991年版，第51页。
[2] 《魏绪文搜集简注》，《水西文史资料诗词专辑》第2辑。

准许原官世袭，"赋税听其输纳"①。
洪武六年（公元1373），朱元璋鉴于霭
翠统辖的水西领地较广，民众众多，是
控制四川、贵州、云南一代的战略要
地，而且其兵力强大，对西南政局的稳
定具有举足轻重的影响，于是下诏，
"升贵州宣抚司为宣慰司，以霭翠为
宣慰使"②，其地位上升于其他宣慰之
上。奢香聪敏好学，又熟知汉文化，颇
有政治头脑。自从嫁给霭翠，她就经常
辅佐自己的丈夫处理政事，政治才能逐
步得到锻炼，也得到当地族人的爱戴与
尊敬，她被尊称为"苴慕"，即君长之

图8-4　奢香夫人塑像

意。他的夫君虽然也是非常能干的一方诸侯，可惜寿命不长，洪武十四年
（公元1381），霭翠就病逝了。他们的儿子还非常年幼，不能承袭父职，奢
香忍住丧夫之痛，代袭贵州省宣慰使的职责。

　　奢香袭职摄政时，大明王朝还没有完全平定整个国家。云南还有原元
朝梁王和土酋大理段氏未向大明王朝称臣。段氏控制着大理一带已有三百
余年，根基深厚。洪武十四年（公元1381）九月，明太祖朱元璋命颍川侯傅
友德为征南将军，率大军30万，从四川、湖南兵分两路，经贵州南征云南。
梁王和段氏暗中与云贵川的一些部族相勾结，企图对抗明军的征讨。奢香夫

---

① 中国人民政治协商会议贵州省大方县委员会文史资料研究委员会编：《大方文史资料选
辑》第6辑，1991年版，第49页。
② 中国人民政治协商会议贵州省大方县委员会文史资料研究委员会编：《大方文史资料选
辑》第6辑，1991年版，第49页。

人以自己出众的政治智慧意识到大明王朝已经稳固地取得了政权，残余部落的垂死挣扎不会长久。奢香夫人以国家利益为重，让明军在水西境内安营扎寨，并且主动贡献马匹、粮食，犒劳明军、指明通道，明军经贵州进伐云南。她还凭借水西与西南彝族各部的宗族姻亲关系，亲自出访各部土族，晓以利害、劝说开导，使叛军失去支持。明军顺利进入云南，势如破竹，当地土族不堪一击。梁王自缢而死，大理段氏束手就擒，大明王朝顺利地实现了对云南割据势力的统一。国家统一太平，大明王朝才能罢兵戈，安心从事经济发展，从而成为一个强大、统一的中央集权国家，奢香夫人功不可没。

洪武十六年（公元1383），明王朝派驻贵州的封疆大吏马晔，好大喜功，瞧不起少数民族。尤其对于政绩卓著的奢香夫人，更增添了几分嫉恨与不满，称奢香夫人为"鬼方蛮女"。马晔倚仗自己封疆大吏的身份，找个借口将奢香夫人抓到贵阳，用彝族人最忌讳的手段折辱奢香夫人，想逼奢香夫人造反，便可趁机一举歼灭。奢香夫人受此奇耻大辱，却没有被愤怒冲昏头脑，她看穿了马晔的阴谋诡计，命族人绝不起兵，与宣慰同知刘淑贞"走诉京师"①——到京城面见圣上告御状，讲明原委。朱元璋十分震怒，召回马晔，因其刻意挑衅、擅辱命妇，治以重罪。据说马皇后十分喜欢奢香夫人，专门设宴款待她，予以安抚。临走前，太祖朱元璋又赏赐给了奢香及其部族很多金银布匹，大力安抚后，奢香夫人回到了家乡。奢香夫人以其出色的政治智慧，没有意气用事，再次挑起边境的争端，和平解决了这件事情，维护了民族团结和国家的统一。

奢香夫人通过这次事件，也感觉到了大明王朝当政者精勤治理的决心与经济、军事力量的强大。回到贵州后，自己也更加精勤地治理封地。她决定改变贵州闭塞落后的局面，亲率各部，投入巨大的人力物力，开始开辟荒

---

① 中国人民政治协商会议贵州省大方县委员会文史资料研究委员会编：《大方文史资料选辑》第6辑，1991年版，第51页。

山通道。奢香夫人未主政时，从贵阳到修文县城有驿道和多个驿站，但从修文至毕节一带没有驿道和驿站，交通十分闭塞，严重制约了这一带的经济发展，有诗形容为"落落千秋无通款"①。奢香夫人"披荆斩枳剪蒿莱"②，开辟出以偏桥（今施秉县境）为中心的两条重要驿道，据说有九个驿站，以龙场驿为首，故称"龙场九驿"。"九驿邮初置，三巴路已通"③。奢香夫人可以被称为"开发水西交通第一人"。奢香夫人主持开辟的驿道，成为纵横贵州以达云南、四川、湖南边境的交通要道，沟通了边疆与中原内地在政治、经济和文化上的联系，增进了汉民族与西南各民族之间的交流，也促进了贵州的经济发展和社会进步。

驿道开辟之后，奢香夫人也多次到金陵朝觐，禀呈政务、输赋、进贡地方物产和马匹等，使贵州和明王朝中央政权的关系更加密切起来。奢香夫人每年向中央政府进贡不绝，而中央政府也同样报之以琼瑶，给予丰厚的赏赐。奢香夫人进入广大汉文化的中心地带，开阔了眼界，深深地感到处于边陲之地的贵州贫困落后，决心"躬亲倡文明"④。于是，她多方结识内地的饱学之士，重金迎聘到贵州办学，传播汉文化；也广招能工巧匠，传授先进的耕织技术，开置农田，发展生产。洪武二十三年（公元1390）奢香夫人将自己的独子阿期陇的派到金陵，请入京师太学读书，明太祖朱元璋特下诏

---

① 政协贵州省委员会文史资料委员会、《贵州旅游文史系列丛书》编委会编：《奢香故里》，贵阳：贵州人民出版社，1997年版，第11页。
② 政协贵州省委员会文史资料委员会、《贵州旅游文史系列丛书》编委会编：《奢香故里》，贵阳：贵州人民出版社，1997年版，第11页。
③ 政协贵州省委员会文史资料委员会、《贵州旅游文史系列丛书》编委会编：《奢香故里》，贵阳：贵州人民出版社，1997年版，第12页。
④ 政协贵州省委员会文史资料委员会、《贵州旅游文史系列丛书》编委会编：《奢香故里》，贵阳：贵州人民出版社，1997年版，第12页。

"谕国子监官，善为训教，庶不负远人慕学之心"①。洪武二十五年（公元1392）阿期陇的学成而归，朱元璋赐予三品朝服并袭衣、金带等，并钦赐姓"安"，汉名亦叫安的。

通过奢香夫人的勤政治理，黔山彝岭的水西地区，社会安定，民族和睦相处，经济发展，逐渐有了一派中原地区的文明气象。洪武二十九年（公元1396），奢香夫人不幸病逝。明太祖朱元璋特派使臣到水西，参加奢香的葬礼，加谥奢香为"大明顺德夫人"。当代，有宁静主演的同名电视剧以及凤凰传奇创作的歌曲《奢香夫人》以纪念这位伟大的女政治家。

四、当垆沽酒，爱恨分明——邛崃卓文君

"愿得一心人，白首不相离。"②卓文君的一首《白头吟》表达了天下女子最美好的愿望。卓文君勇敢地追求与捍卫自己的爱情，与司马相如当垆沽酒的故事，成为后世的千古美谈！在书写国家大事的《史记》中，司马迁居然专门记载了这段"私奔"的风流韵事，王闿运认为这是"史公欲为古今女子开一奇局，使皆能自拔耳！"③钱钟书在读到《史记》此处时意味深长的评注："目光如炬，侈谈'自由婚姻'者，盖亦知所本。"④

卓文君（公元前175—前121），西汉临邛（属今四川邛崃）人，汉代才女。她是临邛大富商卓王孙的女儿。据记载当时的临邛"多富人"，而卓王孙家尤其富有，可谓巨富，史说有家僮八百人。《西京杂记》中说卓文君面容姣好，脸若芙蓉、肤如凝脂，"眉色如望远山，脸际常若芙蓉，肌肤柔滑

① 政协贵州省委员会文史资料委员会、《贵州旅游文史系列丛书》编委会编：《奢香故里》，贵阳：贵州人民出版社，1997年版，第12页。
② 孔令升著：《中国古代才女评传》，苏州：古吴轩出版社，2013年版，第16页。
③ 董桥著：《英华沉浮录》，北京：海豚出版社，2012年版，第284页。
④ 董桥著：《英华沉浮录》，北京：海豚出版社，2012年版，第284页。

如脂"。同时"为人放诞风流"[①]，是个风流有才气的女子，广有才名，而且善鼓琴，好音律。文君十六岁时就嫁人，不久丈夫过世，便返回邛崃娘家居住。

而此时的司马相如，也由于缘分的牵引，来到了四川成都。司马相如一向同临邛县令王吉相交好，王吉邀请他到自己的地方小住，于是，相如前往临邛，住在城内的一座亭子里。

卓王孙与另外一个富户郑程商议说："听说县令请来了一位贵客，我们两家置办酒席请请他。"于是两家大办酒席，至少上

图8-5　卓文君画像

百人参加这次宴请。司马相如却称病不肯前来，县令亲自去请，才勉强到场。司马相如风姿秀美，满座的客人无不惊羡他的风采。酒正喝到酣畅时，临邛县令请司马相如弹奏一首古琴曲子，说："我听说长卿特别喜欢弹琴，希望聆听一曲，以助欢乐。"相如没有推辞，弹奏了一曲《凤求凰》。《史记》中说，司马相如知道有位新寡的卓文君美丽风流，而且雅好音律，因此，便用琴音来试探她。相如来临邛时，车马跟随、仪表堂堂、雍容娴雅，待到他弹奏琴曲时，卓文君便一见倾心，但又怕配不上他，心中忐忑不安。

宴会完毕，司马相如就派人以重金赏赐文君的侍者，向她转达殷勤爱慕之情。卓文君心中欢喜，奋不顾身地乘夜逃出家门，私奔到相如处。然后，两个人又急忙赶回成都。司马相如这时正是落魄时，成都家里，空无一物，家徒四壁。卓王孙大怒，说道："这个女儿这么不成材！我不忍心杀了她，

---

① 〔明〕解缙编：《永乐大典》，北京：大众文艺出版社，2009年版，第103页。

但也不会分一钱给她!"有人劝说卓王孙,但是他始终不听。时间长了,卓文君觉得应该改变这样的现状,对司马相如说:"你和我一起到临邛,就算从兄弟那里借贷,也不至于如此穷困自苦。"于是,司马相如和卓文君便到了临邛,相如把他的车骑都卖了,买下一间酒舍,让卓文君当垆沽酒,自己则穿起犊鼻裤,与雇工们一起做活,在闹市中洗涤酒器。

卓王孙听到后感到十分耻辱,便闭门不出。卓王孙的兄弟亲友们都开始劝他:"文君已经成了司马相如的妻子,而司马相如虽然穷,但是确实是个人才,又是县令的贵客,何必让他们受这样的耻辱?"卓王孙毕竟还是心疼自己的女儿,于是,便给了他们僮仆百人,钱百万以及出嫁的衣被财物等。于是,卓文君和司马相如又回到成都,置办田宅,成为富人。司马相如也不负所望,凭借出色的才华写出了《子虚赋》和《上林赋》,得到汉武帝刘彻的赏识,被封为郎官。

《西京杂记》中记载,司马相如后来又想聘茂陵人的女儿为妾,卓文君作了著名的《白头吟》,"闻君有两意,故来相决绝!"①以表明自己对爱情的忠贞不贰,又附书信:"白头吟,伤离别,努力加餐勿念妾,锦水汤汤,与君长诀!"②司马相如看自己的妻子这么决绝,就停止了纳妾的想法。两人白头偕老,留下千古佳话。

卓文君勇敢地追求自己的爱情,坚贞智慧地守护自己的爱情,为后世历代的女性树立了榜样。卓文君用自己的热情和智慧,书写了历史上一篇靓丽的华章。文君夜奔相如、当垆卖酒、白头兴怨等故事,世代流传于民间,成为后世小说、戏曲喜闻乐见的题材。

在成都的西郊有一条"琴台路",周围有杜甫草堂、青羊宫、百花潭、文化宫等古文化遗址及公园。环境优雅、极具特色。此路就是专门为纪念卓

① 孔令升著:《中国古代才女评传》,苏州:古吴轩出版社,2013年版,第15页。
② 孔令升著:《中国古代才女评传》,苏州:古吴轩出版社,2013年版,第16页。

图8-6 成都琴台路

文君与司马相如而命名。

文君故里邛崃，境内林木葱郁，森林覆盖率极高，是成都最大的竹源基地，山川秀丽，气候宜人，环境优美。而作为卓文君的故乡，又为这座城市增添了浓浓的人文情怀。陆游曾为文君井写过"青鞋自笑无羁束，又向文君井畔来"[①]，郭沫若也赞赏过文君井。文君相如千古风流，激励着一代又一代的蜀中儿女，勇敢地追求幸福自由的生活。

五、唐代第一才女——"万里桥边女校书"薛涛

唐代著名传奇女诗人薛涛，与刘采春、鱼玄机、李冶并称"唐朝四大女

---

① 〔宋〕陆游撰：《陆游集》，北京：中华书局，1976年版，第230页。

诗人"，与卓文君、花蕊夫人、黄娥并称"蜀中四大才女"。薛涛的才情美貌，名动蜀中，为公认的四川首屈一指的女诗人，她还是第一个拿过省政府俸禄的女"公务员"——女校书。王建《寄蜀中薛涛校书》赞薛涛曰："万里桥边女校书，枇杷花里闭门居。扫眉才子知多少，管领春风总不如。"①

薛涛（约公元768—831），字洪度，长安（今陕西西安）人。父亲薛郧，被派遣到蜀中为官，后来死在蜀中，他的妻子和女儿便流寓在四川。

据记载，薛涛姿容美艳，聪颖机敏，八九岁便能够作诗，通晓音律，是个多才多艺的美少女。

据载，薛涛八九岁的时候，他的父亲坐在院庭中休息，看到院中梧桐树挺拔高俊，便作了一首诗的前两句："庭除一古桐，耸干入云中"，②让薛涛续作，薛涛不假思索，脱口而出："枝迎南北鸟，叶送往来风。"③诗文工整对仗，颇有意境。只是诗中却有一些漂泊无着的凄清之气。因此，薛郧听后，虽然对自己女儿的才情感到欢喜，却也非常忧心自己女儿未来飘荡的命运。诗情会表现出内心一些无意识的情怀，父亲的担忧最终还是变成了现实。虽然薛

图8-7　薛涛画像

---

① 尹占华校注：《王建诗集校注》，成都：巴蜀书社，2006年版，第373页。
② 〔唐〕薛涛撰，张篷舟笺：《薛涛诗笺》，成都：四川人民出版社，1981年版，第1页。
③ 〔唐〕薛涛撰，张篷舟笺：《薛涛诗笺》，成都：四川人民出版社，1981年版，第1页。

涛才华惊人，但确实是迎来送往，漂泊江湖。但也正是因为这种命运，才为薛涛的创作提供了源源不绝的灵感，她才没有将自己的才华隐匿于庸常的穿衣吃饭、生儿育女中。

薛涛十四岁时，她的父亲薛郧逝世，薛涛与母亲相依为命，生活十分窘困。她十六岁的时候，诗情才华便闻名于世。迫于生计，薛涛凭自己出众的容貌以及精通诗文、音律、聪明辩才进入了乐籍，成为当时著名的女诗人。在乐籍教坊中，薛涛充分展示了自己的才艺，名动一时。

唐德宗贞元年间（公元785—804），名臣韦皋为剑南节度使，统略西南。韦皋也颇有才名与政绩，时人称之为"诸葛后身"。韦皋听说薛涛诗才出众，且是官宦之后，邀请她应席赋诗，薛涛立题"谒巫山庙"一诗："乱猿啼处访高唐，路入烟霞草木香。山色未能忘宋玉，水声尤是哭襄王。朝朝夜夜阳台下，为雨为云楚国亡。惆怅庙前多少柳，春来空斗画眉长。"[①]韦皋看过十分赞赏，请众宾客传看，也都无不叹服。描写巫山云雨的诗，题材并不新鲜，但是，薛涛却发思古之幽情，写出了一些惆怅苍凉的味道，这让韦皋十分赞赏。所以后人赞薛涛的诗："工绝句，无雌声"[②]，十分有道理。

从此，韦皋就破格把她召到帅府侍宴赋诗，薛涛遂成为著名的营伎。又因为薛涛家门前有几棵枇杷树，韦皋就用"枇杷花下"来描述她的住地。韦皋惜薛涛之才，一年后，准备奏请朝廷让薛涛担任校书郎官职，但作为歌伎的薛涛身份实在过于敏感卑微，人们纷纷劝阻，也有人为此讥讽他，韦皋只好作罢。虽未付诸现实，但"女校书"的名声已经不胫而走，同时她也被世人称为"扫眉才子"。

薛涛在韦皋府中，以其聪颖和才智，经常和各种人士进行诗歌唱和。韦

---

① 〔唐〕薛涛撰，张篷舟笺：《薛涛诗笺》，成都：四川人民出版社，1981年版，第48页。
② 姜越编著：《才艺双绝·薛涛》，北京：群言出版社，2016年版，第143页。

皋也十分看重她，与僚友把酒言欢之时，总是让她一展风采。当时人见薛涛受宠，便纷纷想从薛涛处与韦皋搭上关系，于是想办法送给薛涛金银字画等等。薛涛年少疏狂，礼物照单全收，金银全部上缴给了韦皋。尽管如此，韦皋还是有些嫌她太过招摇，找个错处，在贞元五年（公元789）将她罚赴松州。薛涛十分伤心，写下了《罚赴边有怀上韦令公》和《罚赴边上韦相公》两首诗，以及十首著名的离别诗——《十离诗》。韦皋看到这些诗作，还是珍惜她的才华，便把她又接回了成都。薛涛在困境中写出的《十离诗》，但这十首诗作却使她驰名唐代诗坛，在诗歌艺术上达到了新的高度。

韦皋在接回薛涛后，免除了她的乐伎之身，让她住在了成都西郊的浣花溪。从此，薛涛就在浣花溪边长住下来，与人诗酒酬唱。文人的高洁雅致在她身上体现无余，她嫌一般的纸张粗鄙，便自己制作了雅致精美的粉红色、带有纹路的小彩笺，用以写诗。后人仿制，称为"薛涛笺"。薛涛和当时著名诗人元稹、白居易、张籍、王建、刘禹锡、杜牧、张祜等人都有唱酬交往，可见其在文坛中的分量。薛涛一生经历十一个镇西川节度使，有人说"凡历事十一镇，皆以诗受知"[1]，这虽然有些夸大，但历任节度使都非常礼遇薛涛却是事实。这主要是因为她出众的才情，而不是美貌。因为李德裕任节度使时，薛涛已是鹤发苍颜的老人了，她的一首《筹边楼》与李德裕相酬唱，气势宏阔，《四库全书总目》也认为她的《筹边楼》"托意深远""非寻常裙屐所及"[2]。

元和四年（公元809）三月，四十二岁的薛涛初识了前来成都公干的元稹。遇到这位名满天下的风流才子，薛涛猝不及防地坠入爱河。但这段感情随着元稹的离开无疾而终，给薛涛留下了无尽的伤痛与遗憾。尽管两个人留下数篇充满柔情的诗词，但也只能是供后人欣赏。暮年的薛涛在成都筑起吟

---

① 姜越编著：《才艺双绝·薛涛》，北京：群言出版社，2016年版，第10页。
② 姜越编著：《才艺双绝·薛涛》，北京：群言出版社，2016年版，第61页。

诗楼，告别浣花溪，道袍素服，隐居楼中，不再参与诗酒花韵之事。薛涛半生诗酒风流，晚年隐居修道，也是看透世事沧桑后的通透。唐文宗太和五年（公元831），一代才女薛涛逝世，留下无数传奇任后人评说。

薛涛的诗，不仅有清丽婉约之语，还有很多感怀现实的作品。在封建时代，以她这种身份的女性来说，是不可多得的。《宣和书谱》说薛涛："作字无女子气，笔力峻激，其行书妙处，颇得王羲之法。"①

薛涛受巴山蜀水的养育，文采非常，在成都留下很多的古迹，供世人凭吊。现在四川成都的望江楼公园，有专门的薛涛纪念馆。薛涛井位于公园内，是明代蜀藩王仿制薛涛笺处。"薛涛井"三字，是清康熙六年（公元1667），成都知府冀应熊手书。在薛涛井周围，历代皆有名人撰写井诗并刻石存记。

薛涛塑像位于公园内幽篁深处，1984年建成。塑像高3米，由汉白玉雕成，四周碧水环绕、地面绿草如茵，汉白玉石碑上刻有薛涛和历史名人咏竹画竹的佳作，构成一幅幅的竹石图景，寓意深邃。

薛涛墓位于成都望江楼公园西北角的竹林深处。主体由墓、墓碑、墓基平台组成，四周有护栏分隔。此墓碑为明碑。现在的幕碑正面"唐女校书薛洪度墓"八个大字，碑背面有"重建薛涛墓碑记"。薛涛墓天圆地方，设计以墙界为方，以墓为圆，寓意女诗人在天地中安息，永为世人凭吊。

图8-8 薛涛塑像

---

① 姜越编著：《才艺双绝·薛涛》，北京：群言出版社，2016年版，第3页。

六、女驸马——邛崃黄崇嘏

　　黄梅戏《女驸马》是最为观众所喜爱的戏曲剧目之一，里面的女主角——一位得中状元的女驸马，是根据四川邛崃才女黄崇嘏的真实故事改编而成。蜀女多才，自古为然，民间一直称誉黄崇嘏为"女状元"。《初刻拍案惊奇》中称赞黄崇嘏："五代临邛黄崇嘏，俱以权济变，善藏其用，审身仕宦，既不被人识破，又能自保其身，多是男子汉未必做得来的，算得是极巧极难的了。"[①]清代女诗人王筠非常敬佩黄崇嘏，把她与女扮男装的女英雄花木兰并列，在《鹧鸪天》一词中赞说："怀壮志，欲冲天，木兰崇嘏事无缘！"[②]

图8-9　黄崇嘏画像

　　黄崇嘏（公元883—924？），四川邛州火井漕（今邛崃市火井镇）人。历史上评价她说："工词翰，又善琴棋，妙书画。"[③]黄崇嘏身世坎坷，幼年便失去了双亲，与一个不知名的老妪相依为命。或许是在那个时代，一个无父无母的女儿身份过于不方便，或许是出于对男儿建功立业的向往，黄崇嘏少年时代常常穿儒生服，女扮男装。她也效仿男儿志在四方，出门游历川东、川西，增长阅历。唐僖宗文德元年（公元888），黄

---

① 〔明〕凌濛初撰：《初刻拍案惊奇》，济南：山东文艺出版社，2016年版，第179页。

② 夏葳著：《佳人难再得——中国古代才女的诗情画意》，北京：北京工业大学出版社，2015年版，第80页。

③ 孔令升著：《中国古代才女评传》，苏州：古吴轩出版社，2013年版，第134页。

崇嘏经历了她人生中否极泰来的一个事件。邛崃县城发生大火灾，她路经现场被诬为纵火人，押送到州里。当时的知州（一说为前蜀王建政权时期的蜀相）是周庠。周庠下令将她囚禁在监狱中。她平白遭此不白之冤，便写了一首诗辩白，请人呈给了周庠："偶离幽隐住临邛，行止坚贞比涧松。何事政清如水镜，绊他野鹤向深笼。"①写了自己偶然路过临邛，遭此冤情，又赞美了周庠"政清如水镜"，相信他会还自己清白。周庠看到诗后，十分惊讶黄崇嘏的才情，亲自召见黄崇嘏，询问实情。黄崇嘏自称"乡贡进士"。周庠见她对答详尽敏捷，态度从容，判定是无辜蒙冤，便命令将其释放。

过了几天，黄崇嘏"复献长歌"，应该也是辞气清奇、不凡之作。周庠更加惊讶于她的才华，于是，将她请到自己的学院中，与自己的子侄们一起学习。黄崇嘏琴棋书画无所不通，周庠就举荐她代理司户参军（八品官）。黄崇嘏到任后，也表现出了较高的治理能力，"案牍一清""胥吏畏服"②。这样一年下来，颇有政绩。周庠既看中她处事的清明，又喜欢她秀美的姿容，于是就想把自己的女儿嫁给她。这就应了女驸马当中的故事，以为是状元郎，却原来为女娇娘。黄崇嘏没有办法，只好辞谢。同样是写了一首诗，以表明自己的身份。"一辞拾翠碧江湄，贫守蓬茅但赋诗。自服蓝衫居郡椽，永抛鸾镜画蛾眉。立身卓尔青松操，挺身铿然白璧姿。慕府若容为坦腹，愿天速变作男儿。"③表明自己本为女儿身，立身清白，有如青松。如果一定要娶周庠女儿的话，希望老天把自己变成男儿。周庠看到这首诗更加惊骇，急忙询问她其中缘由。这才得知黄崇嘏本为黄使君之女，周庠更加感慕她的忠贞节操，于是顺从她的意愿，让她辞官归乡里。此后便隐居而"不知所终"。

---

① 孔令升著：《中国古代才女评传》，苏州：古吴轩出版社，2013年版，第134页。
② 戴月、栾晔著：《古代女性诗词鉴赏》，沈阳：白山出版社，2009年版，第271页。
③ 戴月、栾晔著：《古代女性诗词鉴赏》，沈阳：白山出版社，2009年版，第271页。

关于黄崇嘏的故事，《十国春秋》中记载得最为详细。金元杂剧《春桃记》、明代徐渭杂剧《女状元辞凰得凤》，均记载了黄崇嘏中状元之事。明代杨慎的笔记《杨升庵外传》中也记载了这件事。明朝末年凌濛初的《初刻拍案惊奇》《二刻拍案惊奇》中也均有提到。1936年版的《辞海》与《中国人名大辞典》中也有记载。

崇嘏山，古名孤石山，俗称铜鼓山。五代时，人们为了纪念黄崇嘏，特将此山更名崇嘏山。此山海拔933米，为火井镇南第一峰。山下有石桥，为了纪念她而取名为状元桥。崇嘏山钟灵毓秀、景致怡人，茂林修竹、古迹众多，有黄崇嘏纪念馆、崇嘏墓、崇嘏塔等，以纪念这位身世坎坷却充满传奇色彩的蜀中才女。

图8-10　崇嘏塔文保碑

图8-11　崇嘏塔

七、深明大义，临危不乱——杨慎夫人黄娥

黄娥（原作"峨"，后亦作"娥"）作为蜀中名动天下的四大才女之一，其个性不同于一般的才女。她不仅才艺超群，而且也具有传统社会所

赞颂的女性美德，贤良淑德、温柔敦厚。她的丈夫杨慎也因此对她有爱有敬，说她为"女洙泗（女孔子）、闺邹鲁（女孟子）"[1]。明末清初大诗人钱谦益在《历朝诗集小传》中说黄娥"闺门肃穆，用修亦敬惮"[2]。历代评论家对她的评价很高："夫人篇什，云蒸霞烂"[3]，"才情甚富，不让易安（李清照）、淑贞（朱淑贞）"[4]，是当之无愧的"曲中李清照"。[5]明代傲视天下的大才子徐渭称黄娥"才艺冠女班"[6]，赞其词"旨趣闲雅，风致翩翩"[7]，认为自己的作品与黄娥的相比，甘拜下风："予为之左逊焉！"[8]

黄娥（公元1498—1569），字秀眉，四川遂宁人，黄珂次女。《明史》中记载，黄珂是成化二十年（公元1484）的进士，吏治精勤，逐步升迁为刑部侍郎、工部尚书等中央要职，在京城供职。母亲聂氏，知书识礼，严于家教，她也是黄娥的启蒙老师。正是在母亲的教导下，黄娥受到很好的教育。她聪明好学，博览群书，通经史，工诗文，能词曲，擅书札，同时也是谨守闺训的传统

图8-12　黄娥画像

---

① 孔令升著：《中国古代才女评传》，苏州：古吴轩出版社，2013年版，第187页。

② 孔令升著：《中国古代才女评传》，苏州：古吴轩出版社，2013年版，第187页。

③ 四川省人民政府文史研究馆、蜀学研究中心主办：《蜀学》第9辑，成都：巴蜀书社，2015年版，第90页。

④ 四川省人民政府文史研究馆、蜀学研究中心主办：《蜀学》第9辑，成都：巴蜀书社，2015年版，第89页。

⑤ 四川省人民政府文史研究馆、蜀学研究中心主办：《蜀学》第9辑，成都：巴蜀书社，2015年版，第91页。

⑥ 孔令升著：《中国古代才女评传》，苏州：古吴轩出版社，2013年版，第187页。

⑦ 四川省人民政府文史研究馆、蜀学研究中心主办：《蜀学》第9辑，成都：巴蜀书社，2015年版，第89页。

⑧ 胡文楷著：《历代妇女著作考》，北京：商务印书馆，1957年版，第144页。

女性。她的处女作《闺中即事》："金钗笑刺红窗纸，引入梅花一线香。蝼蚁也怜春色早，倒拖花瓣上东墙。"①这首小诗流传很广，一个天真烂漫的少女用金钗刺穿窗纸，将梅花的一缕幽香引入室中，精致美好的情怀跃然纸上。长辈们也十分器重她，将她比喻为东汉时的女才子班昭。

后来，黄珂年事已高，便辞去官职，携带妻子儿女回到老家遂宁。在遂宁的闺阁之中，黄娥创作了《玉堂客》散曲："东风芳草竟芊绵，何处是王孙故园？梦断魂萦人又远，对花枝空忆当年。愁眉不展，望断青楼红苑。合离恨满，这情衷怎生消遣！"②据说这首诗打动了自己后来的丈夫——杨慎（杨升庵）。

杨慎，字用修，号升庵，四川新都人，与解缙、徐渭合称明代三大才子，而杨慎居首。杨慎自幼聪颖，十一岁即能作诗。十二岁写成《古战场文》，众人皆惊。著名的《临江仙》："滚滚长江东逝水，浪花淘尽英雄……"就是出自杨慎之手。明武宗正德六年（公元1511）殿试一甲第一名（状元），赐进士及第，授翰林院修撰。正德十二年（公元1517）杨慎因上疏不利遭到排挤，就以养病为名，回到新都老家，读书自娱。不久，杨慎的原配夫人就病故了。正德十四年（公元1519），由于久闻黄娥才名，杨慎遣人做媒，希望能够迎娶她。黄娥的父亲本来就与杨慎的父亲是故交，一说即成。于是，这对才子佳人便成就了天作之合。据说当时迎亲彩轿路过之处，人们都争先恐后地想一睹这位"尚书女儿知府妹、宰相媳妇状元妻"③的风姿。

婚后的黄娥与杨慎情投意合，十分恩爱。两人经常共同填词吟诗，赏月吟风，似神仙眷属，被人称羡。这个时期的黄娥，写下了一些相对欢愉的作品，表达了对美好生活的珍惜。如描写快乐的婚姻生活、充满情愫的《庭

---

① 孔令升著：《中国古代才女评传》，苏州：古吴轩出版社，2013年版，第182页。
② 孔令升著：《中国古代才女评传》，苏州：古吴轩出版社，2013年版，第183页。
③ 孔令升著：《中国古代才女评传》，苏州：古吴轩出版社，2013年版，第183页。

榴》"朵朵如霞明照眼，晚凉相对更相宜"。在他们婚后的第二年，明世宗即位，杨慎被重新起用，召至京师，任经筵讲官，黄娥便陪同杨慎踏上了进京复职的旅程。二人依然琴瑟和鸣、夫唱妇随，过着幸福美满的生活。但是，人言"不如意事常八九"，黄娥这种岁月静好的生活并没有维持多久，便遭遇了人生惨痛的分离。

嘉靖三年（公元1524），明史中著名的"大礼议"事件爆发，杨慎性情忠直，不知变通，触怒天颜，被贬谪到云南边陲之地。当时的云南被认为是蛮荒之地、瘴疠之乡，前途艰险未知，回乡遥遥无期。黄娥面对丈夫与自己骤然的离别，感到万分痛苦。据传，她送杨慎到了湖北省的江陵才告别。从此，二人便天各一方，难得相聚。在杨慎流放云南的三十多年中，只有嘉靖五年（公元1526），杨慎回乡看望病重的父亲，二人才得以短暂的相聚。黄娥不能再忍受分离之苦，嘉靖五年七月，与杨慎一起到了云南，尽管颠沛流离、生活艰辛，但与丈夫在一起，黄娥应该是满足而愉快的。嘉靖八年（公元1529），杨廷和病故，黄娥便随杨慎一起回乡，自此便在新都主持家务，与杨慎几乎再没有见面。在这个时期，黄娥写下了很多怀念丈夫的凄婉诗句，如最著名的七律诗《寄外》："雁飞曾不到衡阳，锦字何由寄永昌。三春花柳妾薄命，六诏风烟君断肠。曰归曰归愁岁暮，其雨其雨怨朝阳。相闻空有刀环约，何日金鸡下夜郎。"[1]词句典雅有古气，多用典故。金鸡指释放囚犯的一种仪式，表达了黄娥期盼丈夫能够得到朝廷的大赦，返回故乡的热切心情。然而，她这种美好的期望终究是落空了。在杨慎被发配到云南以后，世宗曾六次大赦天下，但到底也不肯原谅杨慎，不肯赦免他。黄娥就在这种无尽的期盼中，变成了白发苍苍的老人。正所谓"天边归雁，不知离人几时还"？

---

[1] 胡晓明主编：《历代女性诗词鉴赏辞典》，上海：上海辞书出版社，2016年版，第494页。

　　嘉靖三十八年（公元1559），杨慎病逝于云南永昌。已是花甲之年的黄娥只身前往，运回丈夫的棺木，精心安葬。十年后，隆庆三年（公元1569），七十二岁的黄娥病逝，也葬于新都。她的才情与忠贞、她的清婉诗句、她一生的坎坷境遇，都永远留在了蜀人心中。

　　"难离别，情万千。眠孤枕，愁人伴。闲庭小院深，关河传信远。鱼和雁天南，看明月中肠断。"①国家不幸诗家幸，黄娥将自己的万千愁绪寄托在诗文中，为世人留下了宝贵的精神财富。黄娥的著作十分丰富，但是很多随写随毁，多不存稿，所以传世的作品并不是特别多。明隆庆以来刊行的《杨状元妻诗集》《杨夫人乐府词余》《杨夫人曲》《黄夫人乐府》《榴阁偶存》等幸存下来，受到后代学者的高度评价。

　　黄娥在遂宁的妆台和新都的榴阁一直供后人凭吊。在新都县城西郊的桂湖公园内不远处，有黄娥纪念馆。现在，馆内陈列着黄娥的著作、诗意画及有关她的遗迹照片。黄娥塑像立于正中，与升庵祠内的升庵像隔湖相望，咫

图8-13　杨慎、黄娥塑像

---

① 　王学泰：《中国古典诗歌要籍丛谈》，天津：天津古籍出版社，2004年版，第67页。

尺天涯，别有韵味。

在遂宁市安居区玉丰乡，人们修建了黄峨（娥）古镇。黄峨古镇占地792亩，依山临水，景区内山明水秀，漫林碧透、花涛香海。遂宁政府修建黄峨古镇，促进了经济发展，也加大了文化传承的力度，使蜀中儿女世代传续这宝贵的文化资源！

第九章

术艺精湛，巴蜀才俊天下闻——
艺术名人

四川名人读本

一、画品富贵，流传千载——
成都黄荃父子

　　黄荃是唐末宋初的西川画家，其画风写实而华丽，开创了花鸟画的一大流派，是中国山水花鸟画史上承前启后的人物。中国绘画史中所称的"黄家富贵"就是指的黄荃和他的儿子黄居寀、黄居宝父子三人的画风。北宋郭若虚在《图画见闻志》中"论黄、徐体异"时说："谚云：'黄家富贵，徐熙野逸。'"①《宣和画谱》中评论黄荃修改"钟馗捉鬼图"时言："荃所画，不妄下笔。"②"荃资诸家之善而兼有之。"③"然其所学，笔意豪赡，脱去格律，过诸公为多。如世称杜子美诗，韩退之文无一字无来处，所以荃画兼有众体之妙。故前无古人，后无来者，今于荃于

---

① 〔宋〕郭若虚著，俞剑华注：《图画见闻志》卷1，南京：江苏美术出版社，2007年版，第33~34页。
② 王群栗点校：《宣和画谱》卷16，杭州：浙江人民美术出版社，2012年版，第173页。
③ 王群栗点校：《宣和画谱》卷16，杭州：浙江人民美术出版社，2012年版，第173页。

画得之。凡山花野草，幽禽异兽，溪岸江岛，钓艇古槎，莫不精绝。"①这应该是对一个画家最高的评价了。黄荃父子的画，备受后世历代宫廷画师的青睐，为中国山水花鸟画的发展做出了巨大的贡献。

黄荃（公元？—965），字要叔，后蜀宫廷画师。他从小就对绘画如醉如痴，"幼有画性，长负奇能"②，十三岁时跟随很多名师学习绘画，渐渐在当地小有名气。据记载，黄荃的老师有很多，有外地避乱来蜀的老师，如刁光胤、滕昌祐、孙位等，也有成都本地的绘画高手。他的这些老师都是画坛名宿、丹青高手。除了这些老师，黄荃还通过临摹前朝名画来向古人学习。因此，他继承前人的绘画技法而又有所损益，水平超越了自己的老师："资诸家之善而兼有之。"③

由于绘画技术高超，黄荃声名大震，他十七岁时就被前蜀后主王衍召为待诏。后蜀先主孟知祥即位后，授他为翰林待诏，司翰林图画院事。后蜀后主孟昶于明德二年（公元935）特创"翰林图画院"，授黄荃为"权院事"，他成为中国绘画史上第一个画院的第一任领导人。并赐予金紫，加官衔为如京副使，供职西蜀画院，先后达四十年之久。公元965年，后蜀降宋，黄荃来到了宋京城汴梁（今河南省开封市）直到去世。

黄荃有五个儿子，其中次子黄居宝和少子黄居寀跟随父亲学画并有很大的成就。黄荃父子在蜀中从事绘画的这四十多年，深受历代蜀主赏识，他们的画挂满了宫廷的墙壁、屏幛，甚至整个蜀中的图帐屏壁，多出其手。前蜀后主王衍珍藏有唐代大画家吴道子的《钟馗捉鬼图》，他十分珍爱，但是有一点不太满意，于是召黄荃把这一点改了④。由此可见，在王衍的心中，黄

①　王群栗点校：《宣和画谱》卷16，杭州：浙江人民美术出版社，2012年版，第173页。
②　〔宋〕黄休复撰，何韫若、林孔翼注：《益州名画录》，成都：四川人民出版社，1982年版。
③　王群栗点校：《宣和画谱》卷16，杭州：浙江人民美术出版社，2012年版，第173页。
④　事见《宣和画谱》《图画见闻志》。

荃是与吴道子同等水平的画家。后蜀后主孟昶则把黄荃的画"常悬坐侧"，时时赏玩。而且，他的画也多次被作为国礼相送。黄荃在偏殿的墙壁上画了六只鹤，孟昶就将此殿命名为"六鹤殿"，画面富丽堂皇，结构紧凑，引人入胜。广政癸丑岁（公元953），黄荃以"四时画竹、兔雉鸡雀"为题材在八卦殿内作画，更是极为生动，栩栩如生。当时有五方使在八卦殿中进贡蜀主白鹰，白鹰误以为图画中的兔雉是真实的，连扑四次。蜀主为此更加惊叹黄荃的画艺超凡。

黄荃父子以自己精深的画艺、独特的风格、大量的作品，形成了中国花鸟画史上的第一个流派——"黄派"。北宋立国后也设置了"翰林图画院"，广聘天下丹青妙手，然而在众多画派中，"黄派"受到特别的重视。宋太祖、宋太宗都特别喜欢黄荃父子的画，黄荃一派的画师也受到特别的优待和宠信。黄派的绘画技巧在宋初的时候被定为图画院的标准，甚至江南的另一花鸟流派——徐派的传人徐崇嗣为求入图画院，也只能暂时放弃家传的技法而"效诸黄之格"。这件事充分说明了黄派在宋初画坛上的地位。从北宋立国直到宋神宗熙宁元丰年间，100年左右的时间中，黄派的绘画程式一直都处于主流地位，对后世的中国花鸟画产生了巨大的影响。

此派画法，以细挺的墨线勾出轮廓，然后填彩，这就是"勾填法"。黄荃被后世奉为工笔花鸟勾勒派的鼻祖。他的绘画技艺全面，题材广泛，除了花、鸟，山水、人物、佛道等，都是他笔下栩栩如生、精巧绝伦的艺术形象。黄荃的传世之作《写生珍禽图》[①]，画各类飞禽、昆虫、龟等二十余种动物和飞鸟。形象准确生动，笔法工细，色调柔丽协调，确实达到了妙造自然、形神兼备的地步。黄荃对后世工笔花鸟画起到了开拓和奠基的作用，完全可以说是一位开百代风气的画坛大师。

---

① 现藏在北京故宫博物院。

图9-1　《写生珍禽图》局部

二、清初"蜀中三杰"——遂宁吕潜诗书画三绝

明末清初，四川遂宁又出了一位著名的诗书画艺术家吕潜，时人称其"诗书画三绝"。他与新都费密、达川唐甄合称清初"蜀中三杰"，与金陵著名画家龚贤并称"天下二半"（吕潜号半隐，龚贤字半千）。黄宾虹对吕潜非常欣赏，除了他的书画，更兼他的人品气节。黄宾虹在吕潜《山水图》轴的题跋中说："先生文章气节，彪炳宇宙，顾不独以诗画名，而得其寸缣零褚者，已不啻璜璧，毅崛先生其善藏之。"①

吕潜（公元1621—1706），字孔昭，号半隐、耘叟，晚号山农，四川遂宁人。吕潜出身于诗礼望族之家，在明代，遂宁有"席、黄、吕、旷"四大

---

① 胡文虎选编：《中国历代名画题跋集》，杭州：浙江人民美术出版社，1999年版，第224页。

家族，吕家系其中之一。吕潜的父亲吕大器，明末官至兵部尚书兼东阁大学士。吕大器不仅是卓越的政治家，也是一名出色的诗人。这对吕潜将来成为诗书画艺术家，有很大的影响。

吕潜少年得志，明崇祯十五年（公元1642）中举人，十六年（公元1643）中三甲进士，官行人，授太常博士。但是，他生不逢时，遇到了家国动荡、民不聊生的明末。崇祯十七年（公元1644）李自成攻陷北京，吕大器逃亡南京，后入广东。吕潜则带着母亲，先后避难于湖州和扬州。不久，吕潜的父亲病逝，母亲则在江苏病逝。吕潜空有一身抱负，却在乱世之中颠沛流离，尝尽人世间琐尾之苦。由于蜀道险远，又逢云南、贵州一代兵乱，他不能将父母的灵柩安葬回四川，只能往返两地安葬父母。

直到清康熙二十四年（公元1685），他才将父母灵柩带回蜀中安葬，站在阔别四十六年之久的故乡城墙下，他感慨万千、珠泪满腮。吕潜离开蜀中时，他的女儿只有五个月大，再次返乡，女儿却已经成了老大不小的中年妇人。吕潜心酸备至，写下了"牵衣惊老大，掩涕述流离"①之句。在女儿女婿的帮助下，吕潜购置小楼三楹，取名"课耕楼"，并在楼旁置田置地，闲暇或写诗作画，或徜徉山水，过着隐忍安定清贫的遗民生活。

吕潜学识渊博，早年工诗，善书画，大半生颠沛流离的生活，使他的人生经历更加丰富，为他的创作提供了丰富的源泉。他的弟弟吕泌说："欲使五十年间时序之迁流、友朋之聚散、山川之阅历，展卷追忆，了然在目，不致如烟云之变，灭而不可仿佛者。"②到了晚年，他的诗书画造诣更加深厚。

吕潜的诗清逸冲淡、内容丰富，诗中有画、画中有诗，具有极高的造诣。诗歌现存四百余首，诗集有《怀归草堂诗集》《守闲堂诗集》《课耕楼诗集》，有清康熙年间其弟吕泌刊本、光绪十五年（公元1889）欧阳绍重

---

① 胡传淮、陈名扬主编：《诗书画大家吕潜》，北京：现代出版社，2016年版，第82页。
② 胡传淮、陈名扬主编：《诗书画大家吕潜》，北京：现代出版社，2016年版，第182页。

图9-2　吕潜山水图

刊本、1935年成都沈氏刊本等。清代诗人陆廷抡在《怀归草堂诗集序》中说："语云'诗必穷而后工'，顾世人之穷，只在一身；若先生之穷，则在于世道变迁、君父死生存殁之大。故其穷有百倍于世人者，故其诗之工，亦百倍于世人。"[①]他的一首《江上》"横江阁外数帆樯，立尽西风两鬓霜。只有乡心不东去，早随烟月上瞿塘"[②]极得世人推崇。

吕潜的书法，继承了中国历代书法的优良传统，他遍临魏晋唐宋的名家墨迹，博采诸家之长，尤得董其昌意趣，终成自己的风格。同时，他绝意仕进、隐逸山水的性情也融入他的书法中。他的书风清秀古淡，散逸苍清。他尤喜用淡墨，更显流畅淡雅、自然洒脱。现存书法作品多为行书、行草。

吕潜又善画，尤其擅长山水画。他生逢乱世，将自己一生的愁绪与愤懑，付诸笔墨，成就了他不朽的艺术生命。他的画作魄力雄浑、气势磅

---

① 〔清〕吕潜撰：《怀归草堂诗集》，民国24年刻本，卷首《怀归草堂诗集序》。
② 胡传淮、陈名扬主编：《诗书画大家吕潜》，北京：现代出版社，2016年版，第19页。

礴，有大量的山水杰作，产生了广泛的影响。他博采历代诸家之长，形成了自己的风格。他强调绘画的抒情性，写景与抒情相结合，情景交融，诗情画意相得益彰。1911年，出版有《吕半隐山水册》影印本。

吕潜的后半生隐居在遂宁，吟诗作画、放旷山水，与陶渊明一样，他以隐逸生活来完成自己的生命历程，表达对世事无声的抗议。吕潜的《山水图》轴，是他杰出的代表作，风格萧散孤寂、荒凉萧疏，画面空旷无人，极有风韵。画上有作者自题七绝诗一首。此画今藏四川省博物馆。四川省博物馆、遂宁市博物馆还收藏有很多吕潜的书画作品，这是吕潜为四川人民留下的宝贵的精神财富。

三、五百年来第一人——东方之笔内江张大千

张大千是20世纪中国画坛最具传奇色彩的国画大师，无论是绘画、书法、篆刻、诗词等都无所不通。他早期专心研习古人书画，后旅居海外，开创了新的艺术风格。张大千游历世界，获得了巨大的国际声誉，被西方艺坛盛赞为"东方之笔"，又被称为临摹天下名画最多的画家。徐悲鸿说："张大千，五百年来第一人！"①

张大千（公元1899—1983），又称"大千居士"，1899年5月10日出身于四川省内江市一个诗礼传家的望族。父亲张怀忠，母亲曾友贞，兄弟十人，他排行第八，另有一姐。1904年，张大千跟随兄姐读书发蒙。他从小就十分喜欢绘画，

图9-3 张大千像

---

① 张大千著：《张大千画集》，上海：中华书局，1936年版，徐悲鸿《序》。

最初跟随自己的母亲习画。他的仲兄张善孖（后又称"张善子"）和长姊，也很有绘画才能。张大千在这样的家庭环境下成长起来，十二岁就能画出一手好画，见者称之为"神童"。

1914年，张大千就读重庆求精中学，后转江津中学。1917年，张大千东渡日本，在京都公平学校学习染织，课余时间坚持自学绘画，且学诗，学治印。1919年，他完成学业，从日本回到上海。据说也是这年，他的未婚妻去世，张大千备受打击。当时兵荒马乱，他不能回乡祭奠自己的爱人，心灰意冷，竟然到上海的松江禅定寺出家当了和尚。禅定寺住持见他气度不凡，便给他取法号为"大千"。后来他的二哥张善孖逼迫他还俗，他才结束了约百天的出家生涯。但"大千"这个号却从此跟随他一生，并且名扬天下。

张大千在上海拜了两位著名的书法家、画家为师，一位是湖南衡阳的曾熙先生，别号农髯；一位是李瑞清，号梅庵。从此他跟随两位老师潜心习画，大有进益。1925年在上海的宁波同乡会馆，他举办了首次个人画展，画被抢购一空，从此一鸣惊人，开始了卖画生涯。他声名大振，结识了很多社会名流和书画界的高手，如黄宾虹、徐悲鸿等人。1938年，日伪政权驻北平日本司令部多次派人劝张大千出任伪职，张大千推诿不从，曾因此被日本人拘留。后经多方努力，他化装逃出北平，辗转上海、香港，回到四川，隐居青城山上清宫。他先后在成都、重庆举办画展，也曾发起过《抗日募捐画展》。

张大千之所以能够在绘画上取得空前绝后的成功，首先在于他基础扎实、技艺高超，同时能够融会贯通与自我创造。遇到自己欣赏的作品，张大千倾家荡产也要买下来，然后废寝忘食地研究临摹。再者，古人有言"外师造化，中得心源"。张大千饱览祖国的大好河山，不断增加自己的阅历，扩充自己的胸襟，积累了丰富的创作素材。在大千游历过的名山大川中，他始终把黄山推为第一，曾三次登临。

后来，张大千从自己的老师和朋友处听闻了敦煌艺术的雄奇瑰丽，按捺不住激动的心情，1941年春至1943年夏，他耗费巨资，从全国各地购买各种绘画器具，同两位夫人以及儿子，画家孙宗慰、肖建初、谢稚柳等，不远千里远赴西北荒僻的戈壁，住在敦煌石窟中进行临摹学习，长达两年零七个月之久。敦煌之行在张大千的艺术生命历程中占据着极其重要的位置，经过敦煌的洗礼，他实现了艺术人生的蜕变，也在艺术史上留下了深刻的印迹，甚至有人称之为中国的"艺术复兴"。

1943年8月，张大千的摹本在兰州展出，许多人想出巨资购买，都被他婉拒了。1944年1月，他在成都举办展览，各界盛赞。1944年5月，在重庆进行展览。1946年10月，摹本又在上海展出，从此艺坛震惊，全国掀起了敦煌热。1950年和1957年，摹本分别在印度和日本展出，大受欢迎。

1949年张大千被蒋介石接到中国台湾，之后的张大千，行踪颇漂泊不定，常行海外。1950年他赴印度，在新德里举办画展。考察临摹阿坚塔壁画，旅居大吉岭，创作了很多诗画。1952年全家迁阿根廷，后又来到巴西，在摩洁镇买了一处园林，才安顿下来。同时，鉴于中国艺术不被世人所了解，他担当了文化使者的任务，足迹走遍南北美洲及欧洲各国。他把临摹敦煌的画及自己的作品，先后在印度新德里、海德拉巴、日本东京、南美阿根廷、法国巴黎举行展览。尤其是1956年的六七月，他在巴黎赛那奇博物馆展出了临摹的敦煌壁画以及"张大千近作"，由法国政府机构主办，非常隆重，轰动了整个欧洲。他又与毕加索会晤，两人观画谈艺，互赠作品，在艺术上互相促进。西方报纸将这次会晤誉为"艺术界的高峰会议""中西艺术史上值得纪念的年代"。1957年纽约世界美术协会，推举张大千为"当代第一大画家"，并赠与其金奖。

在西方游学的这段时间，也是张大千的艺术进一步成熟的阶段。在这个阶段的绘画中，他创造性地发挥了破墨、泼墨和泼彩的传统技法。在《四十年回顾展自序》中，他介绍了自己转向减笔破墨的缘由和体会："……予亦

流离海外，留于印度阿坚达窟三月，研讨与敦煌壁画异同，颇为有得。又遍游欧洲南北美，卜宅巴西。予年六十，忽撄（婴）目疾，视茫茫矣，不复能刻意为工，所作都为减笔破墨。世以为创新，目之抽象，予何尝新。破墨法固我国之传统，特人久不用耳。"①

1983年元月，台湾地区的博物馆举办"张大千书画展"，同时举办尚未最后完成的《庐山图》特展。1983年3月，《张大千书画集》第四集出版，为祖国大陆友人门生题赠画集12册。1983年4月，张大千心脏病复发，医治无效，一代画界巨星陨落。

张大千的绘画虽然强调创新，但他的传统功力，可谓前无古人，后无来者。他曾用大量的时间和心血临摹古人名作，特别是临摹石涛和八大山人的作品，更是惟妙惟肖，能够以假乱真。一般人的临摹只是模仿画貌，张大千的仿古作品却是直探其神，为此，留下了许多趣闻轶事。甚至张大千许多伪作的艺术价值较之古代名家的真迹也有过之而无不及。现世界上许多博物馆都藏有他的伪作。他临摹了历代名家之作，又将目光转向了神奇瑰丽的敦煌艺术，临摹了历代壁画。

张大千曾发出感慨，"当一位艺术家对自己的作品感到完全满意的时候，也许就是他死的时候"②。他通过描摹敦煌壁画的经历来对中国绘画进行补偏救弊，同时又通过自己西方的游学经历，巧妙地将西画的长处融入中国画中，创造出了流传千古的绘画艺术。张大千与张善孖还在上海成立了"大风堂"，开堂收徒，传道授艺，正式创立"大风堂画派"或"大千画派"，其中有不少成了画坛泰斗级的人物。

张大千一生心系祖国，在赴印度开画展之前就曾说他临摹的敦煌壁画，

---

① 张大千著，李永翘编选：《张大千艺术随笔》，上海：上海文艺出版社，2001年版，《四十年回顾展自序》，第58页。

② 张大千著，欧阳哲生编：《张大千画语》，长沙：岳麓书社，2000年版，第12页。

图9-4 张大千画作

一幅都没有卖，要全部捐献给祖国。1955年，张大千的家人将他留下的临摹敦煌壁画和白描画等捐赠给了四川省博物院收藏，现开放供人们参观。四川省内江市东桐路圆顶山有张大千纪念馆，以数百件照片、实物、诗笺、书信、画稿、画集、书籍及书画作品，分别展示张大千的生平事迹、艺术进程、艺术特色、艺术成就及在世界艺坛的影响和地位。

主要参考文献

［1］〔元〕脱脱，等.宋史［M］.北京：中华书局，1977.

［2］〔晋〕陈寿.三国志［M］.北京：中华书局，1971.

［3］吕子方.中国科学技术史论文集［M］.成都：四川人民出版社，1983.

［4］李朝正.清代四川进士征略［M］.成都：四川大学出版社，1986.

［5］李侃.文史知识［M］.北京：中华书局，1993.

［6］李润英.千姿百态尽风流——中国历代女杰百人传［M］.南宁：广西教育出版社，1993.

［7］李成良，杨振之.可爱的四川［M］.成都：四川文艺出版社，1995.

［8］刘蔚华，赵宗正.中国儒家学术思想史［M］.济南：山东教育出版社，1996.

［9］李朝正.明清巴蜀文化论稿［M］.成都：四川大学出版社，1997.

［10］刘建平.晋至五代绘画［M］.天津：天津人民美术出版社，1997.

［11］路甬祥，汪前进.中国古代科学技术史纲·地学卷［M］.沈阳：辽宁教育出版社，1998.

［12］张克复，丁海斌.中国科技档案史纲［M］.兰州：甘肃文化出版

社，1999.

　　［13］傅德岷.巴蜀散文史稿［M］.重庆：重庆出版社，2001.

　　［14］姜振寰.世界科技人名辞典［M］.广州：广东教育出版社，2001.

　　［15］郭庆堂等.20世纪中国哲学导论［M］.徐州：中国矿业大学出版
社，2002.

　　［16］卢嘉锡，陈美东.中国科学技术史·天文学卷［M］.北京：科学
出版社，2003.

　　［17］李连科.中国哲学百年论争［M］.北京：商务印书馆，2004.

　　［18］李诚主.巴蜀文化研究［M］.成都：巴蜀书社，2004.

　　［19］李禹阶，廖小波.道德理性与社会控制——宋明理学社会控制与
社会整合思想［M］.北京：中国文联出版社，2004.

　　［20］曾德祥.蜀学：第1辑［M］.成都：巴蜀书社，2006.

　　［21］陈世松.移民文化与当代社会——纪念“湖广填四川”340周年论
文集［M］.成都：四川人民出版社，2009.

　　［22］何俊华，李殿元.巴蜀百贤［M］.成都：四川人民出版社，2010.

　　［23］罗映光.蒙文通道学思想研究［M］.成都：巴蜀书社，2011.

　　［24］伍豪.可怕的四川人［M］.北京：中国长安出版社，2011.

　　［25］杨国先.吴之英评传［M］.成都：四川人民出版社，2011.

　　［26］成都市地方志编纂委员会办公室.书香成都［M］.成都：成都时
代出版社，2012.

　　［27］张敏杰.一百位中国古代思想家［M］.南昌：江西教育出版社，
2013.

　　［28］王石主.中国历史上的廉政［M］.重庆：西南师范大学出版社，
2013.

　　［29］刘芳主.勾股方圆之妙——中国数学史话［M］.贵阳：贵州教育

出版社，2013.

［30］陈久金，王绶管，叶叔华.中国古代天文学家［M］.北京：中国科学技术出版社，2013.

［31］王章涛.扬州学术史话［M］.扬州：广陵书社，2014.

［32］曲相奎.宋朝的那些科学家［M］.北京：中国言实出版社，2014.

［33］潘晟.宋代地理学的观念、体系与知识兴趣［M］.北京：商务印书馆，2014.

［34］西华大学，四川省文史研究馆，蜀学研究中心.蜀学：第8辑［M］.成都：巴蜀书社，2014.

［35］〔日〕服部宇之吉.儒教与现代思潮［M］.郑子雅，译.太原：山西人民出版社，2015.

［36］贺麟.文化与人生［M］.北京：商务印书馆，2015.

［37］徐吉军.南宋全史［M］.上海：上海古籍出版社，2015.

后 记

历史的天空，群星闪耀。其中的一些人、一些事，"与天地兮比寿，与日月兮同光"。他们的精神代代流传，他们的人格魅力无穷，他们的事迹彪炳史册。历代中华儿女在他们精神的感召与人格的濡化下，砥砺奋进、自强不息，铸就了中华民族和中华文化的灿烂辉煌。为了让广大读者进一步了解四川省的历史文化名人在中华文明中的作用和贡献，四川省委宣传部决定启动"四川历史名人文化传承创新工程"，《四川名人读本》是四川省委宣传部重大委托项目"四川系列读本"之一。本书在编写过程中得到了四川省社会科学院各级领导的指导与支持，在此深表感谢。四川大学出版社陈克坚老师对本书的出版做了大量工作，在此一并表达我们最为诚挚的谢意。由于水平有限，书中难免舛误，希望学界同仁多方指正。

编者

2018年9月于成都